国家社科基金
GUOJIA SHEKE JIJIN HOUQI ZIZHU XIANGMU
后期资助项目

信仰与仪式

汉代暨以前坐姿仪式研究
兼论中国传统信仰精神

李为香 著

U0733898

山东人民出版社·济南

国家一级出版社 全国百佳图书出版单位

图书在版编目（CIP）数据

仪式与信仰：汉代暨以前坐姿仪式研究兼论中国传
统信仰精神 / 李为香著 . -- 济南：山东人民出版社，
2024. 10. -- ISBN 978-7-209-15404-8

Ⅰ . K892.9；B933

中国国家版本馆 CIP 数据核字第 202472LK97 号

仪式与信仰：

YISHI YU XINYANG

汉代暨以前坐姿仪式研究兼论中国传统信仰精神

HANDAI JI YIQIAN ZUOZI YISHI YANJIU JIAN LUN ZHONGGUO CHUANTONG XINYANG JINGSHEN

李为香　著

主管单位　山东出版传媒股份有限公司
出版发行　山东人民出版社
出 版 人　胡长青
社　　址　济南市市中区舜耕路517号
邮　　编　250003
电　　话　总编室（0531）82098914
　　　　　市场部（0531）82098027
网　　址　http://www.sd-book.com.cn
印　　装　山东华立印务有限公司
经　　销　新华书店

规　　格　16开（165mm×238mm）
印　　张　16.75
字　　数　300千字
版　　次　2024年10月第1版
印　　次　2024年10月第1次
ISBN 978-7-209-15404-8
定　　价　78.00元
　　　　　如有印装质量问题，请与出版社总编室联系调换。

国家社科基金后期资助项目
出版说明

后期资助项目是国家社科基金设立的一类重要项目，旨在鼓励广大社科研究者潜心治学，支持基础研究多出优秀成果。它是经过严格评审，从接近完成的科研成果中遴选立项的。为扩大后期资助项目的影响，更好地推动学术发展，促进成果转化，全国哲学社会科学工作办公室按照"统一设计、统一标识、统一版式、形成系列"的总体要求，组织出版国家社科基金后期资助项目成果。

全国哲学社会科学工作办公室

前　言

　　中国传统信仰精神是我很多年来一直在思考的问题，近年来全国上下各领域都在呼吁"文化自信"，这个文化自信一定是从传统中来，并根植于传统。那么到底有没有一个核心的信仰，一直支撑着中华民族从古到今绵绵不绝，无论遭受外部入侵还是内部争乱，这个信仰精神始终没有被丢弃而且绵延至今呢？答案是肯定的。

　　我对中国传统信仰精神的理解从青年求学时期到而今的几近知天命，经历了一个比较漫长而又复杂的过程，这是一个从最初的食古不化、囫囵吞枣、反复咀嚼与慢慢消化到重新认识的过程。最初对这个问题的思考大致源于1997～2000年东北师范大学历史系求学时期，我当时接触到了一些道教研究成果，受鲁迅先生那句"中国根柢全在道教"[①]的影响颇深，再加上受到"中国没有宗教""信仰真空"之类的论说的影响，年轻的尚未形成独立学术认知的我受到了强烈的冲击，亦认为寻求中国传统信仰精神的内核需要跳出儒学传统，到其他的信仰里面寻找。此后很长一段时间，我是将道教、佛教与儒学等传统文化类型区别对待，甚至割裂开来的。1999年春节期间，我去曲阜师范大学拜访我的大学恩师杨绍溥先生，跟他讲我要做明清时期道教信仰研究，他说："有一本书你不可不读。"于是起身带我去了学校书店，在这里，我第一次见到了姜生先生的《明清道教伦理及其历史流变》，也由此了解道教学界有这么一位先生，先生所持的儒道互补、道教对儒家伦理在宗教层面有弥补与延伸功能等观点为我打开了一扇独特的审视中国传统文化的大门。我心中甚是向往。

　　2007年秋天，经过三年的努力，我终于考入早已视为心中圣坛的山东大学宗教、科学与社会问题研究所，正式成为姜生先生的学生。姜先生在宗教、历史与科学跨学科领域的诸多学术成果深深震撼着我，引领着我不断思考与探索。有一次先生召集我和同门讨论博士论文选题，正值我在济南大学上课，无法到会（至今也是我的一个遗憾），但是我与博士论文的缘分冥冥之中似乎已经确定下来，从此我开始接触古代的坐姿、墓葬考古图像。在这个过程中，我得以重新思考中国传统信仰精神，因

---

　　①　鲁迅：《鲁迅全集》第十一卷，北京：人民文学出版社2005年，第365页。

为墓葬本身就承载着中国人的生死关照与终极信仰。

在阅读有关中国墓葬文化的论著过程中，这个想法一次次敲击着我的心灵。墓葬里美轮美奂的无比精致的图像背后到底有什么深远的意义？这种意义与中国人的信仰精神成为再度启迪我的一个窗口。在此期间，我有幸读到香港中文大学邓立光先生的《文化三层论》，文中在讨论中国传统文化时的最高理型、基本理型、材料的观点，更像是暗夜里的一束光，照亮了我的心田。最高理型，不就是中国传统文化的核心精神吗？这个核心究竟是什么？它能够统领所有的文化类型，包括儒道佛、各种民间信仰在内。说到这里，有必要提一下中国文化的中心，也就是到底哪一种文化才是中国传统文化的中心？对于这个问题，曾有多种说法，如儒家中心、道教中心、儒释道三家中心、儒释道及形形色色的民间信仰多中心说。我个人的认识也经历了许多变化，曾经在打破儒家中心的基础上认可了道教中心说，但是之后，我又回到了儒家中心说，并在这几个圈里不断打转，当时尚未找到彻底说服自己的说法。当我试图思考中国传统文化核心精神的时候，潜意识里又把上述困惑给搅了起来，到底是否存在一个核心精神融摄统领中国传统文化？如果有的话，这个核心是什么？

接下来，我就到每一种文化里去看，儒家最重一个"孝"字，孝是家庭与国家伦理的核心。再看道教，道教在历史上有过多种形态、分化，唐以后基本有正一道、全真道，也存在过儒道之争、儒道互补相延，儒与道得以并存或者互补的基础在于人的生死关怀，这就涉及人死后的墓葬秩序安排，或者通俗一点说，就是人死后如何升天的安排，升天是对人的生命进行延续的方式。儒家在这里如何与道教汇合，或者儒家的任务如何传递到道教那里，墓葬秩序可以给我们一个奇妙的答案。关键是这种安排的基础是什么？其实这才是我们关心的核心问题，似乎这里并没有脱离"孝"，道教中的积善成仙就是孝精神的体现与延伸。道教所有的修行目标都是为了升仙，那么怎么成仙？积善以成仙。积善是成仙之阶梯。百善孝为先，孝乃最大的善。在这里，儒道殊途同归，皆因一个"孝"字。再看佛教，在世俗人眼中，佛教似乎比道教离尘俗之世更远一些。但翻开佛教中国化的历史，不难发现，印度的佛教传入中国，要想在中国发展起来，必须适应中国人的需要。由此，我想，由儒释道等所有基本文化形态所凝聚而成的中华文化精神能否用最简单但也最久远而深沉的一个字"孝"来表达？

十年前我的博士论文选题是关于坐姿的仪式与信仰，其中已经不可避免地涉及信仰精神问题。表面是仪式，内在是信仰。其中谈到的中国古人的信仰已经触碰到了中国传统信仰精神的问题。在申请这个项目的时候，我直接将中国传统信仰在题目中体现了出来，所以就有了这样一个选题，把中国传统信仰精神作为一系列研究的根本，所有的仪式研究就有了一个内在的精神做灵魂、做向导、做支撑，而不至于迷失了方向。无论我们如何发展如何现代化，都始终秉持着我们独特的信仰精神，而这也构成了我们真正的文化自信。信仰精神要通过仪式来体现和表达，以身体为中心的坐姿仪式考察依此而展开。

身体是人类所特有的文化载体与表征。身体姿势与信仰追求相联系便具有了仪式的意义。本书在目前国内外身体与仪式研究的基础上，力求将仪式与信仰统一在身体之中，进行身体仪式的探讨，主要通过研究不同的身体姿势来探求它所表达的仪式象征及信仰追求意义。

本书的主体结构由六章内容组成。

第一章从总体上论述汉代以前主要坐姿形态的概念及区别。主要以文献资料为依据，对汉代暨以前的正坐与侍坐、蹲坐与箕踞、跽、跪拜等进行最基本的姿势辨析，对正坐的起源、姿态、应用的空间及相应的礼仪规定和意义进行溯源；对商周时期蹲坐与箕踞的日常起居与羞感礼仪文化意义进行分析；对巫师常用姿势跽的意义进行深度分析，探讨跽与跪、坐之别；对《周礼》中的拜礼进行辨析，并考察中国古代跪拜礼的发展演变。这一章既是对汉代暨以前坐姿的整体性概述，又是以下各章节图像内容的文献分析基础。

第二至五章主要依据第一章的坐姿分析，从某种特定身体姿势所处的不同空间及所表达的仪式与信仰意义进行专题性研究。郭于华在《仪式与社会变迁》一书中认为，仪式可以分为"作为人类基本生存技术的仪式"、"作为人类生存意义的仪式"与"作为权力实践与权力技术的仪式"。[1]若借鉴此种划分方法与思路，第二章的蹲踞仪式及其信仰意义，主要依据商代出土的各种蹲踞人像，探讨古人为了保存生命而产生的生命信仰与仪式，也就是"保护生命的技术"[2]。对生命的保护与存续是所有仪式与信仰意义的基础，也是我们所讨论的仪式与信仰的生命基础。第三章巫师通神仪式在很大意义上可以被划归为权力实践与权力技术，

---

[1] 郭于华主编：《仪式与社会变迁》，北京：社会科学文献出版社2000年，第339～344页。

[2] 此为英国人类学家霍卡特（Hocart）之语，引自赵旭东：《文化的表达：人类学的视野》，北京：中国人民大学出版社2009年，第192页。

巫师通神仪式使社会群体中的一部分人成为"绝地天通"的主体，从而变得极具神圣性与权威性，"仪式与象征既可以表达权威，又可以创造和再造权威〔柯恩（Abner Cohn）语〕"①。通过巫师通达天神的权威，天人相通与天人合一的中华孝文化的最高精神得以体现。第四章和第五章以西王母为中心的系列升仙仪式图像则可以被划归为人类"终极意义"的实现技术。意义，这里指的是关乎生死问题与灵魂安置的终极意义，是人类宗教文化赖以产生与发展的根本。其中以家族传承、国家运行以及意义实现为基本内容的孝信仰在汉代墓葬体系中的西王母仪式构图中被表达得淋漓尽致。

具体内容如下：

第二章考察蹲踞仪式及其信仰意义。主要以考古实物图像为例，对蹲踞仪式的生殖崇拜意义进行探讨。蹲踞体态与生殖崇拜的内在联系实源于蛙生育巫术，青蛙蜷曲的四肢作为生育能力的象征在蹲踞的人体上再现出来。商人对蹲踞姿势的特殊情感亦源于商人的鸟图腾，尤其是侧面蹲坐的身体形象与鸟的形象极为相似，蹲踞姿势成为生殖崇拜的身体表达方式。

第三章考察巫师通神仪式及其信仰意义。主要以墓葬出土的各种巫师像与神像为例，对祭祀通神巫术仪式及其天人相通的信仰意义进行研究。巫师通神仪式主要包括立式、安坐式、跽式，还有一种较为特殊的反缚手臂跪坐式。这些不同的姿势所表达的意义是不同的。安坐式可能是受祭神像的象征，巫师通神姿势则主要表现为立式、跽式与反缚手臂跪坐式。巫师在整个国家运行中的特殊地位使得墓葬中存在大量的巫师形象。

第四章考察汉代墓葬西王母坐像及其信仰意义。西王母是汉代民间影响最大的神仙信仰之一。汉代墓葬中种类繁多的西王母坐像反映了汉代人死后升仙的信仰取向，体现着汉代人对个体生命历程延伸与转化途径的不懈探求与强烈愿望，汉代人在方式上更加注重灵魂层面的超越与升华。通过对祠堂后壁楼阁拜谒图的意义进行辨析，笔者认为此类图像并非祠主受祭图，而极有可能是整个祠主升仙仪式图像的一个组成部分。西王母图像在山东、陕西与四川地区鲜明的地域差异也显示出在汉代社会存在着对西王母信仰的区域性理解与建构。西王母仙界图像在汉代墓葬中的广泛存在反映了汉代人对神仙世界的向往及其宗教性实践，体现

---

① 郭于华主编：《仪式与社会变迁》，北京：社会科学文献出版社2000年，第342页。

了汉代人对生命延伸与转化形式的独特理解，是汉代人对生命终极意义的时代性诠释。

第五章考察汉墓祠堂忠孝画像及其信仰意义。在汉墓祠堂的仙界画像之下往往刻画有众多的忠孝人物画像，这些忠孝画像的出现既是汉代国家忠孝伦理教化的体现，亦是汉代人的成仙之阶梯，是墓主人积善成仙的仪式化表达。忠孝画像既是对汉代成仙学说的丰富，又是汉代国家主流意识形态与民间信仰交流互动、相辅相成的形象写照。

这些内容总体上反映了汉代暨以前的坐姿所承载的个体生命、天人沟通以及来世信仰发展的进程。蹲踞仪式是人类将自身生育（或再生）与自然力相结合的努力，人类从自然力中获取生存的力量，这种观念引发出的蹲踞仪式突破了"人力"本身，是身体向自然模仿与学习的形象写照。巫师通神仪式重在以多样化的身体姿态来完成人界与神界的沟通，既体现了人对神的驾驭能力，又传达了超人间的神对身体的控制与影响，具有人神融合、天人合一的趋向。汉代墓葬西王母坐姿形象是汉代人对神仙信仰世界的理想化创造，是对生命消亡与重生的更高追求，反映了个体性的身体转化成仙的终极情怀。西王母仙界之下的忠孝图像则作为人界与仙界的桥梁，将现实孝伦理实践与彼世成仙理想巧妙地联系起来，为神仙信仰奠定可行性的现实基础，也奠定了中华孝信仰重视身心道德修养的基本特征。

第六章分析中国传统信仰精神。主要在近现代以来关于中国文化根本精神问题的讨论基础上，分析论述"孝"之作为中国传统信仰精神的几个层面，主要从天人关系、祖先崇拜、道德法律、道教佛教、社会生活等层面进行详细论述，认为孝是中国传统各大思想文化体系的核心精神，并具有超越世俗人间的终极关怀（宗教信仰）的旨趣。

目　录

绪　论

第一节　选题缘由与研究范畴

身体是人之所以为人的一个重要标志，人类的文化就是以身体为中心展开的。一个简单的身体动作或者姿势往往具有很深刻的象征意义。身体作为一种仪式性的象征符号，是思想的表达，承载着人类的文明与历史。但传统的史学研究在重视政治、经济、军事、外交等重大问题的同时，忽略了人类身体本身的历史变迁。余新忠在《中国疾病、医疗史探索的过去、现实与可能》一文中预言"身体史的研究或许会改写人类历史"①。由此可以看出身体史的研究对整个历史研究的重要性。

身体是人类创造文化的不竭源泉。法国学者雅克·勒高夫（Jacques Le Goff）认为，宗教、道德、社会价值系统与身体的关系是身体史所讨论的重要主题之一，身体与政治权力及人类文明的关系是身体史重要的研究内容。②中国古代是一个处处充斥着各种身体仪式与宗教信仰、极具道德规范性与敬畏性的社会，但目前将身体、仪式、巫术、宗教、祭祀以及政治权力制度综合起来进行研究的尚不多见。本书所论身体仪式较为准确而全面地表达出了中国古代身体的文化意义。"身体仪式"有两层含义：一是身体的仪式，即以身体为中心来研究仪式，突出仪式的整体性与多面性。以往对于仪式的研究大致可分为结构学派、功能学派等等，前者关注仪式的结构、过程，后者关注仪式的社会功能，遗憾的是总不能发掘仪式的全貌或本质。而以身体为中心来研究仪式，则会最大限度地展现仪式的整体面貌，并发现仪式的内在本质。二是仪式中的身体，即以仪式的视角来研究人之身体，突出身体的仪式性与意义性。仪式是具有某些特定话语（包括语言、动作、姿势等）和意义的身体表现。仪式的意义依赖于身体的形象化表达。身体仪式研究尤其注重身体的表达过程及其在此过程中蕴含的信仰意义。

---

① 余新忠：《中国疾病、医疗史探索的过去、现实与可能》，《历史研究》2003年第4期。
② 〔法〕J.勒高夫：《新历史》，《新史学》1992年第2期。

本书继承了人类学研究中对仪式意义的重视，但在研究范畴上力图扩展已有的研究。意义，是指那种带有超越性的、无限性的，或者说宗教性的意义。故在研究范畴上，本书不仅仅集中于宗教形态及其表象，还力图深入日常生活中的身体活动，将"意义"深植于人类的日常生活中。这样，日常的、世俗的与正式的、神圣的事物之间的界限可能就存在某种程度上的模糊性，或者故意模糊性。这是因为，在以身体为中心的仪式研究中，身体在时间与空间上具有连续的、多变的特征，所以从整体上看，神圣寓于世俗，正式寓于日常。

鉴于身体仪式在形式与意义方面均具有复杂多样性，本书主要以坐姿为中心来研究汉代暨以前的身体仪式表达方式及其意义。主要涉及的坐姿有蹲踞、安坐、踞、跪拜等，间或涉及站立姿势；具体内容则有蹲踞仪式、巫师祭祀仪式、西王母安坐仪式等。通过对身体姿势的研究，进一步探讨身体表达的仪式意义及其与中国古代信仰的关系。

学界关于中国古代的祭祀研究已有很多，但将身体姿势与巫术及宗教祭祀传统融合起来的研究仅散见于一些论文中，大多数研究都是从制度层面而不是从"身体"的角度进行探索。本书的研究主要依靠文献记载与考古实物图像，重点研究上述这些身体表达形式所蕴含的仪式与信仰意义，兼有身体史与日常生活史的研究特点。几乎所有的仪式性坐姿与日常坐姿都有着不可分割的关系，或者日常生活坐姿影响了身体表达仪式，如蹲踞；或者是祭祀仪式延伸到日常生活，如安坐；或者是同一种姿势由于时代的变迁而被赋予不同的内涵，如跪拜。

在考古人物图像当中，蹲踞是最容易区分的，意义也较为单一确定。而跪坐姿势则相对复杂，跪坐是一种较为笼统的说法。一种跪坐像为安坐，与国家祭祀仪式相关，源于夏商的尸坐传统，基本可以将其视为神灵的神圣性坐姿。这种坐姿发展到周代便延伸到日常生活中，成为上层贵族的安坐，作为重要的礼仪性坐姿，广泛应用于宴饮、会客等社交礼仪中。汉代墓葬升仙信仰中的西王母形象来源于现实生活中的安坐，几乎所有的西王母都呈安坐姿势，表达出汉代民间信仰的母性崇拜，亦表现出仙人一体、圣俗合一的信仰特征。

另外一种仪式为踞，是巫师通神仪式，用于庄严神圣的祭祀空间，这种通神仪式与安坐式神像姿势形成一定程度的对比。神灵接受祭祀呈安坐式体姿，而进行通神祭祀活动的巫师则为踞式体姿。这只是大致的区别。鉴于巫师在现实社会中的地位，比如商代巫王合一，王者生时为主持祭祀的巫王，死后则可能被列为接受祭祀的"先公先王"，所以也可能会出现巫师呈"安坐"或呈"踞"的情形。这种情形恰恰证明了巫师沟通人神与圣俗世界的特殊职能。

由正坐发展而来的跪拜，具有更为复杂的意义。尤其是秦汉以来皇权专制制度之下，跪拜几乎成为忠君的身体符号。此后，这一跪拜仪式贯穿于整个古代社会，成为尊卑高下之别的象征，无论生产技术手段如何发展，这种人对天、子对父、臣对君、下对上的跪拜礼仪始终没有被丢弃。作为身体政治的最显著表达仪式，皇权专制制度之下的跪拜礼仪在垂脚高坐替代席地而坐成为日常生活坐姿之后，非但没有退出历史舞台，反而更加得到强化，成为维护与强化皇权专制制度的身体仪式。除此之外，跪拜仪式亦被挪用于墓葬仪式系统中，成为神仙信仰统领之下的升仙之道，如汉代祠堂后壁上的楼阁跪拜画像便具有鲜明的升仙仪式意义。

随着宗教的传播与发展，跪坐姿势渐趋由日常生活方式进入宗教仪式领域，比如道教神仙的坐像最初是躬身安坐，与本书所论及的安坐相同。拜求神仙的坐像则是跪拜，表达出凡人对神仙的极度崇拜与敬畏。巫师常用的通神仪式"踞"则渐渐消失，或可表明控制神灵的巫术仪式渐渐让位于祈求神灵的宗教仪式。

总体而言，坐姿形态是古人信仰世界的重要表达方式。从商代的蹲踞仪式，商周国家的巫师通神仪式到汉代神仙（西王母）的安坐仪式，无不体现着古人保护与崇尚生命、创建国家权威以及塑造深层"意义"世界的信仰追求。而作为中国传统信仰精神的"孝"也在不断演进的历史过程中得以塑造与凸显，逐渐成为统领中国传统文化形态的内在灵魂。

第二节 中国古代坐姿研究现状的梳理与思考

学界目前对中国古代坐姿的研究大体可以分为两大方面，一是以跪坐为中心的研究，二是对其他坐姿如蹲坐与箕踞、胡坐等的研究。关于跪坐的研究成果几乎占了绝大部分。

首先我们就为数不多的蹲坐与箕踞研究简单做一评述。这方面的研究主要散见于跪坐礼仪的论著或论文中。比如李济的《跪坐、蹲居与箕踞》一文根据殷墟出土的石刻人像，并结合商夷人的居处习惯认为蹲坐与箕踞是一种比较舒适的休息型姿态。[①]黄现璠的《中外坐俗研究》中有

---

① 张光直、李光谟编：《李济考古学论文选集》，北京：文物出版社1990年，第943～961页。

对不敬坐之蹲踞与箕踞的介绍。①另外一类对于蹲踞体态的关注来自商代虎人铜卣的研究。张朋川在《虎人铜卣及相关虎人图像解析》一文中注意到人蹲踞的姿势，而且将之与四方夷的日常坐姿结合起来考察，认为这一类的虎人图像艺术实源于西部和西南部少数民族的蹲踞样式，虎图像则源于西夷和西南夷虎崇拜的观念②，但此文未能触及问题的实质。潘守永、雷虹霁则从人的蹲踞意义与九屈神人的内涵来挖掘人虎结合图像的生殖文化内涵。蹲踞即九屈之态，九屈之态隐含的是交合的情形，是生殖崇拜的象征。③后者对于蹲踞姿势生殖意义的思考明显超越了前人自然居处方式的观点，值得我们在对身体姿势进行仪式意义分析时借鉴。

胡坐，即坐于胡床上，基本姿势是垂足高坐。一种研究认为其与家具相联系，我们将之与跪坐研究放在一起讨论。另一类则将其作为一种坐俗进行研究，黄现璠的《中外坐俗研究》中有专门对胡坐的简单讨论，认为胡坐是"垂足交叉"，"于席上交胫而坐者，亦谓胡坐，即盘脚坐"④。总之，蹲坐、箕踞，通常被视为日常的、较为随意的非礼仪性坐姿，故研究成果甚少。

接下来，我们将重点对跪坐研究现状做评析。跪坐曾广泛存在于中国古人的生活中，从日常生活空间、重大的拜谒会见场面到神秘的人神交通，都离不开"跪"这一基本性身体姿势。根据姿势发生的不同时空，"跪"所具有的意义具有多层面、多维度的特征：或是个体生活起居，或是社会人际交往，抑或是人神相感相应。关于跪坐的研究主要包括三个方面，首先是考古学关于跪坐图像的研究，这方面的研究比较关注跪坐的意义，尤其重视跪坐与古代祭祀的关系；其次是家具史方面的研究，主要从跪由日常坐姿转化为垂脚高坐的动态变化去分析这种转变的历史原因，其中物质文化（家具形态）的变迁与精神文化（礼仪）的关系是其研究的重点；再次是礼仪文化方面的研究，主要探讨跪作为一种社会规范与礼仪的意义及其生活应用，以探讨世俗社会的礼仪与等级、权力关系等居多。

---

① 黄现璠：《古书解读初探：黄现璠学术论文选》，桂林：广西师范大学出版社2004年，第116页。
② 张朋川：《虎人铜卣及相关虎人图像解析》，《艺术百家》2010年第3期。
③ 潘守永、雷虹霁：《"九屈神人"与良渚古玉纹饰》，《民族艺术》2000年第1期。
④ 黄现璠：《古书解读初探：黄现璠学术论文选》，桂林：广西师范大学出版社2004年，第116～117页。

一、考古学与家具史方面的研究

古史学界的坐姿研究，一般是与考古出土人像研究以及家具史研究联系在一起的，大致包括两方面的研究成果。一类是考古学方面的，另一类则是与家具史结合在一起的坐姿方面的研究。

（一）考古学界关于跪坐人像的研究

1. 仅列举姿态，而未做任何文化解析。这方面的著作有史岩编《中国雕塑史图录》（1983），书中收有三件人物跪坐像。陈德安的《三星堆——古蜀王国的圣地》涉及跪人像的有青铜双腿跪坐人像、单腿跪坐人像、青铜执璋跪坐人像。[①]这些考古学著作大多陈列事实，并没有进行深入的文化分析。还有一些考古发掘简报，如成都市青白江区跃进村汉墓发掘简报中有女坐俑一件、女伶听俑二件、抚琴男俑一件、庖厨男俑二件。[②]《洛阳苗南新村528号汉墓发掘简报》中有演唱俑和歌唱俑六件，均为踞坐（此种用法有误，详见第一章第三节）。[③]《洛阳孟津北陈村北魏壁画墓》中有跪坐俑和思维俑，跪坐俑单膝跪地，左手扶膝。思维俑为胡人形象，左腿平屈，右腿蹲置，头向右侧倾斜，右手支托头侧，左臂自然下垂，垂目作思维状。[④]类似的考古简报还有很多，恕不一一列举。由上述几例可知，这种考古简报只是进行一些外在的描述，缺乏深层的解释。这些坐式俑、单腿跪坐俑、蹲坐俑各代表怎样的含义，我们不得而知。即便如此，考古简报却为以后各学科的深入研究提供了不可缺少的资料基础。

2. 认为跪人像是奴隶或被统治者和被征服者形象。跪，在现代汉语中被认为是一种屈辱、卑微的社会地位的象征。而在对历史上这种姿势的研究中，或多或少受到这种观念的影响，尤其是在唯政治论的年代更是如此，这突出地表现在对于跪人像的研究中。如中国社会科学院考古研究所安阳工作队《安阳殷墟五号墓的发掘》认为跪人像代表的是奴隶主的侍从和女奴隶。[⑤]成都文物考古研究所编著的《金沙考古发现——走进古蜀都邑金沙村》一书中将金沙遗址出土的12个双手反缚于后的跪人

---

① 陈德安：《三星堆——古蜀王国的圣地》，成都：四川人民出版社2000年。
② 成都市文物考古工作队、青白江区文物管理所：《成都市青白江区跃进村汉墓发掘简报》，《文物》1999年第8期。
③ 洛阳市第二文物工作队：《洛阳苗南新村528号汉墓发掘简报》，《文物》1994年第7期。
④ 洛阳市文物工作队：《洛阳孟津北陈村北魏壁画墓》，《文物》1995年第8期。
⑤ 中国社会科学院考古研究所安阳工作队：《安阳殷墟五号墓的发掘》，《考古学报》1977年第2期。

像与商代后期的祭祀人牲相联系，认为其反缚双臂的跪姿与商代后期祭祀表达了同一种文化意义，这些石跪人像与商王墓中的玉雕人物迥然不同，它们极有可能表现的是战争的俘虏或奴隶的形象，在墓葬中则代替了原有活人祭祀，反映出金沙上层统治阶级意识的进步以及西南地区较之中原地区更显开明与进步的文化信息。①

3. 自然的日常居处形态。较早的成果如李济《跪坐、蹲居与箕踞》，根据殷墟出土的石刻人像（小屯像与侯家庄像），分别讨论了跪坐、蹲坐与箕踞日常生活习惯的起源、分布及其历史文化意义。②吴晗《古人的坐、跪、拜》亦是从生活方式与物质条件两方面来看待古人的跪。③苏莹辉从出土文物所见金文、甲骨文的前后变化分析认为，跪坐（正坐）作为一种居处方式，在商晚期更见流行，不仅对主人对鬼神要跪坐，如吃饭、宴飨宾客等日常生活情景皆在跪坐中进行。④

4. 具有通神职能的祭祀群体形象。随着全国各地考古工作的进展以及考古学与宗教学、历史学等各个学科的交互影响，上述两种过于政治化或过于日常化的解释显然无法充分合理地展示跪的文化意义。众多的研究者已逐渐将"跪"与国家祭祀、战事、巫师职能以及社会礼仪等联系在一起综合考察。在"跪"与国之大事"祭祀"的关系问题上，存在着两种不同的观点。一种观点认为，跪坐人像是祭祀主体，具有重要的与神灵沟通的能力与责任，亦即"巫师"的职能。李济《跪坐、蹲居与箕踞》一文认为被捆绑的跪坐人像是用于宗教祭祀仪式的。类似的观点还有黄剑华、张肖马、张擎、姜生等。黄剑华认为金沙遗址出土的石雕人像很有可能是古蜀部族首领兼巫师在某种特殊祭祀仪式中的造型，并指出其为巫师求雨的形象写照。⑤张肖马认为三星堆遗址的两个器物坑所出土的跪坐人像和立人像，代表着三星堆方国众多的巫祝形象，他们的主要职责是主持或参与三星堆方国诡秘的宗教祭祀礼仪和经常性的神灵献祭。⑥张擎指出金沙遗址出土的一件平行四边形玉器上面刻有两个对称的肩扛象牙的跪坐人像，认为头戴面具、跪坐与肩扛象牙是用象牙祭祀的一个方式，或是其中的一个片

---

① 成都文物考古研究所编著：《金沙考古发现——走进古蜀都邑金沙村》，成都：四川文艺出版社2006年，第125～135页。
② 张光直、李光谟编：《李济考古学论文选集》，北京：文物出版社1990年，第943～961页。
③ 吴晗：《学习集》，北京：北京出版社1963年，第51～53页。
④ 苏莹辉：《从不同质地的人物像论华夏先民跪坐姿态》，《台湾艺术文物讨论会论文集（器物）》上、下，台北：台北故宫博物院1992年。
⑤ 黄剑华：《古蜀金沙——金沙遗址古蜀文明探析》，成都：巴蜀书社2003年，第79～83页。
⑥ 张肖马：《三星堆方国的巫——青铜立人像与跪坐人像研究》，《四川文物》2003年第5期。

断。①姜生进一步认为双手反缚于背后的跪坐石人雕像是蜀地巫瞽，充分注意到其跪式体姿以及沉湎低垂的面部表情，认为这些雕像与妇好墓出土的安坐人像均为无目盲瞽形象。②另一种观点则认为，跪坐人像是祭祀对象，即"跪坐受祭"。李安民认为一号坑跪坐人像是跪坐受祭的艺术性象征，表现的是文献中尸祭的情形，叫作"设尸祭祀"。③赵殿增指出，三星堆遗址一号坑出土的两件青铜器（铜跪坐人像和铜虎形器）本为一体，可能是某个古代人群崇拜的神像。④这两种观点基本描绘出了跪坐的深层文化意义，均有其道理。那么到底跪坐代表的哪一种意义是比较精准的呢？笔者认为，这亦不能一概而论，其具体情形可能比较复杂。鉴于巫文化与鬼神观念甚为浓厚的特定历史背景，可能有些跪坐人像代表的是巫师通鬼神的特殊姿势，如踞式人像、反缚手臂的坐像，而有些跪坐人像可能就是部族的神像，表示受祭的含义。

到目前为止，跪坐人像所代表的含义依然是众说纷纭，莫衷一是，无论哪一种解释都力图接近或还原当时的历史真相，揭示古人的精神世界。以考古资料为基础，在诸位先贤之论的基础上继续努力并得出更符合历史面貌的结论，亦是笔者进行此项研究的目标。

（二）将家具与坐姿变化相联系进行的研究

崔咏雪《中国家具史——坐具篇》一书的观点基本与苏莹辉一文观点一致。此外，朱大渭、汪少华均从坐具变化方面考察坐姿的演变，主要涉及从跪坐到垂足高坐的变化。⑤曹砚农主要通过文献资料对坐姿与礼仪的关系进行研究。⑥刘金柱、田丽娟重点考察了跪坐姿势与身心的压迫以及垂脚高坐与身心的解放关系，将胡床坐具的传入与中国古人习惯的改变、身体的解放与伦理文化的变迁结合起来进行研究，在向身体史的方向努力。⑦黄文新从几何学与力学角度考察车舆结构与人的身高以及乘

①　张擎：《金沙遗址出土的两件文物介绍》，《南方文物》2007年第2期。
②　姜生：《蜀字源于瞽矇考》，《山东大学学报（哲学社会科学版）》2008年第6期。
③　李安民：《广汉三星堆一号、二号祭祀坑所反映的祭祀内容、祭祀习俗研究》，《四川文物》1994年第4期。
④　赵殿增：《骑虎铜人像与玉琮线刻人像——兼谈三星堆、金沙与良渚文化的关系》，《中华文化论坛》2006年第3期。
⑤　朱大渭：《中古汉人由跪坐到垂脚高坐》，《中国史研究》1994年第4期；汪少华：《古人的坐姿与座次》，《南昌大学学报（人文社会科学版）》1999年第3期。
⑥　曹砚农：《中国古代坐法与礼仪文化》，《湖南师范大学社会科学学报》1997年第4期。
⑦　刘金柱、田丽娟：《坐姿变化与中国人身心的解放——以宋人笔记为核心》，《河北大学学报（哲学社会科学版）》2005年第4期。

坐方式，结合先秦的礼俗，认为先秦马车乘坐方式为跪坐。[①]还有学者专门研究敦煌壁画中的胡床家具及坐姿，如杨森通过对胡床家具图像和相关文献的梳理，认为胡床传入中国的时间并非晚到佛教传入的东汉灵帝时代，而是在章帝、和帝时期，并认为胡床高度及小腿，正好适于垂脚坐。[②]高启安认为唐五代至宋时坐具的变化与饮食坐姿及饮食制度相适应。在坐具发生大变革的过程中，饮食坐姿呈多样性，并由压迫性姿势向舒适、方便的方向发展，而且对合食及饮食礼仪产生了巨大影响。[③]暨远志考察了绳床的传入、形制及其演变，其中亦涉及绳床与胡床的区别，绳床与盘腿坐，胡床与垂脚坐等坐姿变化问题。暨远志认为，绳床由印度传入，最早用于僧侣之间，后被上层士大夫所用，而为帝王所用之后，被赋予了封建伦理秩序的意义，尊者坐榻的礼俗随之亦被动摇。[④]他在另一篇文章中考察了源于古埃及、西亚，由于帝国征服统一而传入古印度、流行于西域、随佛教传入中国的金狮床文化的发展与传播过程，认为宋太祖的宝座金龙座与敦煌金狮床以及印度的宝座类似，区别仅在于以龙还是以狮雕饰扶手与靠背两端，这也显示了中华民族特有的"龙"信仰。帝王宝座不仅是一个坐具，它更象征着中国古代的集权文化，这种集权到明清时期达到极盛，龙雕宝座的形象也因此被继承下来。[⑤]类似的论文还有很多，如胡德生《古代的椅和凳》[⑥]，黄正建《唐代的椅子与绳床》[⑦]，王升魁《"椅"字考源》[⑧]，刘锡涛《南北朝时期中原地区的生活胡风现象》[⑨]，曾维华《论胡床及其对中原地区的影响》[⑩]，易水《漫话胡床——家具谈往之三》[⑪]，秦永洲《魏晋南北朝社会风气变异中的新文化因素》[⑫]。这些论文

---

① 黄文新：《先秦马车乘坐方式与乘员》，《江汉考古》2007年第3期。
② 杨森：《敦煌壁画中的胡床家具》，《敦煌研究》2005年第5期。
③ 高启安：《从莫高窟壁画看唐代敦煌人的坐具和饮食坐姿（上、下）》，《敦煌研究》2001年第3、4期。
④ 暨远志：《绳床及相关问题考——敦煌壁画家具研究之一》，《考古与文物》2004年第2期。
⑤ 暨远志：《金狮床考——敦煌壁画家具研究之二》，《考古与文物》2004年第3期。
⑥ 胡德生：《古代的椅和凳》，《故宫博物院院刊》1996年第3期。
⑦ 黄正建：《唐代的椅子和绳床》，《文物》1990年第7期。
⑧ 王升魁：《"椅"字考源》，《福建师大学报（哲学社会科学版）》1981年第2期。
⑨ 刘锡涛：《南北朝时期中原地区的生活胡风现象》，《新疆大学学报（哲学社会科学版）》2001年第1期。
⑩ 曾维华：《论胡床及其对中原地区的影响》，《学术月刊》2002年第7期。
⑪ 易水：《漫话胡床——家具谈往之三》，《文物》1982年第10期。
⑫ 秦永洲：《魏晋南北朝社会风气变异中的新文化因素》，《山东师范大学学报（人文社会科学版）》2004年第5期。

大致思路是一致的，基本上是从家具发展的角度对椅凳、绳床、胡床等物质文化现象进行考析，并对这种现象带来的生活起居、社会风气变化进行分析。比较一致的观点是古人的坐姿与家具的物质文化演变互为影响，而对于更重要的以坐姿为基础形成的礼仪及其象征意义则缺少相应的关注。澹台卓尔的《椅子"改变"中国》是一本物质文化史的研究著作，探讨了中国历史上椅子的产生与中国人坐姿、礼仪乃至精神气质的互动关系[1]，弥补了传统文化史只关注思想、艺术、精神、习俗等非物质因素以及经济史家只关注物质本身而忽略其作为某种符号和象征背后隐藏的文化内涵的研究缺陷，是一次将身体文化、物质文化与精神文化进行联合考察的成功演绎。尽管本书显得较为通俗，但这种研究方法与思路值得关注。

纵观考古学与家具史方面的研究，身体只是作为研究的一个侧面被关注，尤其是跪坐身体的研究在重视器物研究的考古学中显得微不足道，而家具史的研究视点在家具的物质性文化变迁，身体被搁置在家具变迁的背后，时隐时现。所以在这种研究中，身体远远没有自主说话，实际上还不能算是真正的身体史研究。

二、跪拜礼仪文化方面的研究

除了考古学中的跪坐人像研究外，还有一种对跪坐身体的研究是将身体放置于社会交往中，将跪视作一种社交礼仪。将身体与社会礼仪相联系，是身体研究的一个重要内容。因为"身体的自然手段最终难以获得所需的意义，这时它就必须为自己创造出一种工具，并籍此在自己的周围设计出一个文化世界"[2]。所以，身体与社会、文化是不可分割的，对身体的研究亦与社会、文化研究融合在一起。

（一）涉及跪拜礼仪的通论性著作

关于中国古代跪坐身体与礼仪的论著有王炜民《中国古代礼俗》，其中日常礼俗、社交礼俗部分有对坐、跪拜礼、士相见礼的论述。[3]乔继堂《中国人生礼俗大全》（天津人民出版社，1990），郭锦桴《中国女性禁忌》（河北人民出版社，1991），赵丕杰《中国古代礼俗》（语文出版社，1996），邢莉主编《中国女性文化》（中国档案出版社，1995），刘青、

---

① 澹台卓尔：《椅子"改变"中国》，北京：中国国际广播出版社2009年，出版说明。
② 〔英〕布莱恩·特纳：《身体与社会》，马海良等译，沈阳：春风文艺出版社2000年，第4页。
③ 王炜民：《中国古代礼俗》，北京：商务印书馆1997年。

邓代玉《中国礼仪文化》（时事出版社，2009）中与跪姿势相关的礼仪论述有明代的社交礼仪、清代的跪拜礼仪、皇家祭祀（包括祭天、祭地、封禅）及登基大典，等等。这些著作虽然都涉及跪礼仪，但由于是通论性作品，所以在内容与深度上都显得宽泛，不够细致深入。另外如余云华《拱手·鞠躬·跪拜——中国传统交际礼仪》一书从传统交际礼仪的角度对身体礼仪做了通俗全面的论述，该书将跪拜作为非言语交际礼仪的核心，系统考察了与跪拜相关的各种礼仪，并冠以"身势情态"的称谓，对于礼仪中的身体姿势论说详细。[1]由于本书定位于交际礼仪，又属于通俗类，故将跪姿势定位于臣服、谦卑、顺从等礼节意义，对于其宗教起源及宗教特权意义亦缺少应有的关注，但其本身对身体姿态的重视彰显了身体史研究向身体本身的努力方向。罗友枝（Evelyn S. Rawski）《清代宫廷社会史》（中国人民大学出版社，2009）一书对宫廷最重礼仪"登基"做了仪式化的考察与解析，对此仪式中的太和殿宝座、龙椅、坐姿及仪式化的跪拜所表达的唯一的至高无上的特权象征及等级意义赋予更多身体视角的分析。书中将皇帝的身体与登基仪式及权力空间的探讨密切结合，可以称为身体礼仪研究的一个成功范例。

（二）涉及跪拜礼仪的论文

在论述跪礼仪的文章中，大多数文章将跪拜作为传统社会最重要的国家政治礼仪进行研究，文章主要分为两类，一类是对跪拜礼的具体动作姿势进行辨析解读，另一类是对某一历史时期的跪拜礼仪进行研究。

1. 跪拜礼的具体动作姿势研究。沙宪如对拱、揖、跪与长跪、拜、占拜、膜拜、鞠躬、请安、跪安、跪叩、道万福、免冠等十几种礼敬仪节进行了辨析，尤其注重对双腿、双手及头的姿势分析。[2]张应峰对荀子、朱熹、郎瑛、段玉裁、王先谦等关于"拜"的几种解释进行了考辨，"于是者详释之，于非者辨驳之"，认为以跪为标准，可对郎瑛的以"拜"为揖观点进行驳斥，认为"拜"非揖，"拜"即跪拜；对段氏"拜为空首"论进行辨误，综合诸说并结合《汉语大字典》，作者认为"拜"的姿势为"跪拱手至地，低头与腰平"，并以唐代红陶跪拜俑的图片为例进行说明。[3]颜春峰亦对跪拜礼的几种具体姿势进行辨析。根据郑玄、孙诒让、段玉裁等注疏，认为稽首是男子常用的最尊贵的礼节，顿首则表

① 余云华：《拱手·鞠躬·跪拜——中国传统交际礼仪》，成都：四川人民出版社2003年。
② 沙宪如：《中国古代礼敬仪节辨释》，《辽宁师范大学学报（社科版）》1997年第6期。
③ 张应峰：《说"拜"》，《寻根》2008年第5期。

示请罪或极为崇敬之意，实与稽颡同义，又称为叩首。稽首与顿首最重要的区别在于前者是头缓缓至地，而后者是急速叩头至地。文中亦对贾公彦的误疏以及权威性教材或词典的相应误解进行了驳斥，认为有必要根据清儒的考据重新进行修订。[①] 这几篇文章大致是从汉字字义及外在身体姿态辨析方面进行研究，还未将身体姿势所蕴含的礼仪意义视为剖析的重点。

2. 具体历史情境中的跪拜礼仪研究。这方面的研究以唐代女子的跪拜礼消失与清朝的礼仪之争最为典型。对唐代女子的跪拜礼研究，如张维慎根据唐代女跪拜俑与唐初范澄夫妇墓出土的两件女仆俑考察了唐代女子跪拜礼及其使用场合，大致认为有三种场合使用跪拜礼，宫人于君后、妇初见舅姑、重大的祭祀场合。而另外一种鞠躬虚坐状的拜仪则是高型床榻出现以后女子的肃拜仪式，这种拜仪适用于大多数场合。[②] 文章大体上将唐代女子的跪拜与拜而不跪的区别说清楚了，但并没有涉及二者的历史承续关系，似乎作者更倾向于认为跪拜礼只适用于前述三种场合，拜而不跪则是多数场合下的女子拜仪，这更像是同一时期共存的礼拜姿势。这一点还需要进一步讨论。笔者认为，唐代是中国古代坐具发生剧烈变化的时期，这一时期的拜仪也发生了诸多变化，尤其是在唐宋女子的拜仪上有极其鲜明的表现。但坐具的变化并非导致女子拜仪改变的唯一因素。除此之外，还应该有更深层更本质的原因。这与女性社会活动场所及其地位的改变应当有着微妙的联系。唐宋时期的女子拜仪将是探讨该历史时期女子社会地位变迁的一个重要切入点，从中或许会发现更多女子拜仪的意义。张维慎、梁彦民将唐代的两件男女跪拜俑进行了比较性研究，认为女跪拜俑的拜仪是席地而坐时期女子常见的肃拜，男跪拜俑的拜仪则是男子常用的空首拜。文章还认为男子的跪拜是唐代文官在公共场合即将完成的空首拜形象，而女子的跪拜则是初见舅姑或宫人于君后的少数场合下的拜仪形象。[③] 这似乎就要探讨到当时社会活动中的妇女地位，但遗憾的是该文最终没有提及唐代女子社会活动与地位。而这一点实际上与唐宋之后女子地位持续下降、男权日益膨胀的社会特征有着重要的关系。

---

① 颜春峰：《稽首、顿首、稽颡考辨》，《杭州师范学院学报（人文社会科学版）》2001年第2期。

② 张维慎：《试论唐代女子拜礼的拜仪及其适用场合》，《陕西师范大学学报（哲学社会科学版）》2002年第6期。

③ 张维慎、梁彦民：《两件唐代跪拜俑拜仪考》，《考古与文物》1999年第1期。

　　对于清代的跪拜礼仪及其在外交过程中所受的阻力以及最后的废除则有牛军凯、王开玺、李静等人的多篇论文述及。在这些论文中，牛军凯重点考察了以三跪九叩为拜天礼的清朝与习惯五拜三叩的安南之间的礼仪之争，认为是否按照清朝规矩行礼成为是否臣服的显著性身体标记。清朝与安南使臣间近百年的争议也说明了清朝跪拜礼仪不仅在本土内而且在邻国内已经面临诸多挑战。① 王开玺分析了18世纪末英国使臣在拜见中国皇帝时所发生的礼仪之争②，考察了中国封建社会最重要的等级礼仪——跪拜礼在19世纪下半期到20世纪初如何引发争议及其最后的废除历程。③ 除了对清朝的具体历史事件进行解析之外，王开玺还从文化史的角度对跪拜礼仪进行研究，探究清朝的天朝大国意识的根源与跪拜礼仪的关系。④ 王开玺还将清代的礼仪之争与中国深厚久远的"礼"文化传统结合起来综合分析，从文化的角度剖析清朝礼仪之争的深层原因。⑤ 李静主要考察了清朝三次外国使臣觐见皇帝的礼仪之争，认为从愚忠愚孝的跪拜礼到鞠躬礼的变化是中国外交走向国际化的开端。⑥

　　由以上这些研究可以看出，跪拜礼仪在清朝直至民初作为中国传统文化的一个身体象征符号而备受关注与非议，其所代表的中国人的礼仪传统、政治格局、民族性格及文化心理等都应该成为进一步深入研究的内容，透过跪拜这一礼仪，我们可以总结出诸多传统文化特征。

（三）关于跪拜礼仪与君臣关系的政治史研究

　　如果说以上是社会变动中的跪拜礼仪研究，代表着跪拜礼的穷途末路，那么台湾学者甘怀真的研究则立足中国古代君臣关系，考察传统社会的跪拜礼仪，可以说这是对盛行千年的跪拜礼所做的政治史研究。《中国古代君臣间的敬礼及其经典诠释》与《中国的传统礼仪与现代社会》两篇文章以身体礼仪为讨论中心，大大深化了身体礼仪的系统研究。作者将身体规范（或称为身体礼仪）与政治秩序的关系作为统贯线索，认为在皇权确立之前，身体的礼仪（如跪、拜）大多应用于宾主间，而在皇权确立之后，地位低下的臣民与君王互行礼仪的时候，表

①　牛军凯：《三跪九叩与五拜三叩：清朝与安南的礼仪之争》，《南洋问题研究》2005年第1期。
②　王开玺：《马戛尔尼跪谒乾隆帝考析》，《历史档案》1999年第2期。
③　王开玺：《试论中国跪拜礼仪的废除》，《史学集刊》2004年第2期。
④　王开玺：《天朝中心论与跪拜礼仪》，《河北学刊》2001年第1期。
⑤　王开玺：《清代的外交礼仪之争与文化传统》，《北京师范大学学报（社会科学版）》2008年第2期。
⑥　李静：《从跪拜到鞠躬——清代中外交往的礼仪冲突》，《文史杂志》2005年第1期。

达的基本是君臣间的尊卑与服从关系。此观点在《皇权、礼仪与经典诠释：中国古代政治史研究》一书中有了更清晰的表达。甘怀真的研究可以说为身体规范、身体仪式的研究开启了一扇大门，他的方法及对史料的精致分析为身体史研究提供了很多启发。但他的研究着重于政治史范畴，即考察了身体规范在政治关系中的应用与作用，对宗教意义上的身体规训及相关仪式则论述不多。另外，胡新生的《周代拜礼的演进》详细考察了西周到春秋时期的拜礼变化情况，认为君臣最高礼仪由简到繁的演进反映了君臣关系与尊卑意识的历史变化[3]，堪称跪拜礼政治史的经典研究。

三、坐姿研究需补充完善的几个方面

如前所述，围绕跪坐、跪拜展开的各方面研究，总体来说既有宏观的整体研究，亦有微观的个案研究，内容也比较丰富，但在研究中还有很多方面需要深入探讨。

（一）缺乏完整系统的理论支撑

从上面的研究论述来看，还没有将身体的理论与身体姿势的具体研究密切结合起来，有的身体姿势研究在理论上尚显贫乏，或者缺少一个较为完整系统的理论逻辑。大多数研究呈现出就事论事、缺乏深入全面探讨等弊病。中国传统的身心观及圣俗观一直影响中国思想文化的传承与发展，这些内在的思想观念与呈现出来的身体姿势到底有着怎样的表里关系，是一个值得深入探讨的重要问题。这个问题搞不清楚，所谓的身体姿势的研究就是零碎的、单薄的，也只能是无源之水、无根之木。

在身体与仪式理论研究方面，外国学者的研究或许对我们有所启发。比如，外国学者的仪式研究中渗透着对身体的关注。安德鲁·斯特拉桑（Andrew J. Strathem）认为仪式通过身体影响社会运转，作用于政治结构。[4]阿诺尔德·范热内普（Arnold van Gennep）认为人的生命过程与人的社会化由"过渡礼仪"得到整合与统一，正如《过渡礼仪》的译者张

①　甘怀真：《中国古代君臣间的敬礼及其经典诠释》，《台大历史学报》2003年第6期；《中国的传统礼仪与现代社会》是作者在1998年12月12日两岸青年学者论坛：人文与中华文化学术研讨会上宣读的论文。
②　甘怀真：《皇权、礼仪与经典诠释：中国古代政治史研究》，上海：华东师范大学出版社2008年。
③　胡新生：《周代拜礼的演进》，《文史哲》2011年第3期。
④　〔美〕安德鲁·斯特拉桑：《身体思想》，王业伟、赵国新译，沈阳：春风文艺出版社1999年，第24页。

举文在代译序中所说"过渡礼仪是一种仪式进程模式"，它"有助于对'过节'等行为的心理和巫术—宗教性层面的理解"，"有助于对整个仪式行为在社会、心理和宇宙观背景下的分析"①。与过渡礼仪相关的还有人生礼仪，许多民族的人生礼仪是在身体或服饰上施行一系列繁缛的行为，如中国古代的冠礼、笄礼，某些民族的苦难考验如割礼、打掉牙齿、文身黥面等更是一种典型的身体仪式。

虽然关于仪式的研究理论与实践已相当丰富，但在总体上仪式研究关注的是身体之外的场合、过程、结构、功能和意义，缺乏对身体本身的关注。正如美国的罗纳尔德·格莱姆斯（Ronald Grimes）在《仪式的分类》一文中所说："通常我们所说的仪式是一个与神圣、敬畏、牺牲或永恒等概念联系在一起的高不可攀的概念。其结果是，我们不知不觉地忽视了自己的身体表达和日常行为。而将这种角度作为研究基础，仪式研究变得夸夸其谈，或只关注与身体无关的礼拜行为。"②本该内含身体的仪式研究却严重脱离身体而言他，难以成为真正意义的仪式研究。所以仪式研究离开身体，便变得高高在上，似乎与人本身失去了联系。这也使得作为文化人类学的仪式研究背离了人类学研究人本身的初旨。事实上，任何仪式都无法摆脱人类这一主体，所有的仪式离开了身体，都变得死气沉沉。只有将仪式建立在身体之上，仪式研究才能还原本真，成为真正的人类学研究。

如果将西方的仪式理论研究与我们本土的身体史研究结合起来，创造出我们自己的仪式研究理论，对于我们的身体研究将大有裨益。在仪式理论构建中，我们必须突破宗教仪式的范畴，突破神圣—世俗二元论格局。因为古代中国社会有着与西方社会不同的信仰体系，也有着截然不同的仪式结构。在人际交往、社会秩序、君主权力、神灵信仰等各个领域，都有相应的仪式表现。所以，必须首先建立一种可以统率这些研究领域的仪式理论，将林林总总的仪式表现统一在一套合理的逻辑系统当中。这是研究坐姿礼仪需要解决的首要难题。

（二）在具体的"跪""坐"礼仪研究中，存在一概而论、以偏概全的弊病

跪，只是一个笼统的称呼，以它为中心，可以分化出许多种姿势。

---

① 张举文：《对过渡礼仪模式的世纪反思（代译序）》，〔法〕阿诺尔德·范热内普：《过渡礼仪》，张举文译，北京：商务印书馆2010年，第15页。
② 转引自王霄冰：《仪式与信仰：当代文化人类学新视野》，北京：民族出版社2008年，第15页。

不同的姿态用于不同的空间，便会具有不同的文化意义。但是目前尚缺乏全面系统的针对跪坐身体姿势的甄辨与分析。事实上，坐、跪、踞、跪拜具有不同的含义，出现亦有早晚。之所以存在日常姿态、祭祀形象、社交礼仪等不同的观点，根本上是因为不同姿势有不同的变化。单单一个"跪"字，并不能完全概括这些文化含义，所以有必要做进一步细致的划分与解析。

（三）在长时段的历史研究中，对于坐姿的发展演变缺乏连续性的考察

垂脚高坐取代跪坐，这中间有绳床与佛教以及胡床与踞坐的影响，其背后的文化因素及意义更加值得人们重视。再有，东汉末年及魏晋时期，随着佛教的传入、道教的兴起，宗教神灵的姿势亦发生了很大的变化，同时，作为祭祀主体的世俗统治者姿势的变化及二者之间的影响亦可成为观察的视角。特定历史时期民众日常生活的视野决定着他们的想象空间，既然在日常生活中缺乏跪坐的姿势，那么塑造出来的神灵形象就不是跪着的，而是站立或者盘坐、垂脚坐。因此，对以跪、坐为中心的各种身体表达仪式进行连续的系统的研究将有助于厘清传统坐姿的演变情况及其所蕴含的仪式意义。

（四）既有的坐姿研究多集中于政治与生活领域，而鲜有信仰领域的探究

中国古代文化中神圣与世俗不是截然对立的，而是融合在一起的。这与中国人心中根深蒂固的祖先崇拜有着密切的关系。但这并非说，中国文化缺乏神圣性。关于跪坐姿势的既有研究似乎大多关注世俗生活中的礼仪，而对于宗教信仰领域的仪式（或者说是礼仪的信仰意义）关注不够。比如说，对于商周时期的跪坐研究，大多限于日常坐姿与奴役性姿势的视角，而缺乏宗教仪式视角的分析。再如，唐宋以后垂脚高坐成为日常生活坐姿之后，跪拜的意义与秦汉时期相比也发生了很大的变化，跪拜礼仪渐趋从士人的社会交往中退出，大概只剩下对皇帝权力的屈服以及对神灵的崇拜意义了。跪拜仪式的信仰意义也值得进一步探讨。

在今后的研究中，身体仪式研究将涉及历史学、宗教学、考古学、人类学、社会学、民族学等多个学科领域，而其宗教学的意义尤其值得关注，因为这是探寻古人身体"真实"心灵之声的钥匙。

第三节　研究内容、目的与方法

中国古代社会是一个礼仪型的社会，而礼仪最初的意义就在于其祭

祀仪式，祭祀仪式曾是国家的至上大事，所谓"国之大事，惟祀与戎"。古代国家维持其统治秩序与表现其政治清明的工具就在于一系列重大的祭祀仪式，从这个意义上说，中国古代国家可以称为礼治国家，而礼治国家实则为仪式国家。[①]

纵观中国传统社会，仪式无时无处不伴随着中国人的生活。从最高统治者皇帝的继位仪式到群臣跪拜皇帝的盛大仪式，从原始粗野的祈雨仪式到神圣的祭祀天地仪式（帝王封禅），从细致入微的饮食仪式到等级森严的服饰仪式，从现实生活到墓葬装饰，仪式几乎贯穿于中国古人生活的全部。

一、研究内容及目的

本书在生存仪式、天人相通仪式与意义转化仪式等三个层面上对汉代暨以前的坐姿仪式进行剖析，着重分析坐姿如何在体现古人基本生存意识与愿望、实施天人相通并维系国家权威以及实现生死转化灵魂飞升等不同层面呈现出仪式表达与终极意义追求。

首先对生存层面的仪式进行研究，主要以蹲踞为主要研究对象和内容。重点分析蹲踞体姿如何作为生殖崇拜的表达仪式在古人的生活中发挥重要作用。

第二个层面是身体仪式作为一种权力控制技术。着重分析巫术祭祀仪式中的安坐与踞，即安坐神像与踞式巫师如何完成国家权力控制过程，这一祭祀仪式始终是具有垄断性的。这一特点还鲜明地体现于跪拜在皇帝制度之下的意义变化，即跪拜成为皇帝制度的身体仪式符号。

第三个层面是身体仪式作为一种意义实现或转化技术。对于生死意义转化的身体仪式，主要以两汉社会的西王母信仰在墓葬中的表达为主要研究内容，探讨西王母丰富的坐像及其演变所蕴含的生命转化意义，认为西王母的坐像基本源于现实生活的坐姿，即席地而坐。所谓的神灵，其实都源于现实生活，她从现实中来，而又超越于现实，指向未知的世界。高高端坐、笼袖躬身、凭几扶杖的西王母形象实源于汉代的尊老、孝顺观念，也恰恰印证了古人"老而不死为仙"的说法。汉代民间信仰中的西王母就是这样一个将现实世界与彼岸世界联结起来的神仙，她既是慈祥的老母形象，又是长生不死的神仙形象。民众对西王母信仰的热衷实与汉代国家主流意识形态中的尊老、忠孝等伦理观念相合。意义转

---

① 郭于华主编：《仪式与社会变迁》，北京：社会科学文献出版社2000年，第359页。

化的身体仪式还包括汉代墓葬中的忠孝图像，这些仪式性图像均源于现实社会中对于忠孝伦理的教化内容，将这些忠孝图像安置于墓葬中，实为汉代神仙信仰的实质，即将现实社会伦理控制与来世成仙飞升的信仰紧密联系在一起。如此，生命意义转化的方式实际上与中国传统文化中的忠孝思想、向善教化与内省式自我控制方式密切相关。

　　本书的目的在于通过对汉代暨以前坐姿仪式的历史、图像表现与意义展开研究，探讨古人的身体如何承载历史的记忆、如何勾画出"来世"的意义；真实再现古人如何以最直观的身体姿势来表达信仰追求，并分析信仰在古人生命与生活中的重要意义。以身体姿势表达内心的信仰情感与生命追求，或许也能够成为现代人对待身体、生活与信仰的方式。

二、研究方法

　　自20世纪80年代以来，社会史的繁荣与发展是中国史学大发展大繁荣的突出表现与承载。社会史的意义在很大程度上表现于范式的创新，这种范式创新几乎成为史学研究者的共同选择。而社会史最大的特点是承袭了年鉴学派的整体意识、学科跨越意识与问题意识。这样的研究思路使得所有社会科学（甚至自然科学）的理论与方法都可以被应用到社会史研究中来。本书的选题就是在这种学科发展大趋势下的选择。身体史首先属于历史，它突出的表现是虽然使用了人类学与社会学的身体与仪式的概念甚至是方法，但它首要的方法仍然是历史学的方法，即分析材料，通过对文献与实物材料的剖析，得出合乎或接近历史事实的结论。

　　此外，本书使用较多的是图像学的方法，即象征符号分析法。图像，是一种象征符号，最大的特点是代表着"意义"。潘诺夫斯基认为图像研究的最高层次为图像学阐释，它"指向一种内在意义的独创性关联"，"指示图像的深层意义世界"[1]。本书的重点就是以图像为基础，探寻古人心灵深处的"意义世界"。

第四节　创新点与努力方向

　　仪式，作为中国古人生存、交往、权力与意义的象征体系，在中国

---

　　① 参见朱存明：《汉画像之美：汉画像与中国传统审美观念研究》，北京：商务印书馆2011年，第53、56页。

古人的生活中无时无处不承担着巨大功能并发挥着重要作用。它"是由若干专用术语构成的一项仪式，这些专用术语像所有的术语一样是重要的……是一个复杂整体中单个的组成部分"①。所以研究中国古代的仪式必须将之放置于复杂的整体中进行，本书以身体表达作为仪式研究的切入点，又选取了最常见的坐姿为研究对象，力图于细微处见真实，揭示中国古代历史的另一种面相。本书的创新处主要体现在三个方面：

第一，选题具有一定的前沿性。本书主要以汉代暨以前的坐姿及其所蕴含的中国传统信仰精神为主要研究对象。以身体为中心来认识和重塑历史，是社会史的重要发展趋向。但关于身体姿势的历史始终未有较为系统的研究面世，本书选取了汉代暨以前的坐姿进行研究，涉及生育、通神、墓葬、来世信仰与现实伦理教化等多个方面，是身体史研究的一个尝试。本书力图用身体的图像来诠释和还原历史。或者称之为以身体之像描绘身体之史，以身体之史来重塑或还原历史。身体姿势的发展演变及其应用空间的变化，都会不同程度地成为解释某个区域某个民族历史发展的一个窗口或途径。而中国古人坐姿的历史变迁以及由跪坐衍生出来的踞、跪拜等仪式成为解释古人巫术、祭祀、宗教这些深层次文化发展脉象的一个有效途径。

第二，研究方法具有一定的创新性。本书运用历史学、考古学、图像学、宗教学的综合研究方法，以宗教信仰精神为旨归，将考古材料与文献材料相互结合来研究汉代暨以前的坐姿形态及其意义，重点突出坐姿所蕴含的宗教意义。在探讨蹲踞仪式、巫师祭祀仪式、汉代墓葬画像中坐姿的意义时，认为古人在生育信仰、通达鬼神与成仙飞升等方面均以身体的姿势为依托进行构思与实践，突出了中国古代身体仪式的精神信仰指向。

第三，研究内容与结论不乏创新之处。本书在对坐姿历史进行系统分析的基础上，主要选取蹲踞生育仪式、巫师通神仪式、西王母坐像仪式图像、忠孝成仙仪式图像为具体研究内容，对其中的坐姿进行仪式意义解析。对汉代暨以前的坐姿历史进行了系统全面的分析论述，依据考古图像，对以双膝触地为基本特征的安坐、踞、跪拜等身体姿态进行细致的分析与区别，得出了与前人不同的结论。对跪、踞的历史内涵进行历时性的分析与归纳。对安坐（正坐）、踞、跪拜等姿势进行了辨析性研究，澄清了学界长期存在的踞、坐等姿势的错误用法并阐释了各种跪坐

---

① 〔美〕明恩溥（Arthur H. Smith）：《中国人的气质》，刘文飞、刘晓旸译，上海：上海三联书店2007年，第18页。

姿势的内涵，可供其他研究者参考。

由此，本书得出了一些重要结论。其一，对商代的蹲踞人像进行仪式性解析，认为蹲踞仪式的意义在于生育崇拜，这一观念与史前的生育巫术观念一脉相承，且与商人的鸟图腾有着密切的渊源关系。辨析了人虎结合图像的意义，否定了"人虎交合"的说法，进一步证实了有关学者人虎之间同性生殖力量传递的观点。其二，首次明确了立、安坐、跽等姿势在巫师通神仪式中的意义，立式人像是巫王象征，安坐式人像为神灵象征，跽为巫师通神的典型性姿势，反缚手臂的跪坐人像可能是某种国家仪式象征，而非如前人所说奴隶、战俘或求雨仪式的体现。其三，对汉代墓葬画像中的西王母仙界图像进行综合研究，系统分析西王母坐像的升仙仪式特征。将祠堂后壁的楼阁拜谒图放置于西王母信仰的框架中进行探究，首次明确提出此类图像并非"祠主受祭图"，而是"祠主升仙仪式图"。其四，对汉代墓葬画像中的忠孝节义故事图像进行分析研究，深入阐释这些图像在现实伦理教化之外的信仰意义，将其放置于西王母信仰这一整体的宗教学视角之下考察，认为这类忠孝节义画像实为墓主或祠主死后升仙仪式的组成部分，这也正好从图像学证明了道教一贯倡导与奉行的积善成仙学说。在中国传统信仰精神层面，笔者依据"孝"的文献记载以及表达孝精神的各种图像，力求超越已有的关于中国文化精神的探讨，寻求真正支撑中华文明绵延不绝而且历久弥新的信仰精神，并将其进行时代性的传承与发扬，使其在新的历史时期绽放光彩，造福人类。

由于资料与本人研究水平的局限，本书得出的否定性与可能性结论较多，若要得出更确切的肯定性结论还需要更多的资料与更深入的研究。所有这些缺陷或疑点，都将在今后关于坐姿仪式的后续研究中继续受到重视并期望得到解决。

本书在得出上述创新性结论的同时，也存在很多不足。由于本书重点对汉代暨以前的蹲踞与跪坐进行解析，依据的图像主要来自墓葬，所以在研究中主要关注古人的信仰层面。这既是本书的特点，也带来了不可避免的局限性，即现实政治与社会层面的内容相对较少，如身体姿势在各种人生过渡礼仪与国家政治中的表现与意义等。此外，汉代以后的身体仪式由于道教、佛教以及各种民间宗教的兴盛而呈现出更加复杂的情形，宗教中的身体仪式及其与日常生活、社会交往、政治权力、时代变迁等的关系更值得深入探讨。所有这些，将留待以后继续学习与研究。

第一章 汉代暨以前坐姿仪式综合研究

身体是"仪式的核心"①，所有的仪式都可以称为"身体仪式"②。所谓身体仪式，是指由身体及其周围装饰空间产生的具有交流与象征意义的一系列表情、仪态、姿势、语言和动作行为表达，这些身体表达都是互相联系、共同作用的象征符号组合，与人类的生存与生活、国家权力与政治以及人的终极意义追求均有密切的联系。

从史前到汉代社会，坐姿，包括蹲坐、箕踞、坐（跪坐）、跽、跪、拜等，除却蹲坐与箕踞之外，其他四种姿势均以双膝触地为基本特征，为礼仪范畴内的姿势，为贵族所专有，几乎与平民及以下阶层无关。在体态与含义上，坐、跽、跪、拜各有不同。总体而言，坐源于神灵安坐受祭的姿势"尸坐"，是一种正襟安坐，往往表达高高在上、唯我独尊的含义。这种坐法在西周以后自神坛走下来，被应用于上层贵族的日常生活，就是我们通常所说的正坐。跪应用于跪拜礼仪中，后来渐趋发展为屈辱性姿势。跪，顾名思义，跪有危义，与安相对，在体姿上是大腿直起与小腿呈九十度，臀部自然离开脚跟，呈危势，而称为"跪"。这

---

① C.R.霍皮克：《社会之发》，史宗主编：《20世纪西方宗教人类学文选》，金泽等译，上海：上海三联书店1995年，第219页。

② 到目前为止，在关于身体与仪式的论著中，虽然有不少中外学者呼吁以身体为中心来研究人类仪式，并为之作出了相当大的努力，如英国社会学家维克多·特纳（Victor Turner）的《象征之林：恩登布人仪式散论》（商务印书馆，2006）；Shigehisa Kuriyama, *The Expressiveness of the Body and the Divergence of Greek and Chinese Medicine* （New York: Zone Books,1999）; Mary Douglas, *Natural Symbols* （London and New York: Routledge,2003）；〔美〕罗纳德·格莱姆斯的《仪式的分类》（王霄冰主编：《仪式与信仰：当代文化人类学新视野》，民族出版社，2008）等。但明确使用"身体仪式"的研究则很少，笔者仅查阅到〔美〕霍勒斯·米尔纳（Horace Milner）的《那茨热马人的身体仪式》（郑文编译，《民族论坛》2005年第4期）与黄宝富、张勇的《戏曲电影的身体仪式》（《当代电影》2011年第1期）两篇论文。前者对北美洲土著人的一支那茨热马人的身体"丑陋"观念、残害身体（嘴、牙齿、头等）的神秘仪式及宗教哲学进行分析，本书所论"身体仪式"受此文启发很大，即将身体看作仪式的主体与核心，但在仪式范畴上并不局限于宗教神秘仪式，而是力图扩展至人际交往、国家政权、信仰追求等各个方面。后者则重在讨论在传播媒介由戏曲向电影的转变过程中，身体符号、身体意识与身体场域等三个方面所体现的戏曲电影面临的困境，并未从实质上去探讨身体仪式表现、过程与意义，基本与本书所要探讨的身体仪式关系不大。

种姿势最初是由坐而拜的一个连接动作，通常称"跪拜"，原因即在此。这种姿势由于最能体现人际关系，其尊卑高下之意尽显跪拜之中，所以跪拜在后世的礼仪文化中始终存在，作为国家政治性的礼仪一直伴随皇权政治始终。跽是最难解释与把握的一个姿势，从体态上确实很难将跪、跽严格区分开来，与跪应用于跪拜的人际礼仪不同，跽，具有敬忌不安之意，主要被用于巫师通神的神秘仪式空间。

第一节　身体、仪式及其符号象征意义

在不同的地域、民族与社会中，身体会呈现出不同的文化特征。正如布莱恩·特纳（Bryan Turner）所指出的："身体行为的一些基本方面，如走、站、坐等，都是社会建构。这些实践行为要求有官能性基础，但是官能的潜力得以实施则需要一个文化语境。因为这些原因，莫斯才谈论'身体技术'，身体技术虽依赖一个共同的器官基础，但它既是种个人培养也是种文化培养。"[1] 布莱恩·特纳还指出："人的一切表现都服从于某种共同过程……这些共同的社会过程同人体的怀孕、出生、成长、死亡以及最后分解密切相关，因为很多社会实践和仪式建立在这些明显的日常事件上（比如婚姻、葬礼以及伤悲仪式）。"[2] 正是日常的事件与活动成为人类道德规范、宇宙定位或终极意义实现的基础，正如利奇所言："人类行动所表示的、或者像姿势、手势、服装、发型、兴趣、住所等等非语言性的传达，都有某种'意义'。"[3]

从象征意义上说，身体本身就是一种仪式符号，是具有多重象征意义的符号。人生活在各种各样的社会环境中，由身体产生的仪式成为联系自我与他人、个体与群体、人与世界的中介，是社会文化展现的空间。仪式"使不能直接被感觉到的信仰、观念、价值、情感和精神气质变得可见、可听、可触摸"[4]。在这个过程中，身体是最为重要的文化载体与仪式象征符号，由身体产生的语言、动作、姿势等均具有多重所指，可

---

[1] 〔英〕布莱恩·特纳：《身体社会学导论》，汪民安、陈永国编《后身体：文化、权力和生命政治学》，长春：吉林人民出版社2003年，第8～9页。

[2] 〔英〕布莱恩·特纳：《身体社会学导论》，汪民安、陈永国编《后身体：文化、权力和生命政治学》，长春：吉林人民出版社2003年，第8页。

[3] 金泽：《宗教人类学导论》，北京：宗教文化出版社2001年，第281页。

[4] 〔英〕维克多·特纳：《象征之林：恩登布人仪式散论》，赵玉燕、欧阳敏、徐洪峰译，北京：商务印书馆2006年，第48页。

以象征多重意义，"复杂的身体象征能够在更深层次作多维度的解读"①。正是基于这样的意义思考，戴维·英格利斯（David Inglis）立足日常生活形态，寻求其背后的文化意义，写出了《文化与日常生活》一书，认为吃饭、如厕、睡觉、说话、运动等诸多日常行为都取决于"特定社会群体所形成的文化"②，是这一特定文化的基本表现。

对于身体的仪式象征意义，安乐哲（Roger T. Ames）曾经以中国古典哲学中的"礼"与"体"的结合做过精辟的解释。他将"体"视作实现一种文化传统更新及其意义的基础与方式，认为中国古典哲学中的礼与体之概念有重叠之处，礼"构成一个文化传统的意义和具体化与形式化的价值"。而"作为构成神圣的一种方式，'体'把最吉祥、最恰当的行为启示给先知。因此，'体'的概念也表现为神圣的实践活动。'体'与神圣的结合进一步揭示了身体和礼仪统一时所体现的重要的宗教意义。最终，作为仪式行为和仪式机构的'体'成为支撑、协助一种文化传统得以更新和创造的基础"。他进一步认为，仪式与身体是一个整体性的相关关系，而非二元关系："仪式与身体之间是两极相关性的关系，而不是形式/物质、行为/身体分裂的二元关系。任何一个特殊的仪式只能通过一套形式化了的身体动作，即一种文化传统，才能够被理解；同样，只有通过仪式的具体化，文化传统的意义和价值才能被揭示出来。"③李亦园亦指出，在一个仪式主义很浓的社会中，人类的身体最常被人类本身用作表达人际关系和人神关系的仪式符号。④

既然身体是仪式的表达符号，那么身体所在之处，仪式就会存在。尤其是在依赖仪式的古代社会里，仪式几乎无处不在。关于仪式的无处不在及其符号象征意义，兰格在《哲学新解》中曾说道：

> （人）能够以某种方式使自己适应他的想象力能处理的任何东西，但是他不能对付混乱无序。因为他的具有特征性的功能，也是他的最高财富，是概念，他最大的恐惧就是面对不能解释的东西——即通常所谓的"神秘莫测"。……因而我们最重要的财富，

① 〔英〕菲奥纳·鲍伊（Fiona Bowie）：《宗教人类学导论》，金泽、何其敏译，北京：中国人民大学出版社2004年，第95页。
② 〔美〕戴维·英格利斯：《文化与日常生活》，张秋月、周雷亚译，北京：中央编译出版社2010年，第6页。
③ 〔美〕安乐哲：《古典中国哲学中身体的意义》，陈霞、刘燕译，《世界哲学》2006年第5期。
④ 参见李亦园：《宗教与神话》，桂林：广西师范大学出版社2004年，第52页。

永远是我们关于在自然中、在地球上、在我们的社会中、在我们正做的事情中的普遍定位的象征符号：即我们的世界观和人生观的符号。结果是，在原始社会中，每日的仪式被包括进了日常的活动中，如吃饭、洗涤、生火等，以及纯粹的仪式中，因为他们经常体会到需要重新确定部落的道德规范和认识它的宇宙定位。在基督教的欧洲，教会每天（在某些教派中甚至是每小时）迫使人们下跪，练习（如果不是沉思默想）他们对终极概念的赞同。[①]

正是最为日常的活动（吃饭、洗涤等）成为人类道德规范、宇宙定位与终极意义实现的基础，日常的身体活动具有"非常"的意义。充满着"意义"的仪式寄存于人类身体的姿势、装饰或行为表达中。亚历山大亦特别强调："所有的仪式，包括宗教仪式在内，都以日常的、人的世界为基础。"[②]戴维·英格利斯亦鲜明地指出："日常生活包含的内容比我们想象的要有意义得多。"[③]即认为最为普通的日常生活行为蕴含着丰富的意义。

在众多的意义中，信仰意义无疑是人类文化中最高层次的意义，它是潜存于人类精神之中的、指导人从有限追求无限、由短暂追求永恒的最根本的"人"性。它首先最为明显地表现于人的宗教意识与宗教生活，这种意识与生活不断地被重复、强化，最终又以习俗或习惯的形式落实在人的日常生活中。反过来，看似日常的动作或行为内部可能蕴含着深层次的意义，这个过程往往是循环往复、不断更新的。因此，意义会出现在人类所有的时间与空间范畴。那么，意义所寄存的仪式便占据人类所有的时间与空间，无时无处不充斥于人类的生活。

仪式将人的意义追求与日常生活行为巧妙地统一在一起，既不会由于过分关注所谓的世界之外的"意义"而忽视鲜活的日常生活，又不会因囿于日常生活行为而被疑缺乏"意义"的深层次思考。

在坐姿的仪式研究中，身体姿势作为仪式象征符号的意义是探究古人信仰追求的重要基础。存在于墓葬或祠堂中的每一个坐姿图像都是古

---

① 〔美〕克利福德·格尔茨（Clifford Geertz）：《文化的解释》，韩莉译，南京：译林出版社2008年，第105～106页。

② 〔英〕菲奥纳·鲍伊：《宗教人类学导论》，金泽、何其敏译，北京：中国人民大学出版社2004年，第176页。

③ 〔美〕戴维·英格利斯：《文化与日常生活》，张秋月、周雷亚译，北京：中央编译出版社2010年，第4页。

人认识与把握生命与宇宙的符号象征。如商代墓葬中的蹲踞人像、安坐人像、跽人像以及汉代墓葬或祠堂中的安坐式西王母画像、跪拜画像等等，都会因应用时空的不同而具有不同的意义。这种意义与社会文明的进程、道德意识的变迁以及宗教观念的演变都有着密切的关系。

透过身体姿势的历史变迁，不同社会文化的特征与变革的脉搏便显得触手可及。在本书关于坐姿的仪式与信仰研究中，中国古代社会的深层文化特性无疑是所有身体姿势的"意义"指向。换句话说，最基本最日常的身体表现形态，可以表达出对天地宇宙、生命产生与消亡、国家权威确立、灵魂归处等的深刻理解。我们透过这些日常的形态，可以探究他们的精神与信仰世界。

第二节 坐

一提到坐，大多数人会想到椅子、沙发、凳子等坐具，坐的姿势是以臀部坐于高型坐具上，小腿垂下，又称为"垂足高坐"。但是在高型坐具未出现之前的很长一段历史时期（大致自先秦至隋唐，当然绳床、椅子等高型坐具的出现到普及亦经过了一段漫长的时间），人们是用脚、小腿与膝盖来完成坐这个动作的。或坐于席，或坐于榻，比较正式体面的坐姿均是跪坐的模样。

跪坐，仅仅是相对于垂足高坐而言的一种模糊性姿势。就跪坐的大致演变来看，跪坐在周代以前只用于祭祀，周人将这种祭祀仪式扩展到了日常生活中。[①]就跪坐而言，实际上存在着更为精细的区分，如坐、跽、跪拜是三种与跪有关的不同姿势。另外，除了礼仪性的跪坐之外，在以跪坐为主流意识的社会里，亦存在着其他的坐姿习惯。所以，在汉代以前的日常生活中，坐有很多种方式，如蹲坐、箕踞、安坐，等等。一般认为，安坐（以膝居地，小腿平置于地，臀部贴于脚跟的坐法）为上层贵族的体面性坐姿，体现了上层贵族的礼仪生活。事实上，这种坐法实源于受祭坐姿"尸坐"，安坐应用于日常生活中，又相应地产生了诸如跪、拜、跽等仪式性姿势。而普通人没有那么严格的限制，或蹲坐或箕踞，视舒适、便易而定。段玉裁就对古人日常生活中的坐法（居）进行过注解："古人有坐，有跪，有蹲，有箕踞；跪与坐，皆膝着于席，

---

① 参见李济：《跪坐、蹲居与箕踞》，张光直、李光谟编：《李济考古学论文选集》，北京：文物出版社1990年，第943~961页。

而跪耸其体，坐下其臀。……若蹲则足底着地，而下其臀，耸其膝，曰蹲……若箕踞，则臀着席，而伸其脚于前，是曰箕踞。"①

蹲坐与箕踞作为一种相对放松、舒适的姿势，除了自然形成、较为随意的休息性体姿之外，还被用于仪式性的神像坐姿（如商代蹲踞人形玉佩、江西新干大洋洲玉羽人等）。而在用于特殊的仪式动作时，蹲坐与箕踞又具有非同寻常的神圣意义。

现代学者亦对作为日常居处形态的跪坐有所研究，如李济《跪坐、蹲居与箕踞》一文讨论了跪坐、蹲坐与箕踞日常生活习惯的起源与分布及其历史文化意义。根据李济的考察分析，箕踞和蹲坐应当是人类在生产生活中比较舒适的一种休闲姿势。而两膝往后弯曲的正坐（侯家庄半身跪坐像）则是不舒服的。文明就是克服原有的闲散，而变得有秩序，这在坐姿方面表现得尤为明显。李济认为，侯家庄半身跪坐像是"正坐"，但是"跪"的姿势还不是很普遍，大概只在小范围使用。②吴晗《古人的坐、跪、拜》亦从生活方式与物质条件两方面看待古人的跪坐。③对于跪坐、蹲坐与箕踞，杨伯峻亦有所辨析：

> 古人的坐法有几种，恭敬的是屈着两膝，膝盖着地，而足跟承着臀部。作客和见客时必须如此。不过这样难以持久，居家不必如此。省力的坐法是脚板着地，两膝耸起，臀部向下而不贴地，和蹲一样。……最不恭敬的坐法是臀部贴地，两腿张开，平放而直伸，像箕一样，叫做"箕踞"。④

一、正坐⑤

正坐，又称"安坐"，是在贵族社会圈子内的体面性正式坐姿，用于个人日常生活、会客、宴饮仪式当中。正坐作为一种极其重要的礼仪姿势受到诸多的规范与约束。自周代一直到两汉社会，正坐作为一种上层社会基本的坐姿保留的时间相当长。

---

① 〔汉〕许慎撰，〔清〕段玉裁注：《说文解字注》八篇上尸部，上海：上海古籍出版社1988年，第399页。
② 张光直、李光谟编：《李济考古学论文选集》，北京：文物出版社1990年，第943～961页。
③ 吴晗：《学习集》，北京：北京出版社1963年，第51～53页。
④ 杨伯峻：《论语译注》，北京：中华书局1980年，第107页。
⑤ 正坐是采用李济之说法。参见李济：《跪坐、蹲居与箕踞》，张光直、李光谟编：《李济考古学论文选集》，北京：文物出版社1990年，943～961页。

正坐，作为日常生活领域的坐姿实源于祭祀仪式中的尸祭。①尸祭是上古三代时就有的一种祭祀祖先的仪式。那么什么是"尸"呢？《礼记·郊特牲》："尸，主也。孝子之祭，不见亲之形象，心无所系，立尸而主意焉。"高诱认为尸为"祭神之主"②。段玉裁注《说文解字》尸字曰："祭祀之尸本象神而陈之，而祭者因主之。"③可见，尸是用活着的人扮作祖先神主而接受祭祀，尸祭即设尸祭祀，《礼记·曾子问》："祭成丧者必有尸，尸必以孙，孙幼则使人抱之，无孙则取于同姓可也。"④尸祭是一种用子孙（一般情况下用孙）象征祖先神灵，以便使祭祀者心有所系，来祭祀、怀念祖先神灵的模拟性献祭仪式。被选作祖先神灵象征（尸）的人一定要呈现出安详而又庄严神圣的坐姿，不能够随意为之。在席地而坐的时代，最能体现神灵之安详肃穆的坐姿便是正坐无疑。

《礼记·礼器》中记述了三代尸祭之源起与变化：

> 夏立尸而卒祭，殷坐尸。郑氏曰：夏礼，尸有事乃坐，殷尸无事犹坐。孔氏曰：夏礼质，以尸是人，不可久坐神坐，故惟饮食暂坐，不饮食则立也。殷礼转文，言尸本象神，神宜安坐，不辨有事无事，皆坐也。⑤

可见，商代的尸祭源于夏，但认为"尸本象神"，所以应当在整个祭祀过程中"安坐"如神。商代祭祀仪式中的尸坐之法本为安坐之源，这种姿势成为设尸祭祀之外场合的坐之标准，即孔颖达所谓："言人虽不

① 李安民在讨论广汉三星堆一号坑祭祀习俗时联系殷人、周人坐尸的文献记述与甲骨文"尸"字曲背、首立、跪坐人形的写法，认为一号坑的青铜跪坐人像是跪坐受祭的形象，是一种极为严肃的礼仪性坐式，代表的是设尸祭祀仪式。参见李安民：《广汉三星堆一号、二号祭祀坑所反映的祭祀内容、祭祀习俗研究》，《四川文物》1994年第4期。尸坐法在周代以前是一种正式、严肃的祭祀仪式坐姿，是周代及以后正坐这一礼仪性坐姿的源头。
② 〔汉〕刘安等编著，高诱注：《淮南子》卷十六说山训，上海：上海古籍出版社1989年，第179页。
③ 〔汉〕许慎撰，〔清〕段玉裁注：《说文解字注》八篇上尸部，上海：上海古籍出版社1981年，第399页。
④ 〔清〕孙希旦撰，沈啸寰、王星贤点校：《礼记集解》卷十九，北京：中华书局1989年，第542页。
⑤ 〔清〕孙希旦撰，沈啸寰、王星贤点校：《礼记集解》卷二十四，北京：中华书局1989年，第653页。

为尸，所在坐处，必当如尸之坐。"①大概是因为祭祀时只有那个象征祖先的"尸"一直坐在那里一动不动，保持着严肃的神态，所以成为跪坐所效仿的最高标准。由此来看，正坐最初是用于祭祀祖先神灵中的尸坐受祭，直到商代正坐尚未成为日常性的坐姿。周代上层贵族社会的正坐当源于商代"尸祭"中的尸坐法。

由"尸坐"到"坐如尸"，显示出受祭之尸坐到"人"之坐的空间变化。曾子曰："若夫坐如尸，立如齐。"②对于"坐如尸"的说法，历代学者注家虽各言不同，但总体上认为这是一种严肃、端庄的坐法。如郑玄注："坐如尸，视貌正。"孔颖达疏："尸居神位，坐必矜庄。"吴氏澄曰："祭之日，为尸者有坐而无立，故坐以尸为法。"而对于"立如齐"，郑玄注："立如齐，磬且听也。齐谓祭祀时。"孔颖达疏："人之立时虽不齐，亦当如祭前之齐，磬折屈身。"吴氏澄则言："祭之日……祭者有立而无坐，故立以齐为法。"孙希旦则进一步认为："尸之坐，齐之立，因事而致其敬者也。君子之坐立常如此，则整齐、严肃而惰慢、邪僻之气无自而入矣。"③所以，"坐如尸"由尸坐法发展而来，是将祭祀时的尸坐延伸到了"君子之坐"，是说君子之坐应当效仿"尸坐"的严肃、安定之姿势。

尸祭空间里的尸坐可以在整个仪式过程中保持静止不动，但日常生活中的跪坐则不可能静止不动，所以对于日常生活中的跪坐有更多方面的仪式规定。

如果说"坐如尸"说明了"正坐"之源，那么"虚坐尽后，食坐尽前。坐必安，执尔颜"④就是一种对于不同的安坐空间所作的具体要求，即在非饮食与饮食时的不同安坐法。虚，就是空，也就是非饮食之时，那么要尽后坐，不能近前，这也是一种自谦。食坐，是饮食之时，要尽前坐。坐得久了，人易疲劳，可能会不自觉地摇动其身，所以一定要牢牢记住"坐必安"的戒令。

当众人都处于正坐的情况下，由坐而行跪拜礼是极为便宜的礼仪形

① 〔清〕孙希旦撰，沈啸寰、王星贤点校：《礼记集解》卷一，北京：中华书局1989年，第5页。
② 〔清〕王聘珍撰，王文锦点校：《大戴礼记解诂》卷四，北京：中华书局1983年，第86页。
③ 〔清〕孙希旦撰，沈啸寰、王星贤点校：《礼记集解》卷一，北京：中华书局1989年，第5页。
④ 参见〔清〕孙希旦撰，沈啸寰、王星贤点校：《礼记集解》卷二中的郑玄注与孔颖达疏，北京：中华书局1989年，第38页。

式。但也不排除有其他的情况，比如说当尊者呈站立状态时或者尊者呈坐式时，对其行礼的人应当采取什么姿势？"授立不跪，授坐不立"就是针对尊者所处的不同情况所做的规定。当尊者立时，对其行礼者当"不跪"，"为烦人之坐而受也"；当尊者坐时，对其行礼者当"不立"，"为烦人之起而受也"①。也就是说，当受礼者站立时，行礼者不必跪于地行跪拜礼，而应站立行礼，以让受礼者免于跪地之烦劳。当受礼者呈坐姿时，行礼者则应以坐行礼，使受礼者免于起身之烦。"授立不跪，授坐不立"最根本的意义在于使尊者免于俯仰受礼之烦。

坐席、坐向亦有相应的礼仪规定。由于双膝触地，所以一般情况下，所坐之处是有承接身体之物的，此物被称为席：

> 王闻书之言，惕若恐惧，退而为戒书。于席之四端为铭焉……《说文》云："席，籍也。"孔氏《祭统》疏云："坐之曰席。"端，首也。铭，题勒也。……席前左端之铭曰："安乐必敬。"卢注云："安不忘危。"前右端之铭曰："无行可悔。"卢注云："当恭敬朝夕，故以怀安为悔也。"②

可见，所坐之物为席，在席的四端还可以书之以铭文提醒坐者时时处处恭敬怀危。围绕着所坐之席，亦有许多礼仪规范。

在虚坐与食坐之时，已经提到坐席，虚坐时要尽量靠席后坐，吃东西时则要靠前坐，避免将食物掉落席上。《玉藻》云"徒坐不尽席尺"③，也就是说，一个人坐席不能将席全部坐完。在安坐中，对席的要求非常繁杂。

"主人跪正席，客跪抚席而辞。客彻重席，主人固辞，客践席，乃坐"④是主客之间的坐席之礼。客在此处为尊者，所以主人为其准备了重席，即两层席。固辞，指的是坚决辞让。郑玄认为这是讲问之礼，孙希旦则认为这是宾主间的敌体之礼。

---

① 〔清〕孙希旦撰，沈啸寰、王星贤点校：《礼记集解》卷二，北京：中华书局1989年，第33页。
② 〔清〕王聘珍撰，王文锦点校：《大戴礼记解诂》卷六，北京：中华书局1983年，第104～105页。
③ 〔清〕孙希旦撰，沈啸寰、王星贤点校：《礼记集解》卷二，北京：中华书局1989年，第38页。
④ 〔清〕孙希旦撰，沈啸寰、王星贤点校：《礼记集解》卷二，北京：中华书局1989年，第36页。

郑氏曰：虽来讲问，犹以客礼待之，异于弟子。抚之者，答主人之亲正。彻，去也。去重席，谦也。再辞曰固。客践席乃坐者，客坐，主人乃敢安也。孔氏曰：抚，谓以手按止之也。《礼器》云："诸侯席三重，大夫再重。"又《乡饮酒之礼》："公三重，大夫再重。"是尊者多，卑者少。故主人为客设重席，客谦而自彻也。固辞，再辞，止客之彻也。践，履也。客践席乃坐者，客还，履席将坐，主人待客坐乃坐也。①

孙希旦以为：

礼有三辞：一辞曰礼辞，再辞曰固辞，三辞曰终辞。……若固辞，则有行者，有不行者。……主人跪正席，客跪抚席而辞，客彻重席，主人固辞，此皆敌者之礼，郑氏以为讲问之客，非矣。②

实际上，郑玄所言讲问之礼因为以客礼待之，不同于弟子之礼，所以与敌体之礼相似。这与孙希旦的认识实际上是一致的，笔者认为将其视为宾主间的敌体之礼还是比较合宜的。

一般情况下，"席"是一种尊贵的象征。不同地位的人可能所坐之席亦有不同的规格礼数。如上所述有再重、三重之别。另外，一席之上最多坐四人，若是"群居五人，则长者必异席"③。为人子者则"坐不中席"，孔颖达疏曰："一席四人，则席端为上，独坐则席中为尊，尊者宜独，则坐居席中，卑者不得坐也。"④

在特殊情况下，也可以不席而坐。如齐景公曾在狩猎休息时与晏婴之间有一段对话，可以看出不席而坐是在战争、狱讼、祭祀先主等几种忧虑的情况下所采用的坐法。

景公猎休，坐地而食，晏子后至，左右灭葭而席。公不说，曰：

① 〔清〕孙希旦撰，沈啸寰、王星贤点校：《礼记集解》卷二，北京：中华书局1989年，第36页。
② 〔清〕孙希旦撰，沈啸寰、王星贤点校：《礼记集解》卷二，北京：中华书局1989年，第36～37页。
③ 〔清〕孙希旦撰，沈啸寰、王星贤点校：《礼记集解》卷一，北京：中华书局1989年，第20页。
④ 〔清〕孙希旦撰，沈啸寰、王星贤点校：《礼记集解》卷一，北京：中华书局1989年，第20页。

"寡人不席而坐地，二三子莫席，而子独搴草而坐之，何也？"晏子对曰："臣闻介胄坐阵不席，狱讼不席，尸坐堂上不席，三者皆忧也。故不敢以忧侍坐。"公曰："诺。"令人下席曰："大夫皆席，寡人亦席矣。"①

此中当然有晏子的聪明智慧，但亦可看出不席而坐乃处忧患之时，如打仗、狱讼、尸坐等情况，所以景公便很愉快地"令人下席"即布席而坐了。

除了席所体现出的尊卑差异、教化之功用外，坐向亦体现出尊卑与教化之用。不同身份的人所坐之方向亦有严格的规定。若在室内，西为尊位，尊者坐西朝东。这与门的位置及室内四个角落有着密切的关系。室坐北朝南，门一般开在南面偏东处，即"室向东南开户，西南安牖，牖内隐奥"②，如此，东南角是室内最为浅显处，与之相对的西南角则最为隐秘、深奥。"西南隅谓之奥，西北隅谓之屋漏，东北隅谓之宧，东南隅谓之窔。"③《释名·释宫室》言："室中西南隅曰奥，不见户明，所在秘奥也。"④正因为西南隅为室中最为深隐处，故为"恒尊者所居之处也"⑤。故《礼记·曲礼》言："为人子者，居不主奥。"郑玄注曰："谓与父同宫者也，不敢当其尊处。室中西南隅谓之奥。"孔颖达疏曰："主犹坐也。室户近东南角，西南隅隐奥无事，故名为奥，尊者居必主奥，人子不宜处之。"⑥可见室内西南角为尊者、长者所居之处，卑者、幼者不敢自居。由此，在室内，坐西朝东的西席为最尊席位，而与之相对的近门处的坐东朝西为最卑位。堂上则以坐北朝南为最尊，如凌廷堪所言："盖堂上以南向为尊，故拜以北面为敬，室中以东向为尊，故拜以西面为敬，房中则统于室，亦以西面为敬与。"⑦

顺应天地阴阳五行、倡导忠孝顺信善行的《太平经》中言：

故大臣故吏使其东向坐，明经及道德人使北向坐，孝悌人使西向坐，佃家谨子使居东南角中西北向坐，恶子少年使居西南角中东北向坐，君自南向坐，何必正如此坐乎？各从其类，乃天道顺人立

① 吴则虞：《晏子春秋集释》卷二《谏下》，北京：中华书局1982年，第119～120页。
② 〔清〕郝懿行：《尔雅义疏》卷五《释宫》，上海：上海古籍出版社1983年，第625页。
③ 〔清〕郝懿行：《尔雅义疏》卷五《释宫》，上海：上海古籍出版社1983年，第625页。
④ 〔汉〕刘熙：《释名》卷五《释宫室》，北京：中华书局1985年，第84页。
⑤ 〔清〕郝懿行：《尔雅义疏》卷五《释宫》，上海：上海古籍出版社1983年，第625页。
⑥ 〔清〕孙希旦撰，沈啸寰、王星贤点校：《礼记集解》卷一，北京：中华书局1989年，第20页。
⑦ 〔清〕凌廷堪：《礼经释例》卷一《通例上》，北京：中华书局1985年，第15～16页。

善也。盗贼易得，何谓也？大臣故吏投义处，此人去不仕，欲乐使
以义相助也。明经道德投明处，欲使明其经道相助察恶也。孝悌投
本乡，至孝者用心，故使归本乡也；孝悌者欲使常谨敬如朝时也。
物生于东，乐其日进也。谨力之子投东南角者，东南长养之乡，欲
乐其修治万物而不懈怠也。恶子少年投西南，西南者，阳衰阴起之
乡，恶欲相巧弄，刑罚罪起焉，故猴猿便巧，处向衰之地置焉。东
向西向北向悉居前，不谨子与恶子居其后。①

　　大臣故吏、明经道德之人、孝悌之人分别东向、北向、西向坐，是
取其以义相助、扬善察恶与谨慎崇敬之意。而谨力之子与恶子分别坐于
东南与西南角，则是取其长养不懈与阴刑罚罪之意。如此严格的坐向安
排实则将阴阳、善恶、美丑、贤不肖、孝与非孝等道德对立面鲜明地呈
现在所有人面前，而君南向坐，是至尊之位，臣卑君尊的统治秩序在坐
向上亦自然地建立起来。而每个人对于坐向秩序的严格遵守更是如春雨
润物般起到礼制教化之作用。

　　对于尊长，除却坐席、坐向等特殊规定之外，还有几杖之设，以供
凭靠与托扶。几供坐时依靠，"机，案属，所以坐安体者"②。杖则用于自
扶。几是与跪坐姿势相适应的，其基本形状似"几"字，上面狭长，以
承身体之重，两端下承四足，是一种很简便的承重家具。一般情况下，
正坐是一种严肃的体态，是不能够倚靠的，凭几（倚靠在几上）被认为
是一种懒散行为。因此几杖的使用是有条件的，一般是对老者、尊者
的优待。《礼记·王制》中言："五十杖于家，六十杖于乡，七十杖于
国，八十杖于朝……"③五十、六十高龄的老人可以在家、乡的范围执
杖而行，七十高龄以上的人则需由国君赐杖后可以在国、朝中执杖。
《礼记·曲礼》言："大夫七十而致事。若不得谢，则必赐之几杖。"孙
希旦认为："赐之几，使于朝中治事之所凭之以为安也。赐之杖，使于
入朝之时持之以自扶也。几杖不入君门，君赐之，则得以入朝。"④所

---

① 王明编：《太平经合校》，北京：中华书局1960年，第40页。
② 〔清〕王聘珍撰，王文锦点校：《大戴礼记解诂》卷六，北京：中华书局1983年，第105页。
③ 〔清〕孙希旦撰，沈啸寰、王星贤点校：《礼记集解》卷十四，北京：中华书局1989年，第383页。
④ 〔清〕孙希旦撰，沈啸寰、王星贤点校：《礼记集解》卷一，北京：中华书局1989年，第14～15页。

以《礼记·祭义》有"七十杖于朝"①之说。《礼记·曲礼》中还说"谋于长者，必操几杖以从之"，就是为了随时随地便于长者凭靠、倚扶。孔颖达疏曰："杖可以策身，几可以扶己，俱是养尊者之物，故于谋议之时持就之。"②因此凭几而坐、执杖的场景大都是指涉老者或尊者的。几、杖由老、尊的意义向更高层次延伸到神仙世界，如汉代很多地区的民间神仙西王母就被刻画成为凭几、抱杖的贵族老妇形象，此种造型应与几、杖尊老之初始意义有关（详见第四章西王母坐具的相关论述）。

二、侍坐

贵族跪坐姿势一般称为正坐，是一种极为端庄、正式的坐姿。而当这种双膝着地、臀部坐于脚跟上的坐法用于对尊者、长者、君子时，就是一种侍奉姿势。其要求显然不会如上述贵族之正坐，而是更为严苛，侍坐者要表现出矜持卑下，不得有丝毫的松懈。如弟子侍坐于尊者时，"危坐向师，颜色毋怍"③。"（坐时）毋余席，见同等不起。郑氏曰：'毋余席，必尽其所近尊者之端，为有后来者。见同等不起，不为私敬。'"④另外还有坐时"毋有隐肘（隐即凭，隐肘即大伏）"⑤，都旨在规定弟子于尊者前坐时应当保持严整、尊敬之姿，不能表现出懈怠、懒惰之情。

侍坐于长者时，坐席脱履及后穿履之礼亦体现了这一点。履是穿在脚上的，空履不能为长者所见，故有"侍坐于长者，履不上于堂，解履不敢当阶"的规定。又由于坐于席，两足向后藏匿，穿履时需要伸出脚来，但又不能当着长者的面穿履，所以有"跪而举之，屏于侧"的规定，当不得不向长者而履时，则需要"跪而迁履，俯而纳履"⑥。

---

① 〔清〕孙希旦撰，沈啸寰、王星贤点校：《礼记集解》卷四十六，北京：中华书局1989年，第1229页。

② 〔清〕孙希旦撰，沈啸寰、王星贤点校：《礼记集解》卷一，北京：中华书局1989年，第16页。

③ 黎翔凤：《管子校注》卷十九《弟子职》，北京：中华书局2004年，第1145页。此处的"危坐"当为弟子刚刚坐于席上之姿，面容不得有变，呈现出恭敬之态，应当不是弟子侍坐过程中始终保持的姿势。其后所言"坐"则为侍坐之姿，如"狭坐""反坐""坐必尽席"等。参见黎翔凤：《管子校注》卷十九《弟子职》，北京：中华书局2004年，第1146、1147页。

④ 〔清〕孙希旦撰，沈啸寰、王星贤点校：《礼记集解》卷二，北京：中华书局1989年，第39～40页。《管子·弟子职》中言"后至就席，狭坐则起"，是说"狭坐之人，见后至者则当起"，见黎翔凤：《管子校注》卷十九《弟子职》，北京：中华书局2004年，第1146页。

⑤ 黎翔凤：《管子校注》卷十九《弟子职》，北京：中华书局2004年，第1147页。

⑥ 〔清〕孙希旦撰，沈啸寰、王星贤点校：《礼记集解》卷二，北京：中华书局1989年，第42～43页。

对于脱屦纳屦之仪，毛奇龄《经问》中言：

> 大抵古无椅制，布席而坐，而坐当亲地，惟恐屦来污席，故坐必
> 脱屦，如《曲礼》云：户外有二屦，言闻则入，言不闻则不入，此言
> 入室之礼。谓入室必脱屦户外。因入室必坐，坐必设席，当户内也。
> 又云侍坐于长者，屦不上于堂，此言升堂之礼。谓升堂当坐，则脱屦
> 于堂下而登席，否则即着屦上堂，以坐则脱屦，不坐即不脱屦也。[①]

跪坐并非仅限于贵族交往礼仪，侍者亦可采取跪坐姿势。这样我们
在看到汉代考古实物中众多的跪坐姿势侍坐俑时就不会感到愕然了。因
为这是一种侍奉性的姿势，它应当是一种持续时间较长、较为稳定的劳
作性姿势。如河北满城长信宫灯中的持灯俑（见图1-1）[②]，侍女的脚后跟
与臀部是接触在一起的，腰背部亦明显靠后，显然是采坐姿，但非安坐，
而是侍奉人的姿势。这种侍坐姿势并非如跪那样大腿挺直，上身远离臀
部，而是显得较为舒适。另外，云南晋宁石寨山一号墓（其年代大致在
西汉中期以后）出土的贮贝器盖上的被称为奴隶的三个小型妇女像（见图
1-2），在大型妇女像后面的是执伞盖的侍女，其右为捧巾侍女，其前为

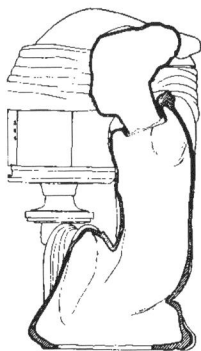

图1-1　河北满城汉墓出土的长信
宫铜灯
（采自中国社会科学院考古研究
所、河北省文物管理处编《满
城汉墓发掘报告》，文物出版社
1980年，第259页）

图1-2　云南晋宁石寨山一号墓出土的贮贝器盖上
的奴隶主安坐与侍从侍坐图
（采自《考古》1961年第9期，第479页）

---

① 〔清〕毛奇龄：《经问》卷一，《文渊阁四库全书》第191册，上海：上海古籍出版社
2003年，第9页。
② 图1-1表示第一章第一幅图，后面的插图标识依此类推。

捧盘（盘中为一鹅）侍女。她们的坐姿均与中间大型女像坐姿相同①，其不同处仅在于上身与手部姿势。可以确定的是大型人物周围的这三个小型妇女应处于侍从的位置，他们的坐法是双膝触地，臀部坐于脚后跟上，是很明显的安坐姿势。如此，毛奇龄"然则孟塚石人本危坐仪耳。弟子侍长者，臣侍君，子侍父，总如是耳"②的说法是不准确的。根据考古发现的侍从人物像，我们基本可以认为在汉代，奏乐、持物侍从在侍奉主人时其姿势大致类似于贵族安坐，当然其意义与主人之安坐有很大不同，此处的安坐仅仅是为了劳作、侍奉之便宜，并无贵族安坐之尊义。

三、蹲坐与箕踞③

商代的跪坐姿势主要用于巫师祭祀与神像坐姿当中，在日常生活中，商代人更习惯于蹲坐或箕踞。李济在《跪坐、蹲居与箕踞》一文中认为侯家庄出土的蹲形玉佩"代表日常的生活"，四磨盘箕踞造像是"一种放肆的姿态"，小屯石像可能是"一种图腾的象征"。并由此认为，在商代无论是人还是神，都不把膝盖放在地上，都习于耸其膝而下其臀的坐姿。④将箕踞视为无礼大概是在礼盛行的周代才有的观念，如《曲礼》曰："坐毋箕。"后世道德意义上的羞耻感益加强烈，几乎将蹲踞视为未经礼仪教化的类同于动物的姿势。如《经稗》中对"原壤夷俟"的释读：

> 殷受夷居，原壤夷俟，前后一辙也。齐顾欢曰：擎跽磬析（笔者注：析应为折之误，参见《南史·顾欢传》："擎跽磬折，侯甸之恭，狐蹲狗踞，荒流之肃。"⑤磬折，是曲折如磬之意），君子之恭，狐蹲狗踞，荒淫之俗，又曰末俗，长跪法与古异，翘左岐右，全是蹲踞。故周公禁之于前，孔子戒之于后是也。⑥

---

① 关于此大型妇女图像的意义分析，详见第三章。
② 〔清〕毛奇龄：《经问》卷一，《文渊阁四库全书》第191册，上海：上海古籍出版社2003年，第14页。
③ 蹲踞在商代社会具有某种仪式意义，参见第二章，在此部分中仅仅讨论蹲踞相较于跪坐被作为荒淫之俗的意义。
④ 李济：《跪坐、蹲居与箕踞》，张光直、李光谟编：《李济考古学论文选集》，北京：文物出版社1990年，第951页。
⑤ 〔唐〕李延寿：《南史》卷七十五，北京：中华书局1975年，第1876页。
⑥ 〔清〕郑方坤：《经稗》卷十二，《文渊阁四库全书》第191册，上海：上海古籍出版社2003年，第784页。

另有朱翌在《猗觉寮杂记》中对箕踞解释如下：

> 箕踞，人多为说，皆不甚详。考《曲礼》曰："坐毋箕踞"，为其不敬也。唐子西《箕踞轩记》云：箕踞者，山间之容也。拳腰耸肩，抱膝而危坐，伛偻局蹐，其圆如箕。又曰：其势如蹲猿，如投竿而渔。以予考之，惟注云：伸两足者为是。盖古者坐于席，无今之椅凳之类。故坐则跪，行则膝前，是足向后也。传曰：跪坐以进之。以是坐则跪也。故以是为敬。若伸两足，则手据膝，故若箕状。箕踞乃不对客之容。若孔子所谓"燕居，申申夭夭者"。若伛偻局蹐，则是畏惧不敢肆之貌。不得为，不敬也。今人坐于椅榻之上，犹欲箕踞，不可得也。自后汉犹皆坐席上，如戴冯重席是也。①

将箕踞与礼仪约束联系在一起的故事则莫过于《韩诗外传》中孟子休妻的故事：

> 孟子妻独居，踞。孟子入户视之，白其母曰："妇无礼，请去之。"母曰："何也？"曰："踞。"其母曰："何知之？"孟子曰："我亲见之。"母曰："乃汝无礼也，非妇无礼。礼不云乎：'将入门，问孰存。将上堂，声必扬。将入户，视必下。'不掩人不备也。今汝往燕私之处，入户不有声，令人踞而视之，是汝之无礼也，非妇无礼也。"于是孟子自责，不敢去妇。②

可见在孟子生活的时代，跪坐与箕踞是并行的，跪坐是一种公共礼仪性的坐姿。箕踞则是一种比较随便的、私人领域内的休息型姿势。这与李济所认为的基本一致，即箕踞是动物与人都具有的比较自然的居处形态。箕踞是臀部着地，重心落在厚重的部位，比较舒适。而跪坐是人为地将小腿向后弯曲，膝盖着地，重心落在坚硬的双膝上，显然要比箕踞费力得多。周代人重跪坐而轻箕踞，显示出周代身体礼仪文化的发展，因为这种轻重之别主要是针对"人"而言的。这可以被称为身体羞耻感

① 〔宋〕朱翌：《猗觉寮杂记》卷下，《文渊阁四库全书》第850册，上海：上海古籍出版社2003年，第493页。
② 〔汉〕韩婴撰，许维遹校释：《韩诗外传集释》卷九，北京：中华书局1980年，第322页。

的强化。因为远古时期的人与动物无异，我们现在称之为野人，即野蛮人，他们蓬头垢面，裸体，乱交，穴居……在这些表象之后，反映出当时人与人之间还没有形成所谓的羞耻之感。人们的生活完全是本能，也就是更多地具有动物性。蹲踞，作为周人所排斥的荒俗，实为礼仪文化之人对于动物本能性姿势的情感反应。这种情感便是人类在文明发展过程中产生的羞耻与审美文化。

孟子休妻之故事其实也向我们传达了一个重要的文化信息，即身体的空间性。兰格认为："身体'本质上是一个表达空间'，通过身体其他的表达空间得以形成，因此，'身体的空间性……是一个有意义的世界形成的条件'。"①爱德华·霍尔（Edward Hall）《无声的语言》一书讨论了以身体为中心的个人空间、空间距离、身体部位的规训等身体语言的表达形态与意义。在谈到女性的美德培养与身体规训时，他说："使女子保持美德的无数细小规则非常有用，基本都是从规训身体的各个部位开始的。"②他列举了一个新英格兰老妇人如何在身体举止上批评她的儿媳的例子："亲爱的，在这个家里女人从来不能大腿跷二腿，坐在椅子上要上身前倾，头摆正，双手插入双腿间，双膝并拢。若是在家里和在没有父兄在场的一般场合，可以交叉双踝。"③这说明，结了婚的女子只有"在家里"或者"没有父兄在场"的时候，才真正地拥有个人的空间，若是有父兄或其他男人在场，她的身体就处于一个公共空间里，她的所有举止被加上了牢固的约束，而最有效的约束力来自内心思想的妇德层面，这种内在约束力极其迅速准确地在身体姿势上表现出来。而且，男子与女子有着非常鲜明的空间距离，"男女有着不同的手势和服饰，有些范围是妇女的禁区，她们在那里也许得不到尊重"④。孟子休妻的故事中所强调的亦是妇女在独处燕室与有丈夫或其他人在场的公共空间里的不同姿势要求，最明显的是，若是被丈夫看到自己存有无礼之"踞"时，会招致灭顶之灾，受到极为严厉的处罚（如被休掉）。

---

① 〔美〕安德鲁·斯特拉桑：《身体思想》，王业伟、赵国新译，沈阳：春风文艺出版社1999年，第51页。
② 〔美〕爱德华·霍尔：《无声的语言》，刘建荣译，上海：上海人民出版社1991年，第97页。
③ 〔美〕爱德华·霍尔：《无声的语言》，刘建荣译，上海：上海人民出版社1991年，第97~98页。
④ 〔美〕爱德华·霍尔：《无声的语言》，刘建荣译，上海：上海人民出版社1991年，第98页。

即使一个人独处，也不能简单地认为那是个人空间。其"内省"的效果或效力远非个人空间所能创造，它的背后其实是一个宏大的公共空间，也就是所生活的群体社会。很多情况下，个人与群体，个人空间与公共空间是无法完全分离而分辨清楚的。个体的上面总是笼罩着群体性的力量（或阴影）。即使是在人死后到了完全属于个人的墓葬中，依然未能摆脱公共空间的约束与关照。在墓葬系统中，我们可以看到，墓主往往不是一个人走上升仙之途，他的背后会有很多送他上路的亲朋好友（或者亲眷），他的前面会有很多欢迎他来到仙界的仙人，终点还有最高神灵（如西王母）在等待他授以升仙之道。整个墓葬系统亦是一个人际交往网络的翻版与延续。故在坐姿的仪式研究中，身体之作为符号象征的空间性与身份性尤其值得注意。

四、跪、坐之别

在席地而坐的时代，人们对跪、坐二者之间的区别是非常明确的，无须对其进行特别的辨析。因此在汉代的文献里，除了《说文解字》与《释名》等解释性的文献之外，几乎看不到对跪与坐进行辨析性的释读。而对跪与坐进行辨析大多出自宋代以后的文献。也就是说，基本上是随着跪坐姿势退出人们的生活视线，跪拜礼几乎成为政治与国家祭祀之专用礼仪时，跪与坐的区别问题才被学者提出来。这种辨析，实际上是在宋代以后的高坐习惯下被提出来的，所以古代学者对于离他们亦很遥远的时代的跪与坐的区别也会存在某些不确之处。

坐有安定、安居之意，具体坐法是双膝着地，臀部坐于脚后跟上，承重点在膝盖、小腿与足部，所以还算是一种比较舒服的姿势。而跪则有不安、危之义，坐法是双膝着地，大腿挺直，臀部上耸，承重点几乎都在膝盖处。跪是一种极为不舒服的体姿。跪是一种直身的动作，而坐是一种安居的姿态。跪应当不是一种长时间的居处姿态，如"跪而迁履"，以及九跪拜礼中的跪均为一种暂时的中间的动态动作，而非一种安居姿态。这种跪坐之别在席地而坐的时代（唐代以前）被区分得非常清楚，而到了垂脚高坐的宋代时，"坐"一般是高坐于凳椅之上，跪坐之姿渐趋淡出人们的日常坐姿，以致出现以今释古的讹误，即认为古人之坐亦如今之高坐，而出现了一些混乱之形。

跪坐拜之礼到朱熹生活的时代已经出现时人不察其变的混乱情形。当钱子言要做白鹿礼殿并塑文翁像时，朱熹为之考究跪坐礼仪之变化。其云："又记少时闻之先人云：尝至郑州谒列子祠，见其塑像席地而坐。

则亦并以告之，以为必不得已而为塑像，则当仿此以免于苏子俯伏匍匐之讥。"但钱子言未能听其劝说。朱熹又引苏轼《私试策问》云："古者坐于席，故笾豆之长短、簠簋之高下，适与人均。今土木之像，既已巍然于上，而列器皿于地，使鬼神不享则不可知；若其享之，则是俯伏匍匐而就也。"后来朱熹闻"成都府学有汉时礼殿，诸像皆席地而跪坐"，后又"得先圣、先师二像，木刻精好，视其坐后两跖，隐然见于帷裳之下。然后审其所以坐者，果为跪而亡疑也"。于是更加确定了钱子言塑像应当仿照跪坐而琢的看法，发出以下感叹："惜乎白鹿塑像之时，不得此证以晓子言，使东南学者未得复见古人之像，以革千载之缪，为之喟然太息。"最后，朱熹点明写此文的目的是"姑记本末，写寄洞学诸生，使书而揭之庙门之左，以俟来者考焉"①。自此我们看到的不仅是一代理学大师严谨治学的态度，还从其扼腕叹息中察觉到古人跪坐之别不为时人所察的现实情况。

朱熹明确指出跪与坐的差别即在于"一危一安"：

> 则跪与坐又似有小异处。疑跪有危义，故两膝着地，伸腰及股而势危者为跪；两膝着地，以尻着跖而稍安者为坐也。又《诗》云：不遑启居。而其《传》以启为跪；《尔雅》以妥为安，而《疏》以为"安定之坐"。夫以启对居而训启为跪，则居之为坐可见。以妥为安定之坐，则跪之为危坐亦可知。盖两事相似，但一危一安为小不同耳。②

清代毛奇龄亦认为跪坐之别在于"直身"与"奠身"：

> 凡坐仪，并无有以尻着席者。大抵两膝着地而直身曰跪。两膝着地而以尻着两足踵即谓之坐。故《小雅》：不遑起居。《诗传》作跪居，谓挺身为跪，奠身为居。③

---

① 〔宋〕朱熹：《跪坐拜说》，《晦庵先生朱文公文集》卷六十八，〔宋〕朱熹撰，朱杰人、严佐之、刘永翔主编《朱子全书》第23册，上海：上海古籍出版社，合肥：安徽教育出版社2002年，第3291～3292页。
② 〔宋〕朱熹：《跪坐拜说》，《晦庵先生朱文公文集》卷六十八，〔宋〕朱熹撰，朱杰人、严佐之、刘永翔主编《朱子全书》第23册，上海：上海古籍出版社，合肥：安徽教育出版社2002年，第3291页。
③ 〔清〕毛奇龄：《经问》卷一，《文渊阁四库全书》第191册，上海：上海古籍出版社2003年，第13页。

此外，在文献中亦存在将跪与跽等同，坐通名跪的解释，如《乡党图考》卷九：

> 按古人之坐，两膝着席而坐于足，与跪相似。但跪者直身臀不着地，又谓之跽。跪危而坐安。《曲礼》：先生书策，琴瑟在前，坐而迁之。疏云：坐亦跪也，坐通名跪，跪名不通坐，此跪坐之别也。①

至此，我们认为，汉代以前日常生活中坐的基本意义是跪坐。跪坐源于尸祭中的尸坐，尸坐的姿态是安静、严肃的。若是用于上层贵族，跪坐则一般体现为正襟而坐的正式体面性坐姿，围绕坐的坐席、坐法与坐向等有诸多繁杂的礼仪规定，这些礼仪规范对于形成较为严谨的政治秩序与社会教化都有很好的作用。此外，跪坐并非贵族专用姿势，侍从亦可持跪坐姿势。如云南晋宁石寨山侍女、汉代长信宫执灯侍女、乐舞俑、庖厨俑等。对于这些侍从的跪姿，需要从当时的社会出发对他们做深入分析。无论是乐舞俑、庖厨俑还是侍女，他们其实并不属于下层的普通民众，而是在礼仪制度范畴之内的群体。如乐舞俑，专门为重大的礼仪乐舞场合而设，庖厨俑亦是为重大的祭祀而设的。乐舞、庖厨实际上都是包含在极具神圣意义的祭祀空间当中的，其中每一个人的动作都是既定而严肃的，当然乐俑之坐姿在严整之余还透出一份优雅与活泼。而瞿兑之所言"汉代上自帝王，下至平民，平居宴会，通以席布地而坐"②也确实是对汉代人坐姿较为全面而深刻的概括。而跪的基本意义为危，又称为"危坐"。危坐与跪坐相比，是一个暂时、动态的动作。事实上，跪所应用的空间大多是在跪拜礼当中（详见第四节）。

第三节　跽

一、跽、跪之别

跽在古代文献中出现的情况不是很多，且跽与跪的含义很相似，以至于许多人用跪来释跽或用跽来释跪。如汉许慎《说文解字》释跽为"长跪"③。跽大致与跪的姿势相似，也是一种双膝着地、上身挺直的坐法。《古代汉语词典》与《现代汉语词典》对"跽"的解释均为："两膝

① 〔清〕江永：《乡党图考》卷九，《文渊阁四库全书》第210册，上海：上海古籍出版社2003年，第913页。
② 瞿兑之：《汉代风俗制度史》，上海：上海文艺出版社1991年，第273页。
③ 〔汉〕许慎撰，〔宋〕徐铉校定：《说文解字》卷二下，北京：中华书局1985年，第60页。

着地，上身挺直。"①在史书中，跽可用于表示从跪坐到站立的中间准备姿势。比如《史记》中言"项王按剑而跽"②，就是一种起身准备自卫的动作。而同书中的"秦王跽而请曰：先生何以幸教寡人""秦王复跽而请曰""秦王跽曰"③等处则可能表示长时间的跪而请求之意。跽又有长时间的跪之意，此长跽之长可能不只是指身体之长短，还指时间之长短。跽可单独使用，如上述跽、跽而请曰等等，还有"跽而隐崖"④，"皆两手交抱肩而跽"⑤，"跽奏请"⑥，等等。亦可与其他词汇连用，表示一种屈膝弯腰的姿势，如："擎跽而礼之"⑦，"擎跽曲拳"⑧，"长跽请教"⑨，"鞠跽"⑩，等等。跽有时还用于刑罚的姿势，如"跽而刑之"，《晋书》中言："有司议曰：'王敦滔天作逆，有无君之心，宜依崔杼、王凌故事，剖棺戮尸，以彰元恶。'于是发瘗出尸，焚其衣冠，跽而刑之。"⑪

古籍中的跽大多是一个说话时的身体动作，比如跽曰、跽而请曰等，或者是一个身体向上起的动作，如按剑而跽等。

关于跽、坐与跪的区别，曾有学者做过研究。杨泓认为跽与坐截然

① 《古代汉语词典》编写组编：《古代汉语词典》，北京：商务印书馆1998年，第724页。中国社科院语言研究所词典编辑室编：《现代汉语词典》，北京：商务印书馆1987年，第536页。
② 〔汉〕司马迁撰，〔宋〕裴骃集解，〔唐〕司马贞索隐，张守节正义：《史记》卷七《项羽本纪》，北京：中华书局1959年，第313页。
③ 〔汉〕司马迁撰，〔宋〕裴骃集解，〔唐〕司马贞索隐，张守节正义：《史记》卷七十九《范雎列传》，北京：中华书局1959年，第2406~2407页。
④ 〔清〕秦蕙田：《五礼通考》卷一百一十八，《文渊阁四库全书》第137册，上海：上海古籍出版社2003年，第858页。另见〔清〕程大中：《四书逸笺》卷六"太公望跽石隐崖，不饵而钓，膝处成臼，跗触成路"，北京：中华书局1985年，第64页。
⑤ 〔唐〕杜佑撰，王文锦等点校：《通典》卷一百八十八盘盘国，北京：中华书局1984年，第1009页。
⑥ 〔北齐〕魏收撰：《魏书》卷一百八之三《礼志三》，北京：中华书局1974年，第2788、2789页。
⑦ 〔宋〕苏轼：《书传》卷十，《文渊阁四库全书》第54册，上海：上海古籍出版社2003年，第577页；另见〔清〕郑方坤：《经稗》卷十二"擎跽磬析，君子之恭，狐蹲狗踞，荒淫之俗"，《文渊阁四库全书》第191册，上海：上海古籍出版社2003年，第784页；〔梁〕萧子显：《南齐书》卷五十四"擎跽磬折，侯甸之恭；狐蹲狗踞，荒流之肃"，北京：中华书局1972年，第931页。
⑧ 〔清〕郭庆藩撰，王孝鱼点校：《庄子集释》卷二中《人间世第四》，北京：中华书局1961年，第143页。
⑨ 〔清〕焦袁熹：《此木轩四书说》卷九，《文渊阁四库全书》第210册，上海：上海古籍出版社2003年，第642页。
⑩ 〔汉〕司马迁撰，〔宋〕裴骃集解，〔唐〕司马贞索隐，张守节正义：《史记》卷一百二十六《滑稽列传》，北京：中华书局1959年，第3199页。
⑪ 〔唐〕房玄龄等撰：《晋书》卷九十八，北京：中华书局1974年，第2565页。

不同，踞为大腿挺直。臀部与大腿在一条直线上，与地面垂直。而跪与坐则有时通用，坐通名跪，跪名不通坐，并以此认为考古报告中的殷墟踞坐玉人像及长信宫灯人像皆为坐像而非跪像。由于踞与坐截然不同，二者是不可以连用的。故踞坐的说法在词义与姿势上均是不通的。而跪坐一般情况下是指臀部贴于脚后跟的"坐"（安坐）。[1]按此，有些考古简报和学术论文中的踞坐用法是不准确的，如"踞坐伎乐俑"[2]、"双腿踞坐"的老者[3]、踞坐跣足的羽人[4]，等等。正确的说法应或为坐，或为踞，视情况而定。若是双手扶膝，脚后跟贴于臀部则为坐，若是脚后跟远离臀部则为踞。若以此判断，妇好墓玉人像、三星堆一号骑虎铜人像应为抚膝安坐像，三星堆众多的小青铜人像则为踞人像（有单腿踞与双腿踞之分）（参见第三章）。除了踞坐的用法，有时还可见到跪踞之类的用法，此类不多，大概是将跪与踞等同起来了。实际上，这种用法可以直接用踞或跪，两者连用则有累赘之嫌。

段玉裁认为踞与跪之别还在于是否与拜相连，"系于拜曰跪，不系于拜曰踞"[5]。黄现璠的《中外坐俗研究》一文有一段关于踞字的考释：

　　按跪，《释名》云："跪，危也，两膝隐地体危阢也。"即两膝着席，上体耸直之坐法。唯《说文》云："拜也，从足危声。"段玉裁疑之，谓"所以为拜也"。究不知谁是？又《说文》跪之外，有"踞"字，各书皆作"长跪也"。段氏特改为"长踞也"。《史记·范雎列传》"范雎入秦见秦王"之条："秦王踞而请曰：'先生何以幸教寡人？'范雎曰'唯唯。'有间，秦王复踞而请曰：'先生何以幸教寡人？'范雎曰：'唯唯。'若是者三。秦王踞曰：'先生卒不幸教寡人耶？'"《索隐》："踞其纪反，踞者，长跪，两膝枝地。"盖为段氏所本。"跪"与"踞"，同为两膝着地，或病，立尻耸体，唯"跪"则"首至手"，系拜之形，"踞"盖不为拜，解为"长踞"，恐即为此。观范雎与秦王问答之后，"范雎拜，秦

① 参见杨泓：《说坐、踞和跂坐》，《逝去的风韵：杨泓谈文物》，北京：中华书局2007年，第28～30页。
② 扬州市博物馆：《扬州邗江县杨庙唐墓》，《考古》1983年第9期。
③ 广西壮族自治区文物工作队：《广西贵县风流岭三十一号西汉墓清理简报》，《考古》1984年第1期。
④ 昭通地区文物管理所：《云南昭通市鸡窝院子汉墓》，《考古》1986年第11期。
⑤〔汉〕许慎撰，〔清〕段玉裁注：《说文解字注》二篇下足部，上海：上海古籍出版社1988年，第81页。

王亦拜”，已可知之。“跪”与“跽”之意义，本有区别，然作同义用之，亦复不少。①

　　大致意思是跪与跽的根本区别在于跪与拜相连形成跪拜，而跽不与拜连，所谓“跽不为拜也”。这样的认识虽然也不免有些模糊，但总是有一定的区分。联系跪有危义，跪与拜相连，表示一种自谦的心理，一般是指在行拜礼之前的动作，是一种临时性的，故曰有危义，即不安定之意。但跪除与拜相连形成跪拜之礼，跪亦有单独的用法，大致表示一种临时性的动作，如“跪而迁履”。此段文字仅仅言明跪与拜之间的密切关系以及跽不与拜相关。对于跽究竟为何义，却未给出明确的意见。

　　总之，跽在姿势上与跪极其相似，所以跪、跽经常被混用。跪，称为“长跽”，跽又称为“长跪”，这种用法实为误用。称为长跽或长跪，大概是将跪或跽与坐等同起来后再来解释另一种姿势。比如说，将跪与坐等同，跽就称为长跪；反之亦然。实际上，长跽与长跪，都是以身体的高、长针对其安坐时的低、短而言，所以跪、跽在体姿上都可谓“长坐”。

二、与跽姿有关的甲骨文字形或纹饰分析

　　以上仅仅是从姿态和字面上对跽与跪、坐进行了区分。但跽作为一个在日常生活中不太经常使用的字，它是否还有更深层的意义呢？

　　在甲骨文中“跽”的初文是 𝕏𝕏（卩），可以作为偏旁组成 𝕏𝕏（即），𝕏𝕏（印）等字，释义为用作向神灵献祭的人牲。②很明显，这个姿势是两膝着地，上身挺直，臀部远离脚踵部。其双膝触地、上身挺直的姿势一定不是随意而为，而是一种极其特殊空间里的敬畏性姿势，可能与殷商巫师祭祀礼仪有着内在的联系。汉代《释名·释姿容》释跽为：“跽，忌也，见所敬忌不敢自安也。”③这深刻地表达出了跽的真正意义，即极度的不安与敬慎，所以它的意义远比跪更具有神秘性与神圣性，而它所使用的场合亦不同于一般社会交往中的跪拜礼仪。即使二者的姿势相似或者完全一致，由于其应用空间不同，我们也可以将其分辨出来。也就是说，跽一般是用于巫师通神的神圣领域，而跪则应用于一般的社

---

① 黄现璠：《古书解读初探：黄现璠学术论文选》，桂林：广西师范大学出版社2004年，第117页。

② 刘兴隆：《甲骨文集句简释》，郑州：中州古籍出版社1986年，第125页。王平、顾彬：《甲骨文与殷商人祭》，郑州：大象出版社2007年，第55～56页。

③〔汉〕刘熙：《释名》卷三，北京：中华书局1985年，第37页。

交空间，诸如跪拜等（当然跪拜礼仪亦应用于祭祀空间，但与巫师跽而通神的仪式不同，详见第四节）。跽，果如《释名》中所言，是"见所敬忌不敢自安"的话，那么，将巫师祭祀的姿势称为跽则是比较合宜的，是跽而求神、祀神之意。因此这个跽的姿势，虽然与跪相似，但它却更具有神秘仪式的意味，一般用于甚为神圣的祭祀仪式空间里。敬忌不安表达出了巫师通神时内心的真实情感。现代学者在应用跽来表达某些巫师祭祀姿势时，是将其视为面对神圣之物时内心充满敬忌之意的一种礼敬神灵的姿势，很多考古报告或学术文章称其为跽大概源于此种解释。我们检视与跽姿势有关的甲骨文字形则对这一点会看得更加明白。与跽姿有关的甲骨文和金文有兄、祝、祀、若，铜器铭文中有与跽姿相似的符号组合，可能亦与祭祀仪式有关。

兄的甲骨文，头上有廿。按照日本学者白川静（Shirakawa Shizuka）的说法，是祝词，表示向祖灵奏祝词之意。[1]巫是以歌舞事神，而兄则是司掌祈祝者。兄字的古字形中，垂放的衣袖处有手绢样的饰物，说明"兄"字也是源于巫师献舞的仪式。只是其重心不在于以歌舞娱神，而是向神奏献祝词，以语言与神沟通。祝的甲骨文（见图1-3中）是一个头戴廿形器物的人

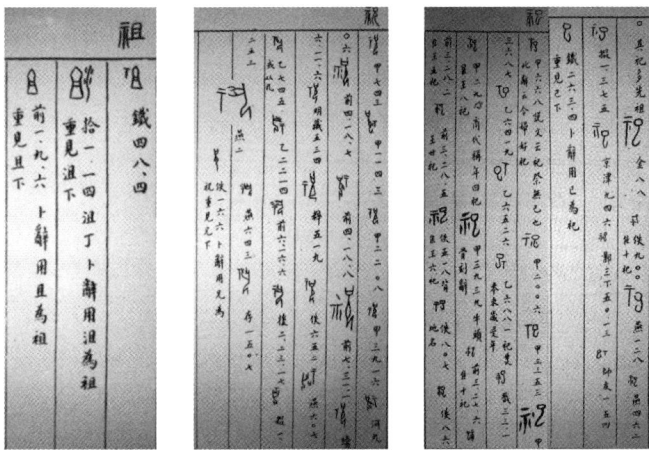

图1-3　甲骨文中的祖、祝与祀字

（采自中国科学院考古研究所编《甲骨文编》卷一，中华书局1965年，第9、10、8～9页）

---

[1]〔日〕白川静：《中国古代文化》，〔日〕加地伸行（Kazuki Noguchi）、范月娇译，台北：文津出版社1983年，第139页。这一说法是比较合理的。因为既有跽姿又戴有廿的字形均与交通神灵有关，除了兄、祝之处，白川静在书中还提到旱（　）。"旱"字，像两手前交叉而被缚的巫祝，头戴着收藏祝词之器，从下面以火焚杀之形。作者认为旱字既表示旱灾，又表示救灾的方法（第124页），所以旱字实源于焚巫求雨的仪式。

跽于"示"前，亦与祭祀祖先有关。其形象就是一个头戴装有祷词用具的人跽于祖先或其他神灵面前。左边的"示"旁实为"祖"，祖的甲骨文就是男性生殖器的形象（见图1-3左），所以祖字本身就与祖先祭祀有关。《说文解字》谓祝："祭主赞词者。"段玉裁注："谓以人口交神也。"①汉代高诱注《淮南子》曰"祝，祈福祥之辞"②，更说明兄、祝等古字与以语言向神沟通有关。祀的甲骨文亦是一个头戴凵形器物的人跽于"示"前（见图1-3右）。头上所戴器物凵，几乎是巫师的一个典型标志，可以帮助巫师达到通神的境界。而白川静关于奏献祝祠的说法更加阐明了其具体用途是在于向祖灵奏献祝词，最终亦是为了通神。

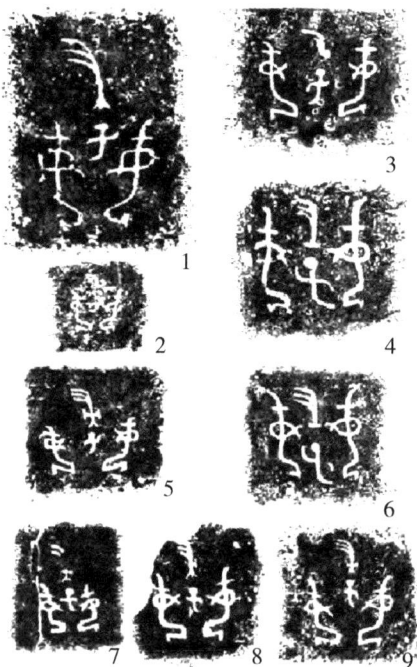

图1-4 "妇好"铭文拓片
（采自中国社会科学院考古研究所编著《殷墟妇好墓》，文物出版社1980年，第40页）

在青铜礼器上也有许多与"跽"姿势有关的铭文符号。如妇好墓中多达109件之多的青铜礼器上有被定名为"妇好"的组合符号（见图1-4）。

铭文"好"字均为二"女"相对跪坐形，"子"字在中间；"妇"字在"好"字之上，与"子"字对应。③对于妇好墓墓主身份及其墓室中大量的青铜礼器的用途历来有许多学者做过研究，目前较为主流的认识是此墓为妇好墓，刻有"妇好"铭文的青铜礼器与玉器的主人是商王（或为武丁，或为康丁）诸妇之一妇好，她生前曾拥有崇高的政治、军事与祭祀地位。④对于这种意见，笔者亦心存疑虑。

① 〔汉〕许慎撰，〔清〕段玉裁注：《说文解字注》一篇上示部，上海：上海古籍出版社1988年，第6页。
② 〔汉〕刘安等编著，〔汉〕高诱注：《淮南子》卷十六《说山训》，上海：上海古籍出版社1989年，第179页。
③ 郑振香、陈志达：《妇好墓部分成套铜器铭文之探讨》，《考古》1985年第10期。
④ 将妇好视为商王配偶，关系到妇好的身份与年代问题，可参见《安阳殷墟五号墓座谈纪要》，《考古》1977年第5期；中国社会科学院考古研究所：《殷墟妇好墓》，北京：文物出版社1980年，第221～225页。

要理解这组符号的意义，必须联系商代巫文化的特征与这批礼器的祭祀用途。这组符号的上部是一个"帚"字，一般将其与"妇"相应。仔细看这个符号，它明显有上扬飞升的意象，而且都居于组合符号的上部，三道纹样统一向上倾斜。根据张素凤的研究，"帚"不是"妇"，其意义乃取自丧礼中的"托魂树"，是神职人员（巫）的象征。[①]张岩则根据原始岩画与"妇好"组合符号的比较研究后认为，中间的"子"所处位置是岩画中图腾位置，是祭祀仪式的圣物以及圣物的灵魂，是沟通人与神鬼的信使，因此，它极具飞升、悬浮的动感。最上方的符号，则表示归处。[②]"妇好"符号中的"子"代表祭祀仪式中的圣物以及圣物的灵魂，上边的"帚"表示托魂树，整个符号的意义便是精魂借助托魂树向上飞腾，要离开此界飞向彼岸，下面的两个跪坐于地、双手前伸似持物祭献的人则是祭祀的巫师。青铜礼器上被称为"妇好"的符号，实为一组具有巫术性质的符号。[③]虽然从图像上看，坐姿似为前面所言的正坐，但从其双手前伸的形象可以断定此处的姿势意义非安坐受祭，而极有可能是主持祭祀的巫师形象。这种情况或可表明，巫师祭祀的姿势处于不断变化之中，或坐或踞。

这组规格庞大的礼器可能并非属于某个人，而是属于整个巫师祭祀群体，甚至属于商朝王室。虽然众多的礼器被一同埋葬于墓中，但并不能就此认为礼器属于一人，因为商朝王室墓地的范围很广，只要在王室墓地内，可能就意味着礼器属于商朝王室。而作为神秘巫术符号的"妇好"则反映出商代人对于神灵与灵魂飞升的认识。类似的象征符号在殷墟大司空村东南地发掘的一件陶鬲上也有很明显的表现（见图1-5）。这件陶鬲腹部的正面中间部位很像两个相对而踞的人，而且头戴高冠（根据何毓灵的研究，高冠亦是商代巫师重要的通神工具[④]），类似于腿和脚的部位则很像鸟尾或鱼尾，显得极为轻盈灵动，很显然也是一组巫术符号。因此，对于"妇好"铭文以及相关的器具纹饰，应该突破一人一事一物的片面认识，因为它本身可能超出现实的人与物，具有某种神圣的象征意义。

甲骨文中带"女"字旁的字有很多，除了妇之外，还有妃、妾、妊、如、妌等字[⑤]，这些字可能具有通神的巫术性意义。"如"字就是踞式巫的前

①　张素凤、卜师霞：《也谈"妇好墓"》，《中原文物》2009年第2期。
②　张岩：《图腾制与原始文明》，上海：上海文艺出版社1995年，第94～109页。
③　参见张素凤、卜师霞：《也谈"妇好墓"》，《中原文物》2009年第2期。
④　何毓灵：《殷墟时期巫卜器具初探》，《考古学报》2018年第2期。
⑤　参见中国科学院考古研究所编：《甲骨文编》卷十二，北京：中华书局1965年，第469～485页。

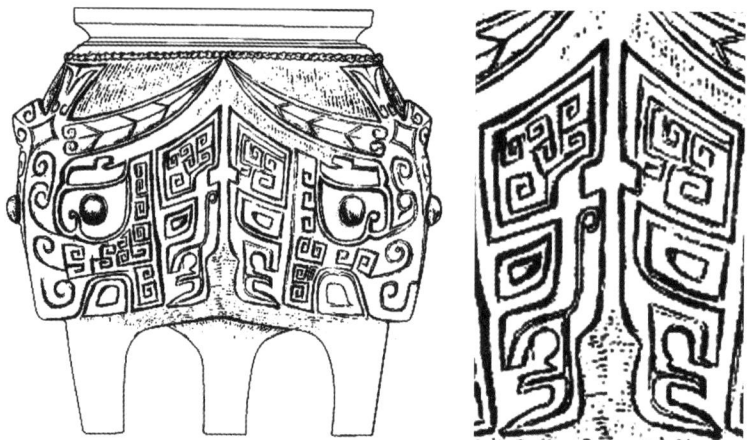

图1-5　H16出土陶鬲及其纹饰细部

（采自中国社会科学院考古研究所安阳工作队《安阳殷墟大司空村东南地
2015～2016年发掘报告》，《考古学报》2019年第4期）

面有一个ㅂ，可能也是以祷词与天神沟通之仪式，现代社会还经常用到的吉
祥如意及玉如意等词中的"如"字最初的意义即在于此。还有"妃"字，后
来有妃嫔之说，是为皇帝妻子之一，看甲骨文中的"妃"是跽者前面有一个
ㄗ，"妊"字是跽者前面或后面有一个像"工"样的形具。这些与跽者搭配在
一起的偏旁可能均是女巫为了某事占卜所用的器具。（见图1-6）

　　"若"字也与跽有密切的关系。《甲骨文编》中所收的"若"字有几十
个（见图1-7左）。

　　《甲骨文编》将其释为："象人跪跽而两手扶其首，有巽顺义。与
《说文》训择菜之若偏旁不同。"[1]很像一个头顶上有长发的人作跽状，双
手向上高举或上举抱首，做祈祷状。金文中的"若"字与甲骨文"若"
字相似（见图1-7中），只是重在表现其上举的双臂和头上长发或饰物；
有的还多了"ㅂ"而成"𦮴"或"𦰩"[2]状。日本学者白川静认为，ㅂ是
"纳祝祷辞的载书之器"[3]，代表祈祷文，凡是带有此偏旁的文字大概都是
"为了探听神意进行祈祷的文字"[4]。金文中的"若"字乃有"祝祷并祈

[1]　中国科学院考古研究所编：《甲骨文编》卷一，北京：中华书局1965年，第20页。
[2]　容庚编著：《金文编》，北京：中华书局1985年，第38页。容庚认为"后世误若为'𦮴'
　　而若之意义俱晦"，事实上，若为"𦮴"恰恰表达了"若"字通达神灵的本义，详见
　　后面所论。
[3]　〔日〕白川静通释：《金文通释选译》，曹兆兰选译，武汉：武汉大学出版社2000年，
　　第179页。
[4]　〔日〕白川静：《中国古代民俗》，何乃英译，西安：陕西人民美术出版社1988年，第
　　25页。另见辛怡华：《试释金文中的"王若曰"》，《华夏文化》2002年第4期。

图1-6　甲骨文中的妇、妃、妊、如字
（采自中国科学院考古研究所编《甲骨文编》
卷十二，中华书局1965年，第470、477页）

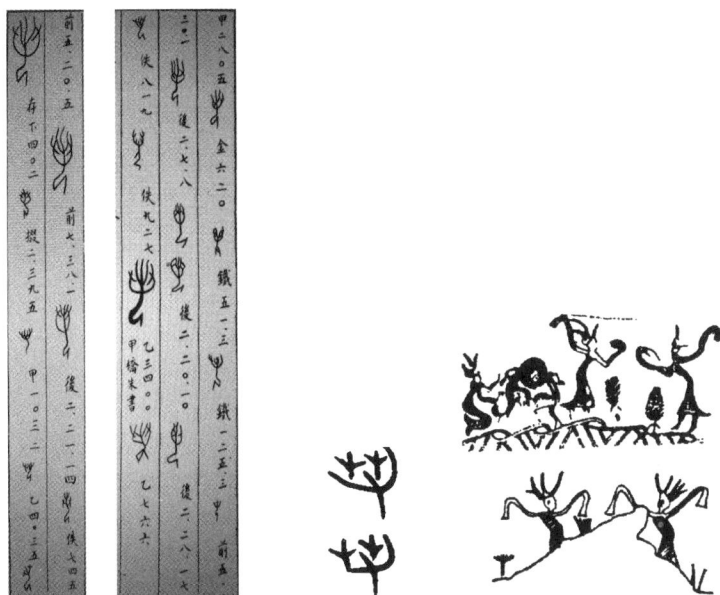

图1-7　甲骨文"若"字、金文"若"字及东周铜器花纹中的舞人
（采自中国科学院考古研究所编《甲骨文编》卷一，中华书局1965年，第
20~21页；容庚编著《金文编》，中华书局1985年，第38页；张光直《中国青
铜时代》（二集），生活·读书·新知三联书店1990年，第50页）

求神意启示之象，若表示其惝恍之状，指沉醉入迷之状"①，故具有"惬合于神意"②之义。罗振玉认为卜辞中的"若"字"象人举手而跽足，乃象诺时巽顺之状，古诺与若为一字，故若字训为顺，古金文若字与此略同"③。叶玉森认为"若"字"象一人跽而理发使顺"④。张光直认为："若字卜辞金文象人跪或立举双手，而发分三绺……依东周铜器花纹中仪式人像的形象（见图1-7右，笔者加）看来，'若'字不如说象一个人跪或站在地上两手上摇，头戴饰物亦摇荡，是举行仪式状。换言之，若亦是一种巫师所作之祭。"⑤王占奎也认为"若"的本义为"事神之像，也即事神者之像。由于神意是由事神的巫师传布的，故若又可指代神意……"⑥

　　笔者认为，上述这些说法将"若"字的巫师通神仪式意义清楚地表达了出来。"若"就是巫师通神事神的姿势表达。"若"字本身的构形与巫师手上举、披发（或戴饰物）、摇摆之姿势以及探听神意有关。巫师在通神时常会边舞蹈边说唱，以此来感神娱神，进而达到通神的目的。从张光直对东周铜器花纹中的舞人仪式解释中我们亦可看到，巫师举行仪式的时候头上可能戴有饰物，他们的头上向上竖起的不一定是头发，而有可能是一种具有通神功能的头饰。他们也不一定都呈跽姿，而是有站立的，有跽的，可能还有坐的。无论是跽、坐还是立，可能都是巫师舞蹈仪式中的一个场景，之所以有的立有的跽，旨在说明他们的姿势在不断地发生变化，即不停地扭动身体，一会儿立起一会儿跪下，其目的是娱神通神。但是从字形来看，"若"字的典型特征还是一个跽人形，与祝、兄、母、女很相似。由此我们推断，跽或许是巫师在舞蹈、说唱等所有动态的仪式完毕时最后的通神姿势，这个"跽"字说明巫师正在与神灵沟通，接听神意，最后完成贯通天地人神的任务。由跽之人形与高

① 〔日〕白川静通释：《金文通释选译》，曹兆兰选译，武汉：武汉大学出版社2000年，第179页。
② 〔日〕白川静通释：《金文通释选译》，曹兆兰选译，武汉：武汉大学出版社2000年，第197页。
③ 李孝定：《甲骨文字集释》第六，"中央研究院"历史语言研究所专刊之五十，1965年，第2051页。
④ 李孝定：《甲骨文字集释》第六，"中央研究院"历史语言研究所专刊之五十，1965年，第2052页。
⑤ 张光直：《中国青铜时代》（二集），北京：生活·读书·新知三联书店1990年，第50页。
⑥ 王占奎：《"王若曰"不当解作"王如此说"》，《周秦文化研究》，西安：陕西人民出版社1998年，第370页。

高上举的双臂与向上指的头饰，我们认为"若"字在商周时期是表示贯通天地并领悟天意的巫师祭祀仪式的文字。[①]

"若"字在卜辞中的用法如下："卜（南殳）贞我勿祀宾，乍（则）帝降不若"；"卜（南殳）贞我其祀宾，乍（则）帝降若"（《粹》1113）；"辛卯卜（南殳）贞我勿祀宾，不若"（《佚存》119）；"辛卯卜（南殳）贞，我祀宾，若"（《粹》1114）；"辛卯卜（南殳）贞，祀宾，若"（《粹》1115）。[②]

根据李孝定的研究，"宾"字为傧祭之傧，祭鬼神之意。[③]那么与"宾"同在卜辞中的"若"亦应与巫师祭祀有关。也就是以"若"之仪式占卜问询是否与天帝沟通，并使帝降，即使天神"在巫师的邀请或召唤之下自上界以山为梯而走降下来"[④]。"降若"就是使神灵下降的意思：我不举行祀祭时，帝灵不会下降；而当我举行祀祭时，帝灵就会下降。

在周代的青铜器铭文以及早期的《诗》《书》文献记载中，"若"字大多与王者或王事连用。[⑤]如《盂鼎》铭文："王若曰'盂，……丕显文王，受天有大命……"《毛公鼎》铭文："王若曰'……丕显文王，皇天引厌厥德，配我有周，膺受大命……"[⑥]白川静认为"'王若曰'由神讬的形式而起，其后成为传达册命诰命之语"[⑦]，强调其初始的通神、讬神之义。其通神讬神的意义应源于"若"之通神姿势与探听神意的本义。这里的"王若曰"应当是作为最高统治者的王在举行沟通天地、聆听天意的"若"仪式之后，以天神的名义进行任命册封的活动，"王若曰"即

---

① 就"若"字甲骨文与金文的比较来看，甲骨文的"若"字与"跽"式体姿的联系更直观一些，几乎所有的甲骨文"若"都明显地具有这一姿势特征；而金文的"若"字与这一体姿的联系弱一些，这种现象是否说明巫师祭祀仪式在商周社会的差异以及文字本身的进化（金文"若"字很明显多了个代表祈祷文的口），此问题还有待于进一步探讨。
② 郭沫若：《殷契粹编》，北京：科学出版社1965年，第627～628页。
③ 参见李孝定：《甲骨文字集释》第六，"中央研究院"历史语言研究所专刊之五十，1965年，第2143～2153页。
④ 张光直：《中国青铜时代》（二集），北京：生活·读书·新知三联书店1990年，第48页。
⑤ 谭戒甫认为"是若"表示地位崇高权位者的动态，"若曰"则是殷周"史官记录王和首相这些最高权位者的文告"的固定格式。他显然觉察到了"若"字本义与王者权力之间的关系，却未从王者沟通天地的巫术仪式角度予以解析。参见谭戒甫：《论"若"字的本义及其演变》，《武汉大学人文科学学报》1957年第1期。辛怡华也注意到了"王若曰"中的"若"字的仪式特征，认为"若"最初是探听神意进行祈祷的仪式活动，由于其与神或上天有关，后来与王事联系在一起，以强化其权力的合法性。参见辛怡华：《试释金文中的"王若曰"》，《华夏文化》2002年第4期。
⑥ 转引自辛怡华：《试释金文中的"王若曰"》，《华夏文化》2002年第4期。
⑦ 〔日〕白川静通释：《金文通释选译》，曹兆兰选译，武汉：武汉大学出版社2000年，第179页。

"王以神的名义，或王像神那样说"①。王者本身就是作为沟通天神的巫师承接天命而为"天子"，天子代天言命，管理国家与臣民，这或许可以说明王者兼巫师的双重身份以及早期国家运作秩序中的巫文化特性。再如，《诗·烝民》："天子是若，明命使赋。"②《尚书·尧典》："乃命羲、和，钦若昊天，历象日月星辰，敬授民时。"③《尚书·康诰》："王若曰。"④《尚书·君奭》："周公若曰。"⑤"我闻在昔，成汤既受命，时则有若伊尹，格于皇天。在太甲，时则有若保衡。在太戊，时则有若伊陟、臣扈，格于上帝。"⑥"惟文王尚克修和我有夏。亦惟有若虢叔，有若闳夭，有若散宜生，有若泰颠，有若南宫括。"⑦这些用法中的"若"字都具有巫祭沟通天神的原始意义，而与天子、昊天在一起使用，更是天子奉承、传达天命的仪式描述。

综上，甲骨文或铜器铭文中的跽式字形或组合符号多是与巫师通神、降神有关的，基本表达出了跽之"见所敬忌不敢自安"的内在情感与心态。但从各种各样的字形看，巫师通神姿势又千差万别，有的直立，有的似为跽，有的又似为安坐样，这或许呈现出早期图形文字的粗糙，抑或是巫师通神姿势之变化多端所致，造字时仅取其标志性片段而已。而在后代的文献记载中，"跽"字的用法亦非常少见，甚至仅仅作为跪的替代而已（对于此种现象的解释详见第三章第二节之"跽式人像及其仪式意义"）。

第四节　跪拜

在中国人的生活中，跪坐的姿势除了安坐与巫师敬神之跽外，影响与意义最大的便是跪拜礼仪了。跪拜礼，是以贵族的安坐姿势为基础而

---

① 王占奎：《"王若曰"不当解作"王如此说"》，《周秦文化研究》，西安：陕西人民出版社1998年，第374页。
② 〔清〕王先谦：《诗三家义集疏》卷二十三《烝民》，北京：中华书局1987年，第968页。
③ 〔清〕孙星衍：《尚书今古文注疏》卷一《尧典》，北京：中华书局1986年，第10～11页。
④ 〔清〕孙星衍：《尚书今古文注疏》卷十五《康诰》，北京：中华书局1986年，第358页。
⑤ 〔清〕孙星衍：《尚书今古文注疏》卷二十二《君奭》，北京：中华书局1986年，第446页。
⑥ 〔清〕孙星衍：《尚书今古文注疏》卷二十二《君奭》，北京：中华书局1986年，第448～449页。
⑦ 〔清〕孙星衍：《尚书今古文注疏》卷二十二《君奭》，北京：中华书局1986年，第452页。

形成的人际交往礼仪姿势。跪拜礼的产生明显晚于安坐与跽。在商代的考古图像与甲骨文中，尚无关于跪拜礼的内容。目前最早记载跪拜礼仪的文献是《仪礼》《礼记》《周礼》。虽然对于三礼的成书年代一直存在不少争论，但其内容反映了西周至春秋战国时期贵族的礼仪生活是基本可以肯定的。自西周至西汉初年是礼书内容形成并成为经典的时代。三礼中《仪礼》成书年代最早，是礼的本经，本名《礼》。仪礼的撰者与成书年代亦是众说纷纭，在此采近代学者沈文倬的观点，即认为《仪礼》是公元前5世纪中期到公元前4世纪中期的100多年间，由孔门弟子及后学陆续撰作的。①《周礼》，原名《周官》，可能成书于战国末年，甚至晚至西汉初。《周礼》并非真实记录某一时期的礼仪原貌，而是以现实为基础被构思出来的理想国的蓝图。②《礼记》旨在阐释礼之大义。关于《礼记》的成书年代，彭林认为："《礼记》中属于'吉礼'的《冠义》《昏义》《乡饮酒义》《射义》《燕义》《聘义》的各篇，内容依附于《仪礼》；属于'丧服'和'祭礼'的各篇，内容也与《仪礼》的丧祭之礼一贯；因此他们的年代当与《仪礼》不离左右。《曲礼》《礼器》《少仪》《深衣》《乐记》《内则》等篇，学者多信为孔门弟子之作。""通论各篇当如班固所说是'七十子后学所记者'，也是先秦的文献。"③虽然三礼的成书年代极为复杂，但其中内容基本反映了西周至春秋战国时期上层贵族的礼仪生活，所以跪拜礼是在西周宗法制与分封制的政治制度之下形成的礼仪制度。相对于人—神之间的沟通姿势——跽，跪拜是在日常生活姿势——跪坐的基础上形成的，它在很大程度上体现了人与人之间的礼仪关系，即人们通过适当的身体礼仪姿势在自己的周围形成与自己的政治与社会地位相当的人际关系。

　　跪拜礼在一定程度上反映了春秋战国时期人文精神的突现。与商代的神权政治相比，西周至战国的历史确实彰显了人的力量，这便是"人"的生活与精神的发现。相对于坐、跽确立了神灵、巫师、人之间的关系，跪拜则旨在建立人与人之间的关系。

一、九拜礼之稽首、顿首、空首、稽颡辨

　　当跪坐作为一种正式体面的坐姿逐渐在贵族的生活世界里普及之

① 参见彭林：《中国古代礼仪文明》，北京：中华书局2004年，第77页。
② 参见彭林：《中国古代礼仪文明》，北京：中华书局2004年，第60～71页。
③ 彭林：《中国古代礼仪文明》，北京：中华书局2004年，第88～89页。

后，由跪坐而产生的礼仪——跪拜礼也就产生了。跪拜礼合称为"九拜"。《周礼·春官·大祝》中记九拜为："一曰稽首，二曰顿首，三曰空首，四曰振动，五曰吉拜，六曰凶拜，七曰奇拜，八曰褒拜，九曰肃拜，以享右祭祀。"①对于"以享右祭祀"，贾公彦疏云："此九拜不专为祭祀，而以祭祀结之者，祭祀事重，故举以言之。"段玉裁则认为九拜礼"谓拜神、拜尸、拜宾也"，只是"顿首非拜神之拜"②。可见，九拜礼最初用于严肃、敬神的祭祀空间的情况居多，后来才逐渐渗透进贵族的礼仪交往当中，成为身份关系的符号象征。所谓"拜之所用甚多，而尤莫重于祭祀，此经所以言右享祭祀也"③。跪拜礼真正在礼拜姿势上有区别的只有稽首、顿首、空首、稽颡而已。④下面就分别对这几种拜仪进行辨析。

　　稽首为谨严舒缓之仪节。"稽"有两重意思，一是至，二是稽留多时。至，乃至地，是相对于空首之不至地而言。孙诒让引《白虎通义·姓名篇》释"稽"："必稽首何？敬之至也，头至地。稽，至也。首谓头也。"⑤郑玄注"稽首"为"拜头至地也"⑥段玉裁解说为："稽首者，拜头至地也。既拜手，而拱手下至于地，而头亦下至于地。拱手至地，手仍不分散，非如今人两手按地也。手前于膝，头又前于手。荀子曰'下衡曰稽首'是也。"⑦稽留多时之意是相对于顿首之急促而言，贾公彦释"稽"为"稽留"，即"至地多时"⑧，即段玉裁所说："稽首者，

① 〔清〕孙诒让撰，王文锦、陈玉霞点校：《周礼正义》卷四十九，北京：中华书局1987年，第2007页。
② 〔清〕孙诒让撰，王文锦、陈玉霞点校：《周礼正义》卷四十九，北京：中华书局1987年，第2007页。
③ 〔清〕秦蕙田：《五礼通考》卷六十二，《文渊阁四库全书》第136册，上海：上海古籍出版社2003年，第459页。
④ 胡新生认为九拜礼中最基本的拜礼有两种，即拜手（空首）与稽首。参见胡新生：《周代拜礼的演进》，《文史哲》2011年第3期。但笔者认为除上述两种之外的空首与稽颡亦存在显著的姿势与使用空间上的差异，所以也应属最基本的拜礼。
⑤ 〔清〕孙诒让撰，王文锦、陈玉霞点校：《周礼正义》卷四十九，北京：中华书局1987年，第2008页。
⑥ 〔清〕孙诒让撰，王文锦、陈玉霞点校：《周礼正义》卷四十九，北京：中华书局1987年，第2008页。
⑦ 〔清〕孙诒让撰，王文锦、陈玉霞点校：《周礼正义》卷四十九，北京：中华书局1987年，第2008页。另见〔汉〕许慎撰，〔清〕段玉裁注：《说文解字注》十二篇上手部，上海：上海古籍出版社1988年，第595页。
⑧ 〔清〕孙诒让撰，王文锦、陈玉霞点校：《周礼正义》卷四十九，北京：中华书局1987年，第2010页。

言乎首舒迟至于地也；顿首者，言乎首急遽至于地也。是稽顿之别也。"①

稽首拜主要用于礼敬之事，如段玉裁言："稽首者，敬之至也。"②臣拜君属礼敬，而君拜天地亦属礼敬，所以当从稽首拜，所谓"施之于极尊，故为尽礼也"③；"拜中惟稽首最重。诸侯于天子、臣于君乃有之"④。毛奇龄亦认为稽首礼本为见至尊之礼："孟子子思再拜稽首，皆以稽首为见尊之礼。故《左传》公舍齐侯于蒙，齐侯稽首，公祗拜，而齐人怒之。孟武伯曰：非天子寡君无所稽首。又公如晋稽首，智武子曰：天子在而君辱稽首，寡君惧矣。则稽首者，拜礼之重，惟见至尊者得行之。今限之为凶丧之礼，大不敬矣。"⑤故稽首拜为拜礼之最重，主要用于"见至尊者"。这种拜礼亦可能从人事延伸到神事中，如汉代墓葬画像石仙界当中不乏这种对至尊、至敬者的稽首拜仪，很显然，受拜者可能是至尊至敬的神仙，而施拜者则有可能是下属官吏臣子，也有可能是祈求得道升仙的墓主或祠主。如《穆天子传》中载："吉日甲子，天子宾于西王母，乃执白圭玄璧以见西王母。……西王母再拜受之，乙丑，天子觞西王母于瑶池之上，西王母为天子谣。"⑥在周穆王与西王母之间的这种宾主酬唱之礼中，穆天子以白圭玄璧献赠西王母，西王母则使用"再拜"而受之。我们可以想见其中的穆王处下恭敬之至的臣子模样与西王母高居在上的王者风范。

空首与稽首的区别在于稽首是头至地，而空首头不至地。东汉郑玄注《周礼》"空首"为"拜头至手，所谓拜手"⑦。段玉裁解说为："既跪而拱手，而头俯至于手，与心平，是之谓'头至手'，荀卿子曰'平衡曰拜'是也。"⑧孙诒让释"空首"："凡经典男子行礼单言'拜'者，皆

① 〔清〕孙诒让撰，王文锦、陈玉霞点校：《周礼正义》卷四十九，北京：中华书局1987年，第2009页。
② 〔清〕孙诒让撰，王文锦、陈玉霞点校：《周礼正义》卷四十九，北京：中华书局1987年，第2011页。
③ 〔汉〕孔安国传，〔唐〕孔颖达等正义：《尚书正义》卷十九《康王之诰》，上海：上海古籍出版社1990年，第285页。
④ 〔清〕李钟伦：《周礼纂训》卷十三，《文渊阁四库全书》第100册，上海：上海古籍出版社2003年，第841页。
⑤ 〔清〕毛奇龄：《经问》卷一，《文渊阁四库全书》第191册，上海：上海古籍出版社2003年，第17页。
⑥ 《穆天子传》卷三，《道藏》第5册，北京：文物出版社，上海：上海书店，天津：天津古籍出版社1988年，第40页。
⑦ 〔清〕孙诒让撰，王文锦、陈玉霞点校：《周礼正义》卷四十九，北京：中华书局1987年，第2011页。
⑧ 〔汉〕许慎撰，〔清〕段玉裁注：《说文解字注》十二篇上手部，上海：上海古籍出版社1988年，第595页。

即空首。详言之则曰拜手，略言之则曰拜。"① 具体做法是：先跪地而拱手，再低头至手，与心平齐。因为头低至手，所以叫"拜手"，因为头不至地，所以叫"空首"。空首，由于着重以手行礼，又叫"拜手"，或简称为"拜"。空首拜之手与头都不至地，而仅与心口齐平。它是地位相当的男子相互行的常礼，如《经问·九拜辨》中所言"若敌体通行则只拜手"②。清黄以周亦言："空首者，男子之常拜也。"③ 由于空手较稽首为轻，所以也用于君对臣下的答拜："空首拜者，君答臣下拜。""君拜臣下当从空首拜，其有敬事亦稽首。"④

顿首与稽首的区别在于头在地上停留的时间长短，稽首稽留多时，缓慢而起，顿首则停留时间短，快速叩头而起。正是因为顿首行礼显得仓促，贾公彦释"顿首"为"至地即举"⑤。郑玄注"顿首"为"头叩地也"。段玉裁云："叩者，敂也。敂者，击也。既拜手而拱手下至于地，而头不徒下至地，且叩触额，是之谓顿首。"⑥ 因此《经问·九拜辨》中言："夫顿首者，急遽造次之状，大非常礼。"⑦ 综合比较之后，我们发现，孙诒让的"顿首与稽首俱头至地，但顿首以叩额为异。贾疏谓'稽首至地多时，顿首至地即举'者，失之"⑧ 的批评亦显偏颇。

稽首与顿首连用的情况在秦汉以后渐多，主要还是源于顿首的惊恐不安之意。汉代大臣呈现给皇帝的疏表，既言稽首，又言顿首，如许冲《进说文解字表》开头言"稽首再拜"，结尾处则言"顿首顿首，死罪死罪"，对于此种情况，段玉裁所做的解释是："盖稽首为对扬之辞，顿首

---

① 〔清〕孙诒让撰，王文锦、陈玉霞点校：《周礼正义》卷四十九，北京：中华书局1987年，第2011页。
② 〔清〕毛奇龄：《经问》卷一，《文渊阁四库全书》第191册，上海：上海古籍出版社2003年，第17页。
③ 〔清〕孙诒让撰，王文锦、陈玉霞点校：《周礼正义》卷四十九，北京：中华书局1987年，第2011页。
④ 〔清〕秦蕙田：《五礼通考》卷六十二，《文渊阁四库全书》第136册，上海：上海古籍出版社2003年，第455页。
⑤ 〔清〕孙诒让撰，王文锦、陈玉霞点校：《周礼正义》卷四十九，北京：中华书局1987年，第2010页。
⑥ 〔清〕孙诒让撰，王文锦、陈玉霞点校：《周礼正义》卷四十九，北京：中华书局1987年，第2009页。
⑦ 〔清〕毛奇龄：《经问》卷一，《文渊阁四库全书》第191册，上海：上海古籍出版社2003年，第17页。
⑧ 〔清〕孙诒让撰，王文锦、陈玉霞点校：《周礼正义》卷四十九，北京：中华书局1987年，第2010页。

为请罪之辞，故先言稽首，继言顿首死罪。"①毛奇龄亦注意到顿首请罪服罪之意："若汉后见天子加一顿首，有稽首顿首之文，则以此时当秦法峻急，君尊臣卑之际，廷臣每见君必觳觫服罪，故稽顿并行。"②

　　稽颡亦是一种十分隆重的礼仪，主要用于丧礼当中，如段玉裁言："稽颡者，哀之至也。"③稽颡融合了稽首与顿首的共性，既要以额触地，又不是快速而起，而是如稽首一样缓缓而起，表达最哀恸、悲伤的感情。如《礼记·问丧》："男子哭泣悲哀，稽颡触地无容，哀之至也。"④正是由于稽颡兼具顿首特点，有不少人将二者混同。段玉裁在区别稽首与顿首的同时忽略了顿首与稽颡的区别而将其混为一说："至地者，以首不以颡；叩地者，必以颡，故谓之稽颡。"⑤"既跪而拱手下至于地，而头不徒下至地，且叩触其额，是之谓顿首。荀卿所谓'至地曰稽颡'是也。"⑥无独有偶，《左传》中记昭公二十五年时，"昭子自阚归，见平子。平子稽颡"⑦。而《史记》中记载此事为"平子顿首"⑧，孙诒让认为"此犹汉人以顿首为即稽颡之确证"⑨。《史记》中以顿首代替稽颡，不能就此断言二者在周人那里亦是相同的，不能排除汉人已经对周礼模糊不清的可能。孙诒让在考察郑注的基础上明确指出二者的不同："顿首稽颡二者并为头叩地，但顿首为请罪之拜，有容，稽颡为丧拜，触地无容，以此为异。"⑩

---

① 〔清〕孙诒让撰，王文锦、陈玉霞点校：《周礼正义》卷四十九，北京：中华书局 1987年，第2009页。

② 〔清〕毛奇龄：《经问》卷一，《文渊阁四库全书》第191册，上海：上海古籍出版社 2003年，第17页。

③ 〔清〕孙诒让撰，王文锦、陈玉霞点校：《周礼正义》卷四十九，北京：中华书局 1987年，第2011页。

④ 〔清〕孙希旦撰，沈啸寰、王星贤点校：《礼记集解》卷五十四，北京：中华书局 1987年，第1353页。

⑤ 〔清〕孙诒让撰，王文锦、陈玉霞点校：《周礼正义》卷四十九，北京：中华书局 1987年，第2009页。

⑥ 〔汉〕许慎撰，〔清〕段玉裁注：《说文解字注》十二篇上手部，上海：上海古籍出版社 1988年，第595页。

⑦ 〔清〕洪亮吉撰，李解民点校：《春秋左传诂》卷十八昭公二十五年，北京：中华书局 1987年，第771页。

⑧ 〔汉〕司马迁撰，〔宋〕裴骃集解，〔唐〕司马贞索隐，张守节正义：《史记》卷三十三 《鲁周公世家》，北京：中华书局1959年，第1541页。

⑨ 〔清〕孙诒让撰，王文锦、陈玉霞点校：《周礼正义》卷四十九，北京：中华书局 1987年，第2010页。

⑩ 〔清〕孙诒让撰，王文锦、陈玉霞点校：《周礼正义》卷四十九，北京：中华书局 1987年，第2012页。

事实上，顿首与稽颡之别显而易见，如前所言顿首"非常礼"，而稽颡却是极为重要的丧仪。其次，顿首是快速以额触地而起，后来演变为请罪之仪。如段玉裁所言"盖非请罪不顿首也"①。《史记》记载邺县县令西门豹将巫婆、弟子及三老投入河中，等候多时不见他们上来，又让辅佐官吏下水催促。辅佐官吏们"皆叩头，叩头且破，额血流地，色如死灰"②。叩头即顿首，以额头快速触地而起，所以才会头破血流，表示极度的惧怕与请罪心理。另外的例子还见于晋穆嬴顿首于赵宣子之门、楚申包胥乞秦师九顿首而坐、燕太子丹见荆轲避席顿首，这些情况"皆仓皇有求，陡顿难安之礼，不当通行"③。

通过对稽首、顿首、空首与稽颡拜仪的辨析，我们可知，跪拜礼既是正式而严谨的祭祀空间所用之礼仪，同时亦从祭祀空间逐步渗透进入贵族阶层的人际关系交往中，蕴含着丰富的人际关系信息，它几乎成为表达各种不同人际关系的重要符号。从等级关系上来看，稽首礼最重，主要用于至尊、至敬之空间，如臣对君、君对天等；④空首礼最轻，用于敌体者，即地位相当的人际关系当中；顿首，因其仓促陡急，原本并不符合"礼"之初意，故属非常礼，后来用于表达惊恐、慌乱之意，用于请罪当中。而越是到君臣尊卑上下关系严苛之时，顿首之恐惧意越是明显，其用于臣对君之礼中也就越为多见，以至于出现稽顿并行之礼。稽颡，属于丧仪这一特殊的仪式空间，既表达生者自然流露的无限哀痛之情，又可以突显生者对于死者超脱现实生命继而拥有无限性而触发的无限敬畏之情。

在严谨统一的社会、政治与祭祀空间网络中，每一个贵族身份的人都会按照既定的身体礼仪行事，既维护了他人的尊严与地位，又是对自己身份地位的彰显与巩固。每一个人都会在与他者的交往中看到自己的身体在整个国家网络中的位置。这就是米歇尔·福柯（Michel Foucault）

---

① 〔清〕孙诒让撰，王文锦、陈玉霞点校：《周礼正义》卷四十九，北京：中华书局1987年，第2009页。

② 〔汉〕司马迁撰，〔宋〕裴骃集解，〔唐〕司马贞索隐，张守节正义：《史记》卷一百二十六《滑稽列传》，北京：中华书局1959年，第3212页。

③ 〔清〕毛奇龄：《经问》卷一，《文渊阁四库全书》第191册，上海：上海古籍出版社2003年，第17页。

④ 胡新生曾专门就西周与春秋时期的君臣之最高礼仪稽首礼之变异进行过详细的考察，认为西周时通行"拜稽首"，春秋时期则为"再拜稽首"，并由此认为这种变化反映了春秋时期君臣礼仪升级的历史特点。参见胡新生：《周代拜礼的演进》，《文史哲》2011年第3期。

所言的身体规训。①贵族统治是周代宗法制与分封制下的重要政治特征，在尚未建立起官僚政治之前，贵族掌权，就更加重视身份的明确。宗法等级制下的天子、诸侯、卿、大夫、士每一个级别都异常严格，嫡庶之别亦非常明显。处于哪一个层级，你便拥有相应的土地、财产、地位，相应的身份亦由此确立。在西周天子—诸侯—卿—大夫—士的社会结构中，周天子至高的地位只是名义上的，"溥天之下，莫非王土，率土之滨，莫非王臣"亦仅仅是一句美言而已。天子仅仅在他所统辖的王畿内拥有绝对的权力，超出这个范围就不再是他所能控制的了。天子之下的诸侯却拥有比天子王畿更大的权力范围，他的权力不仅仅在他的分封领地内，还延伸到在他之下的卿、大夫与士的领地。诸侯实际上是一个个各自为政的国君。根据彭林的研究，《周礼》内容可能不是先秦社会政治面貌的真实表现。②跪拜礼中所体现的互相尊重、身份明确、秩序井然可能正是春秋战国时期礼乐崩坏现象之下智者之理想而已。但是这个理想蓝图的设计者们，一代又一代的乱世智者清醒地看到了国家与个人身体之间的统一关系，国家的正常运行需要身体的密切配合，只要将身体训练得当，使个人的身体按照既定的秩序来行动，国家的秩序就自然通畅顺达了。因此后来的老子、孔子、孟子、庄子等思想家都致力于如何对个体身体进行规范、驯化从而建设起一个理想的身体国家。

二、跪拜礼的发展演变

（一）先秦跪拜礼的实质及其与秦汉之后跪拜礼的关系

跪拜礼是天子与诸侯、国君与大夫、大夫与士之间，乃至国君与他国大夫，士与家臣、士与故家臣之间形成相关性的礼仪方式。虽然《周礼》可能是依据先秦贵族礼仪而设计出的一种理想蓝图，但亦可从中看出先秦时期的君臣关系及贵族间的关系是如何通过必要的身体礼仪而得以维持的。天—天子—诸侯—卿—大夫—士在周代的礼仪生活中成为一个有条不紊的连锁整体。联系春秋战国时期的僭越现象，我们可以看到孔子及其后学如何为了建立理想的社会秩序而费尽心思，构建出如此理想的君臣关系蓝图。

---

① 米歇尔·福柯提出"身体政治"的说法，认为一个社会中特定的权力关系对身体进行不间断地干预、训练与控制，在身体上形成标记，身体本身成为一种仪式的存在。参见〔法〕米歇尔·福柯：《规训与惩罚：监狱的诞生》，刘北成、杨远婴译，北京：生活·读书·新知三联书店1999年，第27页。

② 参见彭林：《中国古代礼仪文明》，北京：中华书局2004年，第60～71页。

　　甘怀真认为先秦的跪拜礼应用于宾主间，表达的是一种相对平等的关系。[①]笔者认为此论值得探讨。西周实行分封制与宗法制，贵族的等级制度是非常严格的，而周代的父权与男权明显比商代的父权男权更加完备。诸侯国君与大夫、士之间的关系构成了后世君臣关系的雏形。在国君与下级贵族的交往中，上下尊卑关系是非常受重视的。只是由于诸侯国林立，未突出国君的至高地位与专制权力而已。但在每一个诸侯国内部君臣关系是非常明确的，各诸侯国之间则是相对平等的外交关系，这也部分地冲淡了不平等的君臣关系，而更多地呈现出较为宽松、互相尊重的礼仪关系。这应当与礼"自卑而尊人"的基本意义有关。而周天子的地位实际上是虚空的，他的权力远远不如诸侯国君，所以在天子与诸侯国君之间呈现出来的更多的是相互平等的兄弟关系，无论是权力还是人身关系都无诸侯国君与大夫、士之间的那种服从与隶属关系。先秦宾主间的跪拜礼实际上是以父权制为中心的身体礼仪，它所蕴含的身份与权力确认始终是行礼者的真正用意，跪拜礼绝不仅仅体现出宾主间的相互对等关系，它更是个人身份与权力关系确立以及国家上下秩序建立的标志性礼仪。但不可否认的是，在贵族分权制的背景下，贵族的一体化与尊卑化比起来可能更为当时的执政贵族所重视，所以呈现出一体化与尊卑化同时并行、同等重视的现实。如在燕礼与射礼这两个不同的仪式空间里，君臣之间所强调的礼数性质可能有所不同，燕礼用于一般的聚会，更强调一体化，等级性与尊卑性可能就弱一些，而射礼更关系到国家的安危，所以它的尊卑性质就强一些。如《仪礼要义》中言："燕礼皆言'公答再拜'，不同者，燕主欢不用尊卑，故公拜皆再拜。此射礼主辨尊卑，故直云答拜，答一拜。此一拜者，正礼也，故《周礼·大祝》辨九拜：一曰稽首，首至地，臣拜君法。二曰顿首，顿首平敌相拜法。三曰空首，君答臣下拜，后不为再拜，即七曰奇拜是也。"[②]可见在燕礼场合，公拜皆再拜，以示欢娱而轻尊卑；而在射礼时，则只答一拜，以示严谨而重尊卑。先秦时期宾主间的平等礼仪在婚礼中体现得更加明显，如在纳采仪式中，"主人如宾服，迎于门外，再拜。宾不答拜"。对于此处的宾为何不答拜，郑玄注曰："云'不答拜者，奉使不敢当其盛礼'者，此士卑，无君臣之礼，故宾虽属吏，直言'不答拜'，不言辟。若

① 甘怀真：《中国古代君臣间的敬礼及其经典诠释》，《台大历史学报》2003年第6期。
② 〔宋〕魏了翁：《仪礼要义》卷十七《大射仪二》，《文渊阁四库全书》第104册，上海：上海古籍出版社2003年，第505页。

诸侯于使臣则言辞……故宾答拜稽首，亦辟乃拜之，以其君尊故也。"①
到了问名礼时："主人迎宾于庙门外，揖让如初，升。主人北面再拜，宾
西阶上，北面答拜。主人拂几，授校，拜送。宾以几辟，北面，设于坐
左，之西阶上答拜。"贾公彦疏："'至，再拜'，先言至者，欲见宾至乃
拜之，是有尊卑不敌之义。……至在拜下者，敌体之义也。若然，此为
礼宾，有拜至者。前虽有纳采、问名之事，以昏礼有相亲之义，故虽后
亦拜至也。"②至亲迎礼的时候："主人玄端迎于门外，西面再拜。宾东
面答拜。"三揖三让主宾皆升之后，宾"再拜稽首，降，出。妇从，降自
西阶。主人不降送"。贾公彦疏："云'宾升，奠雁，拜，主人不答，明
主为授女耳'者，案纳采阶上拜至、问名、纳吉、纳征、请期，转相如，
皆拜。独于此主人不答，明主为授女耳。"③可见，拜或不拜，几拜，答
与不答，答几拜，都要根据不同的情况而言，如婚礼中的纳吉就考虑到
相亲之义而有拜至之礼，而后面的"聘礼不取相亲之义，故不拜至"，
至亲迎授女时，则不降送不答拜。也可能正是注意到了先秦社会中这种
相对平等而等级意识不甚明显的拜礼现象较为常见，甘怀真认为先秦时
期的拜礼主要用于宾主间的平等礼仪，而在后来的皇帝制度下，则更突
出君臣之义。此论无疑有助于我们理解区分先秦与秦汉以后的社会性质。

　　但是无可否认，春秋战国时期的诸侯国内君臣关系为秦汉以后皇帝
制度下的君臣关系奠定了重要的基础。强调尊卑、身份是礼的本质，如
何突显身份尊卑高下？主要就是依靠身体的礼敬，所谓"礼，身之干也；
敬，身之基也"④。敬乃为礼仪之本，即使到了皇帝制度确立之后，礼敬
的问题仍然常常被君臣议论，君臣之间礼敬的内在本质实为尊卑之理。
即使是皇帝对臣下施敬，亦是权力地位主导下的礼仪行为。换句话说，
皇帝之身体所产生的礼仪行为本身就向世人昭示了他的至高无上的权力
地位。这就如现代社会的国家领导人在某些重大场合高声向群众致以礼
节式的问候，或者抱起离他最近的小孩以示亲切，或者向他身边的年老
的群众问候一样。没有人会认为，领导人的这种礼仪行为降低了他的尊

---

①　〔汉〕郑玄注，〔唐〕贾公彦疏：《仪礼注疏》卷四士昏礼第二，上海：上海古籍出版社
　　2008年，第90页。

②　〔汉〕郑玄注，〔唐〕贾公彦疏：《仪礼注疏》卷四士昏礼第二，上海：上海古籍出版社
　　2008年，第94页。

③　〔汉〕郑玄注，〔唐〕贾公彦疏：《仪礼注疏》卷五士昏礼第二，上海：上海古籍出版社
　　2008年，第115页。

④　〔清〕洪亮吉撰，李解民点校：《春秋左传诂》卷十一成公十三年，北京：中华书局
　　1987年，第466页。

者地位，反而更加衬托出其尊位。那么皇帝制度之下皇帝对臣下的礼敬，理应不会降低皇帝威严甚至威胁皇权。

（二）跪拜礼之演变

但是历史事实却比我们的猜测更加真实地反映了皇帝的心态。正如甘怀真所言，自汉至唐，皇帝与臣下之间的互敬礼仪渐渐被臣子对皇帝的单方面敬礼所替代，皇帝逐渐不再对臣下回以敬礼[①]，这可能反映出皇权政治的危险形势。这一观点几乎将皇权的式微历史提前了若干年，因为通常认为，皇权至明清时期达到鼎盛之时，亦开始了其衰落的历程。事实上，皇帝制度自它建立之时就面临诸多挑战。这或许能够为我们提供看待中国古代皇权的新视角。

跪拜礼的意义演变是皇权政治体系发展的产物。无论如何，跪拜礼在汉代以后随着皇帝权威的加强，渐成为臣子对皇帝单方面的行礼，这是为了表示臣子对皇帝的绝对忠诚。跪拜礼仪的皇权政治意义被无限扩大，几乎成为是否拥戴皇帝的标志性身体仪式。在皇权专制之上，还有一个"天命"，这是中国古代国家宗教的显著特点，为了寻求政治上的合法性，任何一个王朝都要承续"天命"，只有这样方可获得并巩固其政权。天是皇帝之君、父，皇帝在天面前称臣、子，对天的祭祀，皇帝所行礼仪即子对父、臣对君的跪拜礼（至尊的稽首礼）。商周时期的巫祭祀天神的"跽"则渐趋退出国家祭祀领域。秦到西汉，国家设立祠官制度，由巫师主持的祭祀被纳入国家祭祀体系与皇权政治体系之中，而西汉时还发生过建立郊祠、罢地方巫祠的郊祠宗教改革，实际上是为了削弱巫师在通天地中的能力，而将沟通天地的大权完全交到与天同类的皇帝（天子）手里。

九拜礼中的稽首礼主要表示臣对君所行之最高礼仪，《孟子》所谓："以君命将之，再拜稽首而受"，亦如赵翼所言："古人拜，虽臣之于君，亦只再拜。"[②]先秦时期，诸侯对天子皆行稽首礼，如《尚书·康王之诰》："王出在应门之内，太保率西方诸侯入应门左，毕公率东方诸侯入应门右，皆布乘黄朱。宾称奉圭兼币，曰：'一二臣卫，敢执壤奠。'皆再拜稽首。王义嗣德，答拜。"[③]"太保暨芮伯咸进，相揖，皆再拜稽首，曰：'敢敬告天子……'"[④]诸侯国派出的使臣对出使的诸侯国君亦行再

---

① 甘怀真：《中国古代君臣间的敬礼及其经典诠释》，《台大历史学报》2003年第6期。
② 〔清〕赵翼：《陔余丛考》卷三十一，北京：商务印书馆1957年，第662页。
③ 〔清〕皮锡瑞：《今文尚书考证》卷二十五，北京：中华书局1989年，第431～432页。
④ 〔清〕皮锡瑞：《今文尚书考证》卷二十五，北京：中华书局1989年，第432页。

拜稽首礼，与对自己的国君所行之礼相同。如《韩诗外传》载，魏文侯立次子为太子，而将长子击封为中山之君，三年没有往来，后来中山之君派出苍唐为使，苍唐到了魏国后，说："北蕃中山之君有北犬晨雁，使苍唐再拜献之。"魏文侯见到苍唐后，问："击无恙乎？"如此三问，苍唐皆不对答。这是因为苍唐认为"臣闻诸侯不名君，既已赐弊邑使得小国侯，君问以名不敢对也"。魏文侯只得问以"中山之君无恙乎""中山之君长短若何矣"[1]，如此苍唐才给予答复。苍唐此次出使，既表达了击作为儿子对父亲的思念，献上了父亲之所好与所嗜，又表达了苍唐等臣子心目中对国君中山之君所存的崇高敬意。苍唐认为，在使臣面前，魏文侯应当表现出对中山之君的尊重，不可直呼其名，所以只有在魏文侯改称中山之君后，苍唐才一一对答。此段故事既表现了苍唐的聪明才智，又表现出当时诸侯国君之间相对平等与对话的地位。

到汉代时，稽首礼不仅用于臣对君，使臣对他国国君的礼仪，还被用于王者对神灵之拜。这似乎显示出皇帝对祭天权力的进一步独占。成书于汉代的《韩诗外传》记载黄帝承天即位，在斋宫多日期待凤凰而至时，亦是"降于东阶，西面，再拜稽首曰：'皇天降祉，敢不承命！'凤乃止帝东园，集帝梧桐，食帝竹实，没身不去"[2]。黄帝承天的故事本身可能具有虚构性，但"再拜稽首"却是汉代帝王承接天命、祭天礼仪姿势的反映。由此可见，汉代帝王对神祇的敬拜亦是再拜稽首，与臣对君的礼仪一致，说明皇帝对于天来说是臣子，天乃皇帝之君。这样，世俗社会中的君臣关系被延伸到了人神关系中，人界之首皇帝自视为承天之运的臣，从而为世俗的政权打上"天命"的烙印。也由此表明世俗的政权是顺从天意的，是正当的。所谓"顺天者昌，逆天者亡"[3]，几乎成为上至皇帝下到平民的处世原则。尤其是在改朝换代之际，新兴政权总要寻求天之祥瑞、天意之支持，建立新皇帝与天神之间的承引关系。

总体而言，唐代以前再拜稽首礼是较为盛行的，唐代以后礼拜规格渐趋升级，日趋隆重。赵翼《陔余丛考》云："唐李涪《刊误》谓，郊天祭地，止于再拜。是唐时郊庙尚只再拜。"[4] 到后周天元帝则有"诸应拜

---

① 〔汉〕韩婴撰，许维遹校释：《韩诗外传集释》卷八，北京：中华书局1980年，第279～282页。
② 〔汉〕韩婴撰，许维遹校释：《韩诗外传集释》卷八，北京：中华书局1980年，第277～279页。
③ 王明编：《太平经合校》，北京：中华书局1960年，第713页。
④ 〔清〕赵翼：《陔余丛考》卷三十一，北京：商务印书馆1957年，第662页。

者，皆以三拜成礼"①之诏，始有三拜之说。元朝时，尚行再拜祭天之礼，"每岁，驾幸上都，以六月二十四日祭祀，谓之洒马妳子。用马一，羯羊八，彩段练绢各九匹，以白羊毛缠若穗者九，貂鼠皮三，命蒙古巫觋及蒙古、汉人秀才达官四员领其事，再拜告天"②。而越到皇帝专制后期改易越大，礼数越重，由再拜到三拜到四拜五拜，"前明《会典》，臣见君行五拜礼，百官见亲王、东宫行四拜礼，子于父母亦止于四拜"③。对于中国古代国家政治与祭祀生活中的跪拜礼之数次变异、日益隆重，赵翼认为："盖仪文度数久则习以为常，成上下通行之具，故必须加隆以示差别，亦风会之不得不然者也。"④

第五节　坐姿仪式意义小结

本章主要对汉代以前的几种坐姿进行了初步综合的分析。首先，坐，又称为"安坐""正坐""端坐"，是贵族阶层比较正式的体面性坐姿，一般用于会客、宴饮，渐渐渗透进入日常生活中，其最初来源可能是受祭的"尸坐"，坐而受祭的仪式图像及其信仰内涵在后文中的巫师祭祀仪式与西王母坐姿中会有图像学的阐释。跽，是一种由坐而起身的动作，动作完成时便是双膝着地、臀部上耸的姿势，所以跽可能是由坐而立的中间动作，这样的用法在文献记载中较多；但除此之外，跽还用于巫师祭祀通神，在甲骨文中有不少与跽姿势有关的字，说明跽可能更是一种被用于无限敬畏空间的神秘性姿势。跪，亦由坐发展而来，跪用于跪拜，表示一种礼拜姿势，君臣之间的跪拜渐渐生出尊卑高下之意，成为维系两千年皇权专制制度的身体仪式。体现敬畏与崇拜的跪拜礼仪被移入墓葬仪式空间里，就成为毕恭毕敬对仙界神灵或使者行拜见礼的忠孝升仙仪式图像，详见第五章。

再者，我们澄清了跽坐的错误用法。跽与坐在根本上是两种不同的坐姿。跽为跽，坐为坐，二者不可通。这样，我们在界定考古图像或做进一步的研究时，就应该注意到坐、跽、跪、跪拜的不同含义，根据其含义的不同来描述不同的跪坐图像。

跪、坐作为一系列富含仪式与信仰意义的身体姿势，在汉代及以前被广泛应用于日常生活、社会交往、神灵祭祀与墓葬信仰仪式中。从历史研

① 〔清〕赵翼：《陔余丛考》卷三十一，北京：商务印书馆1957年，第662页。
② 〔明〕宋濂：《元史》卷七十七《祭祀志六》，北京：中华书局1976年，第1924页。
③ 〔清〕赵翼：《陔余丛考》卷三十一，北京：商务印书馆1957年，第662页。
④ 〔清〕赵翼：《陔余丛考》卷三十一，北京：商务印书馆1957年，第662页。

究的角度看，这是一个身体史范畴的新的学术领域，从广义上说，身体仪式更具有人类学、宗教学、社会学以及考古学的意义。而其宗教学意义是所有意义中最突出的一种。时至今日，跪坐姿势依然存在于某些民族和国家的生活之中，有些成为家庭等日常生活领域内的舒适型姿势。同时，在重大的宗族祭祀抑或其他的宗教祈祷或祭祀中，亦可经常看到跪拜的身体仪式。后者所要表达的意义极具信仰意味，慎终追远、生死关怀在这一仪式中表现得极为突出。无论人类走到何处，生死问题总是属于人类最高意义的范畴，这一点毫无疑问。而采取何种形式来寄托这种关怀和忧虑，便是一个具有历史和现实意义的话题。笔者以为，以坐姿为中心的各种身体仪式，在众多心灵关怀形式中应独有其优势。双膝触地的姿势能够明确地表达人的完全意义上的敬畏、虔诚与皈依心理，无论是对天地、对祖先、对父母，还是对其他的神灵。这种敬畏性姿势曾经在我们的文明变迁、社会运转与意义探求的理论构造与历史实践中发挥着重要的作用。

第二章　蹲踞仪式及其信仰意义

　　身体姿势、动作与行为是人类自身愿望、情感与信仰最直接也是最生动的表达形式。蹲踞，作为商人的日常生活习惯，李济在《跪坐、蹲居与箕踞》一文中有过比较详细的论述，根据殷墟石雕人像小屯石像、四盘磨石像、侯家庄玉佩等考古资料分析，蹲坐与箕踞是商人较常用的生活习惯。[①]但该文仅囿于日常生活习惯的范畴，而未能进一步研讨蹲踞的仪式象征意义。从当时恶劣的生存环境来讲，人类不仅要进行物质资料的生产，同时要进行人类自身的繁育。在原始人类的知识范畴中，生育远非人类自身所能把握，人类自身的繁育几乎与神话、巫术、宗教等天然结合在一起，远古人将其归于神灵，或造出一些神灵来帮助人类获得强大的生育力量。在原始岩画、墓室壁画、出土实物中，有很大一部分是与性别、生育乃至两性关系密切相关的。数量众多的考古发现足以证明这种获取强大生殖力的追求非常重要地存在于先民生活当中。围绕人类自身的生产，几乎每个民族每个时代都有自己独特的以生殖为母题的象征仪式。商人对蹲踞体态的重视与虔诚心态，可以证明他们始终相信，人类的生存是依靠某些特定的仪式的。这种相信构成了人类历史上曾经普遍存在的一种观点，"即相信世界的生存和人类生活的延续依赖于仪式的正确执行"[②]。商代人创造描绘的蹲踞仪式背后所体现的正是他们对生命产生与延续的强烈愿望与祈求。

第一节　史前的蛙生殖巫术

　　蹲踞，严格说来，包括两种相似的身体姿态——蹲和踞。蹲是以两脚触地、膝盖朝上，臀部不着地。踞又称为"箕踞"，臀部触地，脚前伸，或像蹲那样触地，膝盖朝上。在商代及西周的一些出土文物中，蹲

---

① 李济：《跪坐、蹲居与箕踞》，张光直、李光谟编：《李济考古学论文选集》，北京：文物出版社1990年，第945～952页。
② 户晓辉：《岩画与生殖巫术》，乌鲁木齐：新疆美术摄影出版社1993年，第70页。

踞神像具有特殊的象征含义，表示的是一种生产能力或生殖愿望，经常被用于巫术操作仪式当中。在许多民族，蹲的姿势往往代表雌性，如广东雷州半岛地区的农村几乎都有石狗，性别亦以雌性为主，多作蹲式，没有四腿站立的。①

古人为什么会将蹲踞视为雌性或代表生育的姿势呢？这还要从具有蹲踞特点的动物及其旺盛的生育能力说起。在遥远的古代社会，受当时生存环境和技术的影响，围绕两性关系的生育问题是人们生活的一大难题。除了获取食物之外，自身的生养繁息是原始人类生活中最重要的事。弗雷泽（Frazer）认为："活着并引出新的生命，吃饭和生儿育女，这是过去人类的基本需求，只要世界还存在，也将是今后人类的基本需求。"②与获取食物不同，人类对自身的繁息无法获得一个清晰合理的解释。对于无法解释的问题，原始人统统归之于神灵，这是他们认识世界、解释世界以及与世界沟通的主要途径，而且中国文化生命里最根源的一个观念形态是"首先向生命处用心"③。如何获得、保存、延续生命，在古代人的生活中至关重要，以至于上升至神灵崇拜的神圣高度，并由此发展出一套神秘的巫术仪式体系。

首先我们从具有蹲踞特点的动物及其旺盛的生育能力说起。在生产生活技术水平极为简陋粗糙的原始社会，人们对自身的生育能力无法解释，更无法控制。在这种情况下，他们最大的依靠就是巫术的力量。生育巫术是古代所有巫术中最重要的类型。生育巫术所运用的原理就是人与动物、植物的相似律，尤其是动物。青蛙无疑是人们所见到的繁殖力最强的动物，一夜春雨之后，青蛙就会产下数量众多的蛙卵。青蛙由于其强大的生殖力而具有多产的意义，从而成为生殖崇拜的象征。④联系史前文化中刻有蛙纹或蛙人形象的器物，我们发现，青蛙蹲踞的身体姿势与生殖力之间存在着关联。

青蛙的显著特征是四肢折曲（见图2-1）。除了蜷曲的四肢，青蛙

---

① 瞿明安、郑萍：《沟通人神——中国祭祀文化象征》，成都：四川人民出版社2005年，第25页。
② 叶舒宪：《神话——原型批评》，西安：陕西师范大学出版社1987年，第50页。
③ 牟宗三：《中国文化的特质》，刘志琴编《文化危机与展望：台湾学者论中国文化》（上），北京：中国青年出版社1989年，第224页。
④ 关于青蛙与生殖崇拜的象征关系可参见赵国华：《生殖崇拜文化略论》，《中国社会科学》1988年第1期；赵国华：《生殖崇拜文化论》，北京：中国社会科学出版社1990年，第180~214页；傅道彬：《中国生殖崇拜文化论》，武汉：湖北人民出版社1990年，第145~158页；叶舒宪：《蛙人：再生母神的象征》，《民族艺术》2008年第2期。

图2-1 陕西临潼姜寨一期鱼蛙纹彩陶盆内壁上的蛙纹
（采自《中国社会科学》1988年第1期，第141页）

突起的肚腹同样象征着强大的生殖力。青蛙有一个大大的肚腹，整个身体除去点缀性的四肢和头部，肚子几乎占有全部体积的80%，这一特征与孕妇的形象极为相似。赵国华认为："蛙的肚腹和孕妇的肚腹形状相似，一样浑圆膨大；从内涵来说，蛙的繁殖力强，产子繁多，一夜春雨便可育出成群的幼体，蛙纹上那些黑点表示蛙腹内怀子甚多。"[①]

又圆又大的腹部与蜷曲的四肢，这两个显著的生理特征在原始人类的头脑中演变成了一种象征符号，即青蛙的形象与姿势象征着强大的繁殖力。根据巫术中的相似律原则，四肢折曲的姿势运用到人的身体上，便是下肢蹲踞的形象。在象征的意义上，人的蹲踞姿势是人与蛙生殖力量的融合，这种融合对于人来说，将大大地强化生殖力量。这种强化是借助了动物，也就是蛙的生殖力而完成的。

原始人在很多圆腹形器物上绘有蛙形神人形象，简称"蛙人"或"人蛙"，以表达人们的生育愿望。所谓蛙人或人蛙，就是兼具人与蛙的共性，从外形姿势上看是身肢折曲，在内涵上看则是生育能力的共有。显然，蛙人折曲的身肢成为生育能力的象征符号。如半山时期的一件瓦罐嘴的蛙人形象就是上下肢均折曲，指间似有蛙蹼，尤其下肢呈现蹲踞姿势（见图2-2）。另如马厂类型的陶壶上的人蛙形象是：陶壶圆口作为人蛙头部，整体呈现出一身多肢形象，而且所有的肢爪均为折曲，状如蹲踞（见图2-3左）。在一件核桃庄辛店文化彩陶瓮上同样绘有一身多肢的蛙人纹，中间两条平行的竖线代表蛙人身体，两侧对称折曲的四组折线代表蛙人的肢爪（见图2-3右），也会让人联想到蹲踞的姿势。在众多的蛙人图像中，最突出的一个特点就是极为夸张地表现肢爪的折曲与繁多，有的甚至只表现折曲的肢爪。

图2-2 半山内彩人蛙
（采自《民族艺术》2008年第2期，第85页）

---

① 赵国华：《生殖崇拜文化略论》，《中国社会科学》1988年第1期。

图2-3　马厂类型陶壶上的蛙人纹及核桃庄辛店文化彩陶瓮上的蛙纹
（采自《民族艺术》2008年第2期，第86、89页）

　　同样是依据巫术的相似律原则，古代岩画中有很多象征生殖能力的蛙人形象。如陈兆复《古代岩画》一书收有福建华安、广西宁明地区的岩画（见图2-4），这三幅岩画表现的都是原始人群体舞蹈的仪式场景，所有人都呈蹲踞状，大臂平伸，小臂上举或垂直向下，而且花山崖壁画中很多人的手指是三指、四指或是蛙蹼状。显然，这是一个宏大的生殖祭祀仪式表演。其最基本的目的是祈求自身的生育繁衍。[①]对于广西宁明

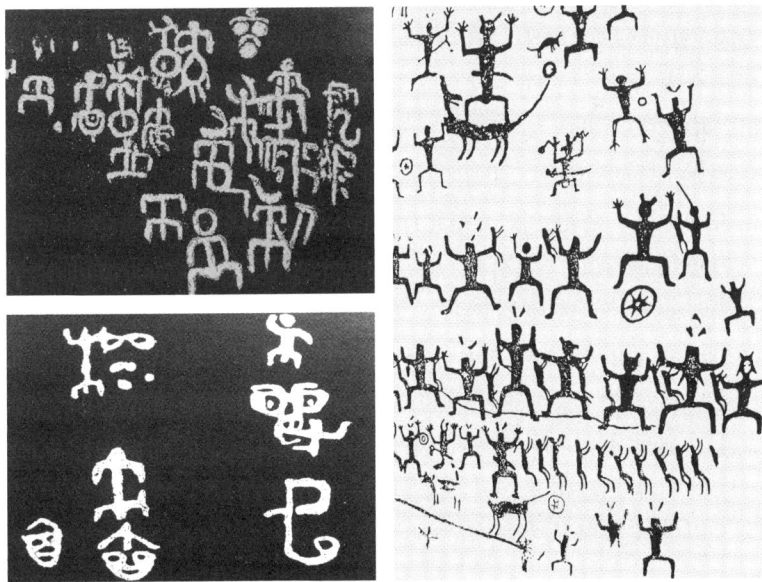

图2-4　福建华安县仙字潭远古时代的岩刻、广西宁明县花山崖壁画
（采自陈兆复《古代岩画》，文物出版社2002年，第22、96、157页）

---

　① 　陈兆复：《古代岩画》，北京：文物出版社2002年，第22页。

县花山崖壁画，陈兆复虽然注意到其中一个无头人的腹内凿刻数点，但他并没有进一步探索这一蛙人姿势，更没有与人类生殖崇拜联系起来，所以出现了误解，认为这是部落征战中的猎首之举或部落首领及其妻子的形象。①从蹲踞及腹内凿有的数点，我们认为，这幅图像表达的同样是生殖主题。

在我国北方地区亦有蛙人岩画（见图2-5），较为突出的特征是手指呈蛙蹼状，双腿弯曲，小圆点则用来象征乳房和生殖器。②

从青蛙和蛙人图像中我们很明显看到，青蛙的四肢是折曲的，而蛙人折曲的下肢实际就是蹲踞的姿势。从发生学的角度来看，青蛙的四肢折曲与多产能力是天生如此，而人的蹲踞姿势与生育能力却并非如此，尤其是生育能力远非人类有限的能力所能掌控。但人们从多产的青蛙身上联想到人类自身的生产，特别希望人能够像蛙一样拥有这种神奇的能力。后者与前者之间的关联源于原始人类的象征性联想，

图2-5 我国北方岩画中的蛙人形象
（采自《喀什师范学院学报》1995年第1期，第70页）

"它源于原始人类最初的浑沌不分，在人与植物之间，在人与动物之间，都还没有划出严格的界限。植物的生长，动物的繁衍，人类的繁殖，他们也都没有发现多少不同。这导致了他们的相类联想……"③就是这种相类联想，构成了原始人类最重要的生殖崇拜。

在原始人类思维中，生殖的愿望与能力的获得是十分神圣的事情，与此相关的巫术（祭祀）仪式亦充斥于他们的生活当中。根据巫术的相类感应与力量传递原则，绘有蛙纹或蛙人图像的器物就成为巫术灵器。巫师在施法时或者将灵器随身携带，通过法术将生育能力赐予受法的妇女；或者让祈求生子的妇女触摸绘有蛙纹的灵器，获得如青蛙一样的多产能力。总之，这些绘有蛙纹的器物并没有实用意义，它们突出的特征是器物口太小，显然不是实用器物，而是具有特殊的用途，如通神灵器，或者墓葬中的明器，基本是一种仪式性用器。

除了以蛙纹或蛙人器物作为神圣的灵器之外，体现蛙与人共通性的

---

① 陈兆复：《古代岩画》，北京：文物出版社2002年，第156～157页。
② 户晓辉：《岩画生殖图象的深层研究》，《喀什师范学院学报》1995年第1期。
③ 赵国华：《生殖崇拜文化论》，北京：中国社会科学出版社1990年，第394页。

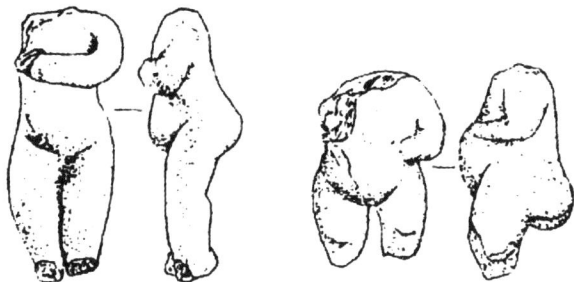

图2-6 辽宁喀左东山嘴出土的陶塑裸体孕妇像及大型女坐像
（采自《中国历史博物馆馆刊》1995年第1期，第118页）

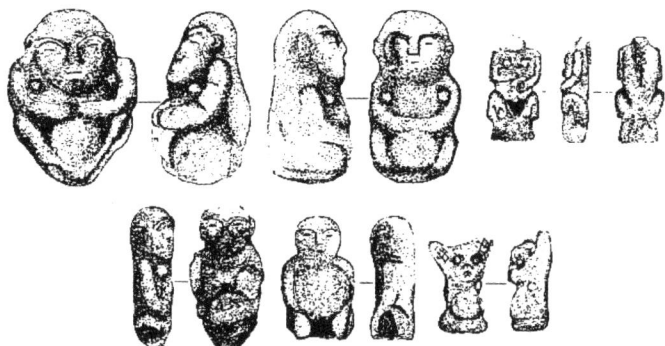

图2-7 河北滦平后台子新石器文化遗址下层出土的六件石雕孕妇像
（采自《中国历史博物馆馆刊》1995年第1期，第119页）

折曲（蹲踞）姿势亦成为能够获得多产能力的象征符号。在史前遗址中有许多孕妇形状的石像，这些石像大多呈现凸乳、巨臀、隆腹、屈膝蹲踞、抱腹的整体形象（见图2-6、图2-7），如辽宁喀左东山嘴出土的陶塑裸体孕妇像及大型女坐像。另外河北滦平后台子新石器文化遗址下层出土的六件石雕孕妇像，亦是凸乳、鼓腹、臀大，双臂内附抱腹，两腿屈膝蹲踞形象。[1]

生殖崇拜形式由史前蛙纹、蛙人图像到人类自身蹲踞[2]体态的发展，这里面蕴含着由自然崇拜向人类自身崇拜的发展轨迹。在形式上则日益表现为由原始、写实向抽象符号的方向变化。随着时代的发展，以肢爪

---

[1] 宋兆麟：《中国史前的女神信仰》，《中国历史博物馆馆刊》1995年第1期。
[2] 人类的蹲踞体姿可能是在生产生活中自然形成的，但作为生育仪式的蹲踞体姿与蜷曲蛙肢的丰产象征意义联系更加密切。生育女神的丰腴身体与蹲踞形态成为生育力量的象征。这样的认识对生活世界中生育巫术仪式有影响，即产生了形形色色的蹲踞模样的巫术灵器，如本书在后面要谈到的各种商代蹲踞人像。同时，它对死亡世界的再生巫术仪式产生影响，史前的屈肢葬仪与蹲踞的关系可能亦源于蹲踞仪式的生育意义，在死亡世界里，蹲踞形式的葬仪可能象征着死者灵魂的再生。

折曲为主要外在特征的青蛙、蛙纹、蛙人图像等生殖象征符号，由于其巫术的效用，便会日益渗透到人们的日常生活中，或者与日常生活习惯融合在一起。人类的蹲踞姿势，由于其与青蛙折曲肢爪的相似性而成为极具象征意义的仪式性符号，蹲踞体态遂在人类的生殖文化体系中扮演着重要的角色。商代的蹲踞仪式图像实为图腾崇拜与生育崇拜混合而产生的身体表达形式，这一仪式性图像成就了商代人最崇高的生命追求。

第二节　商代蹲踞人像及其生命信仰意义

在第一节中我们主要讨论了青蛙蜷曲的四肢是如何被用来表现旺盛的生殖力的。那么商人是如何运用这一典型的巫术特征来创造商代独特的生命信仰与象征文化的呢？

众所周知，商人习于蹲坐。正如学者所认为的那样，由于商人的生活环境多水潮湿，不宜直接坐于地上，只好以两脚触地，以使臀部离开多水的地面。[①]仔细推敲，我们发现这种习惯实与商人的生殖崇祀有着密切的关系。祭祀在商代的生活中占有重要的地位，其中一种祀典叫拜生，而且拜的对象全是先妣，即女性祖先。[②]其意义显然是为了祈求生命的繁育。

笔者将商代的各种蹲踞人像做了一个综合比较分析，发现商代蹲踞人像可以分为正面、侧面、背面等三种不同的类型，而且这些形象基本摆脱了此前青蛙或蛙人形象，而更多地呈现出人体或人兽结合神像的特征。

一、正面箕踞石人像

正面蹲踞石人像主要是殷墟小屯抱腿石像与四盘磨箕踞石人像（见图2-8）。这两件石像的姿势称为踞或箕踞，其典型的特征是臀部和两脚均触地，大腿与小腿呈弯曲状态。陈仁涛说四盘磨箕踞石人像"袒胸缩腿竖膝两手支地蹲踞而坐之状"[③]。以脚部着地，臀部朝下，两腿比较放肆地张开，与蛙形姿势有些类似。我们认为，其箕踞的放松姿态与蛙或蛙人的四肢蜷曲的姿势具有相似的象征意义，即象征着女性的生育能力，箕踞人像很可能是生育神像。而根据日本学者林巳奈夫（Hayashi Minao）的研究认为，这两个石像的腹部都刻有象征阳物的羊角兽面，显

---

① 参见王育济：《济南历史文化的变迁与特征》，《东岳论丛》2010年第5期。
② 连邵名：《商代的拜祭与御祭》，《考古学报》2011年第1期。
③ 李济：《跪坐、蹲居与箕踞》，张光直、李光谟编：《李济考古学论文选集》，北京：文物出版社1990年，第951页。

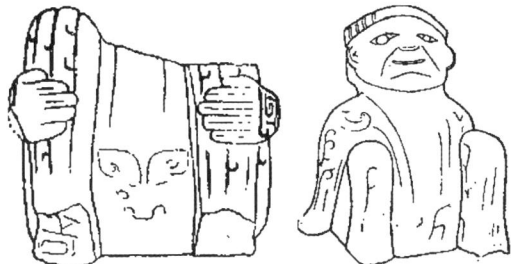

图 2-8 商代晚期殷墟小屯抱腿石像与四盘磨箕踞石人像
（采自张光直、李光谟编《李济考古学论文选集》，文物出版社 1990 年，第 953 页）

图 2-9 安阳殷墟五号墓出土的羊头、蹲坐抱膝熊和猴
（采自《考古学报》1977 年第 2 期，第 84 页）

然又在表现男性的生育能力。[1]这表明，在商代，人们已经懂得人类的生育是男女共同完成的事情，所以在生殖崇拜中兼具两性共有的特点。按照生育能力象征的说法，在石像腹部刻阳物或象征物，其意义再明显不过，表示两性生育能力。在殷墟五号墓还出土有羊头、蹲坐抱膝熊和猴[2]（见图 2-9），可能都与阳性及蹲踞的生育仪式有关。

二、侧面蹲坐玉人玉鸟像

玉，在古代被赋予"玉足以庇荫嘉谷，使无水旱之灾，则宝之"[3]的神圣威力，通常作为巫师施行法术时必需的神器，即"祭祀之玉"。考古出土文物中有很多玉器或玉人，按照玉为神器的说法，这些玉器和玉人都应与当时的巫术、祭祀观念和文化有关。王国维在解释"礼"时认为："盛玉以奉神人之器谓之甴、若豐，推之而奉神人之酒醴亦谓之醴，

---

① 〔日〕林巳奈夫：《神与兽的纹样学——中国古代诸神》，常耀华等译，北京：生活·读书·新知三联书店 2009 年，第 154 页。

② 中国社会科学院考古研究所安阳工作队：《安阳殷墟五号墓的发掘》，《考古学报》1977 年第 2 期。

③ 徐元诰撰，王树民、沈长云点校：《国语集解·楚语下》，北京：中华书局 2002 年，第 527 页。

又推之而奉神人之事，通谓之礼。"[1]根据玉乃通神之器的说法，商代出土的众多玉像都是祭祀通神之器。侧面蹲坐玉像主要包括妇好墓出土侧身玉人、江西新干县大洋洲乡出土的侧身羽人玉佩、侯家庄1550墓出土的蹲踞人形玉佩。除此之外，还有数量众多的玉鹦鹉像，与侧面蹲坐人像极为相似，显示出二者之间可能存在某种内在的联系。

图2-10　江西新干县大洋洲乡出土的商代侧身玉羽人像
（采自《文物》1991年第10期，彩色插页贰）

江西新干县大洋洲乡出土的玉羽人（见图2-10）是一个"侧身蹲坐"[2]的姿势：臀部明显着地，双膝上耸，双臂蜷曲，双手抱至胸前。从整体看，这件玉羽人既有人的特性，又兼具鸟的特征。众所周知，商人以鸟为图腾，商的始祖契就是其母亲"吞玄鸟卵"而生，所以鸟在商人的祖先崇拜中应当具有重要的地位。这件蹲踞形的人鸟玉佩无疑与商人的鸟祖先图腾崇拜有关。其中蹲坐的形态、鸟的形状，共同构建起商人对人类自身繁育的崇高信仰。羽人"脚底有短榫，榫部有横凹槽，并拢的小腿下部有一斜穿孔"[3]，可能是用于商人的图腾与祖先祭祀活动，这种祭祀活动一方面是对祖先神灵的敬奉，另一方面则是为了生者生育能力的获取。

殷墟妇好墓出土的侧身玉人像有两件（见图2-11），简报称玉人像"作侧身跪坐形"，"臂拳屈于胸前，脚踵置于臀下"，又称第一个人像"小腿下有三角形榫，上有圆孔"，另一侧身玉人亦是"脚下有短榫，可能作镶嵌用"。[4]若如简报"跪坐"所言，那么这两尊像是趴伏在地上，面朝下的。但从小腿下有榫及脚下有榫来看，两尊像应该面朝前，直立插于某处用于祭祀；而且两像若是跪坐，是不符合人体比例的，双膝应该与足部在一平面上。从图像可以看到，足部与双膝构成的平面与地面

---

① 王国维：《观堂集林》卷六《释礼》，石家庄：河北教育出版社2001年，第144页。
② 江西省文物考古研究所、江西省新干县博物馆：《江西新干大洋洲商墓发掘简报》，《文物》1991年第10期。
③ 江西省文物考古研究所、江西省新干县博物馆：《江西新干大洋洲商墓发掘简报》，《文物》1991年第10期。
④ 中国社会科学院考古研究所安阳工作队：《安阳殷墟五号墓的发掘》，《考古学报》1977年第2期。

图2-11 殷墟妇好墓出土的侧身
玉人像
（采自《考古学报》1977年第2期，
第82页）

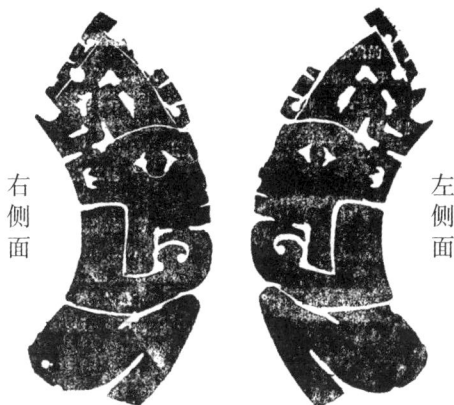

图2-12 侯家庄1550墓出土之佩玉拓像
（采自张光直、李光谟编《李济考古学论文选
集》，文物出版社1990年，第952页）

是倾斜的，甚至接近于垂直，这显然是一种蹲坐的姿势。因此这两件玉
人像是典型的侧身蹲坐像。

蹲坐形人像还有侯家庄1550墓出土的侧身玉佩（见图2-12）。玉佩
上耸的膝和下悬的臀都显露得十分清楚[1]，两臂蜷曲拱于胸前。李济认为
这种姿势"代表日常的生活"[2]，他通过分析侯家庄蹲形玉佩、四盘磨箕
踞石人像、小屯石像共同的蹲踞形状认为，蹲坐与箕踞（我们可以合称
为"蹲踞"）的习惯在商代人的生活中比跪坐更为流行。他认为，无论
是人还是神，都习于耸其膝而下其臀的居处方式。但可惜的是，李济对
蹲踞的意义分析仅停留在习惯的层面，未对蹲踞的宗教象征意义做进一
步探讨。

侯家庄的这件玉佩与妇好墓中的侧身玉人像很相似。很显然都是一
种下肢蜷曲蹲坐的姿势。整个图像集中表现的是手臂于胸前蜷曲，臀部朝
下、双膝上耸。刘凤君在《考古中的雕塑艺术》一书中描述妇好墓和侯家
庄1550墓出土的蹲踞像"人面向外弧，头戴高冠，臂拳曲于胸前，侧身
蹲踞，臀部或小腿部有孔，脚下有短榫，以供穿索和插嵌用"[3]。联系青蛙
与蛙人的蹲踞姿势，笔者也认为妇好墓和侯家庄墓出土的玉佩都不是简单

---

① 参见李济：《跪坐、蹲居与箕踞》，张光直、李光谟编：《李济考古学论文选集》，北
  京：文物出版社1990年，第951页。
② 参见李济：《跪坐、蹲居与箕踞》，张光直、李光谟编：《李济考古学论文选集》，北
  京：文物出版社1990年，第951页。
③ 刘凤君：《考古中的雕塑艺术》，济南：山东画报出版社2009年，第80页。

的装饰品，而是与当时的生育观念和生殖祭祀仪式有密切的关系，他们前拱至胸的双臂、蜷曲的下肢可能都与多育多产的生殖愿望有关。脚下的短榫就是用来插嵌以备祭祀用的。由此看来，蹲踞人像是用于祭祀场合的，应当是象征接受祭拜的神像。这种侧蹲形的人像与前面所举小屯像和四盘磨箕踞石人像的正面向双腿分开相比，更加摆脱了写实的特征，而只取其蹲踞的生殖象征意义，对生殖器与生殖的直接关联则很少关注。

更值得注意的是，商周时的玉鹦鹉形象与上面的侧身玉人像非常相似。安阳殷墟五号墓出土的二十多件玉鹦鹉以及济阳出土的西周玉鹦鹉在整体造型上与这种侧身蹲坐人像很是相似（见图2-13、图2-14）。

此外还有殷墟妇好墓出土的鸟（鹦鹉）形玉刻刀与鱼形玉刻刀（见图2-15），鸟形玉刻刀显然不是日常生活中所用的刀具，而是用于与神灵

图2-13　殷墟妇好墓出土的众多玉鹦鹉中的两件
（采自《考古学报》1977年第2期，第86页）

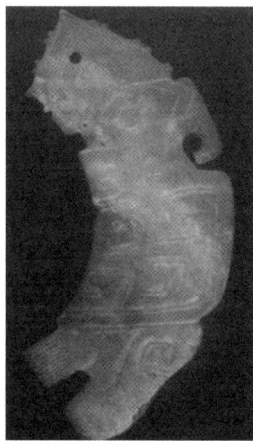

图2-14　济阳出土的西周时期玉鹦鹉
（采自刘凤君《考古中的雕塑艺术》，山东画报出版社2009年，第61页）

图2-15　殷墟妇好墓出土的鸟形玉刻刀与鱼形玉刻刀
（采自夏鼐《商代玉器的分类、定名和用途》，《考古》1983年第5期）

相通的神圣空间。事实上，这些被称为刻刀的玉器，应该不是用于刻画工具，有可能是被插于某处用于某种巫术或祭祀仪式。其作用亦与生育有关。鱼形刻刀、鹦鹉形刻刀与生殖力的关系，大概可以这样认为，鱼自然是取其多子之意，鹦鹉则主要取其蹲踞的体态。前面我们已经讲过蹲踞体态与生殖力之间的内在联系，而且鹦鹉能学说人话，在古人看来，在这种鸟身上有一种不可言说的神力。借助这样的神力，人或许可以获得某种超自然的力量，生殖力当然是其中重要的一种。

鹦鹉与侧身蹲踞人像在外部轮廓与形态上极为相似，我们不由得去寻求二者在本质意义上的共同性。笔者认为，鹦鹉作为通神之鸟，最初可能与人的生育繁息没有直接的联系，但由于它能学人话而被认为具有神性。在商周人的观念演化过程中，鹦鹉可能逐渐与代表人类生殖力量的女性蹲踞姿势发生关联。如果这种推测正确的话，玉鹦鹉在商周时期与当时的生育观念和生殖崇拜也有着密切的联系。从外部轮廓上看，商周时期的玉鹦鹉与上面所论的侧面蹲像是极为相似的。而从内部情态上看，若将鹦鹉的双翅比作人的双臂，向胸前蜷曲，也是相似的。但最重要的还是蹲踞的体态。众所周知，鹦鹉的腿特别短，站立时的姿势是双足向下触地，其尾部亦是朝下的，双翅贴于身体，从尾部（相当于人的臀部）和脚部来看，它站立的姿势与人蹲踞的形象亦极为相似。短小的腿使得它看起来更像是蹲在树干上。如此一来，神性鹦鹉与人类之间通过一个共同的姿态——蹲踞而联系在一起。人类便向往通过这种与鹦鹉相似的蹲踞姿态而具有通神的性能。现代地震科学家研究认为虎皮鹦鹉的叫声频度与地震之间存在某种关系，并由此研制了一种专门的叫声模式识别系统，这种系统不仅可以满足不同叫声的识别需求，还可以为地震前的监测提供有用的信息。[①]现代科学可以为鹦鹉对地震的感应提供一系列的数据依据，但在遥远的古代社会，人们恐怕只能将这种感应能力看作一种通天地之神的超自然力量。

一方面，侧面蹲坐玉人像与玉鹦鹉像大概源于商人的鸟图腾。人蹲坐的姿势与鸟站立的姿势从侧面看很是相似，所以侧面蹲坐玉人像与图腾祭祀活动有着密切的关系。另一方面，图腾崇拜与子孙繁育实为一脉相承，崇拜实际为了生者世界的繁盛与长久。无论是人还是鸟，其蹲坐的姿态成为其显著的身体特征，蹲坐与前述蛙人蹲坐的特征是

---

① 陈浩、徐慕玲、张弘、蒋锦昌：《地震前虎皮鹦鹉叫声的模式识别》，《地震研究》1991年第4期。

相似的，且具有同样的象征意义，即从此种姿势中获取强大的生命繁殖力量。

三、人虎结合图像中的蹲踞人像

关于商代的人虎结合图像，已有诸多学者做过论述，如张光直的巫觋通天工具说[①]、李学勤的人神合一说[②]、徐良高的虎噬俘虏首级及致厄术说[③]、何新的虎食鬼魅说[④]、谢崇安的血祭献牲礼仪风俗说[⑤]、熊建华的珥蛇神人戏虎说[⑥]、潘守永、雷虹霁、林河等的人虎交合说[⑦]、王震中的商王室祭祀虎方神灵以支配虎方方国说[⑧]，等等。张朋川在讨论此问题时曾注意到人蹲踞的姿势，认为其中的人图像艺术实源于西部和西南部少数民族坐姿中的蹲踞样式，虎图像则源于西夷和西南夷虎崇拜的观念。[⑨]

我们认为，人虎图像中的蹲踞人像与上古时期的生殖意识与崇拜观念有着不可分的关系。商代人虎结合图像中的人一般是蹲踞形象。一种是虎食人卣中虎口之下的蹲踞人像（见图2-16），一种是龙虎尊中位于虎下方的蹲踞人像，如安徽阜南出土的龙虎尊、四川广汉三星堆遗址一号器物坑出土的龙虎尊（见图2-17、图2-18）。这两种人像从外形上看，蹲踞的姿势不一致，前者是背面蹲踞，后者是正面蹲踞。但从蹲踞的姿势看，二者手臂上举，双腿弯曲，颇类似于前面所述蛙人形象。因此将人虎结合图像与生殖文化联系起来是可能的，但到底是何种生殖意义则需要进一步论证。

对于这二者的生殖文化意义以及图像中的虎所象征的生殖意义，有很多学者做过相关的论述。比如，日本学者林巳奈夫认为，人虎结合图

---

① 张光直：《中国青铜时代》，北京：生活·读书·新知三联书店1983年，第333页。

② 李学勤：《试论虎食人卣》，《南方民族考古》第一辑，成都：四川大学出版社1987年，第37~44页。

③ 徐良高：《商周青铜器"人兽母题"纹饰考释》，《考古》1991年第5期。

④ 何新：《诸神的起源——中国远古太阳神崇拜》，北京：光明日报出版社1996年，第278页。

⑤ 谢崇安：《人兽母题与神权政治——先秦艺术与中国文明起源研究之二》，《广西民族学院学报（哲学社会科学版）》1998年第3期。

⑥ 熊建华：《虎卣新论》，《东南文化》1999年第4期。

⑦ 潘守永、雷虹霁：《"九屈神人"与良渚古玉纹饰》，《民族艺术》2000年第1期；林河：《中国巫傩史》，广州：花城出版社2001年，第118页。

⑧ 王震中：《试论商代"虎食人卣"类铜器题材的含义》，中国文物学会等编《商承祚教授百年诞辰纪念文集》，北京：文物出版社2003年，第113~124页。

⑨ 张朋川：《虎人铜卣及相关虎人图像解析》，《艺术百家》2010年第3期。

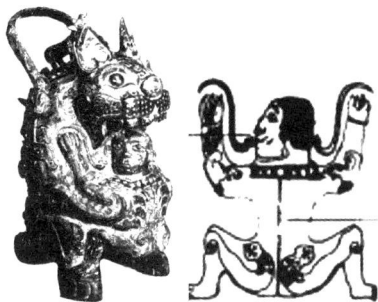

图2-16　人虎结合卣及蹲踞人像
（采自张光直《考古学专题六讲》，文
物出版社1986年，第104页；《东南文
化》1999年第4期，第117页）

图2-17　安徽阜南出土的龙虎尊上的人虎纹饰
（采自张光直《中国青铜时代》，生活·读
书·新知三联书店1983年，第320页）

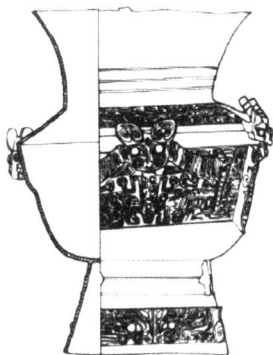

图2-18　四川广汉三星堆遗址一号器物坑出土的龙虎尊
（采自陈德安《三星堆——古蜀王国的圣地》，四川人民出版社2000年，第89页）

像中的虎与人具有性交的意义。[1]潘守永、雷虹霁从人的蹲踞意义与九屈神人的内涵来挖掘此图像的生殖文化意义。人是神人，虎则为神兽。人虎的交合就是借用虎的威力来获得更强大的生育力量。蹲踞即为九屈之态，九屈之态隐含的是交合的情形，是生殖崇拜的象征。[2]林河亦认为此图像的意义是人虎交欢，人实为商代的巫女。[3]户晓辉则从原始社会的虎形象的岩画所表现的突出的生殖内涵来审视人虎结合图像，认为此图像反映的是生殖内涵。他进一步认为虎具有母性的意义，人与虎的结合代表的是人虎之间生殖力量的传递。[4]

---

① 〔日〕林巳奈夫：《神与兽的纹样学——中国古代诸神》，常耀华等译，北京：三联书店2009年，第175页。
② 潘守永、雷虹霁：《"九屈神人"与良渚古玉纹饰》，《民族艺术》2000年第1期。
③ 林河：《中国巫傩史》，广州：花城出版社2001年，第118页。
④ 户晓辉：《岩画与生殖巫术》，乌鲁木齐：新疆美术摄影出版社1993年，第196页。

　　纵观各家说法，笔者认为，要审视人虎结合图像的意义，必须认清三点：一是人的蹲踞形象，二是虎的意义，三是人与虎的关系。如前所述，商代的蹲踞像实为一种生殖崇拜与生殖巫术仪式，表达了商代人强烈的生育愿望。将蹲踞形态的玉人像置于墓葬中则可能与灵魂再生观念的仪式有关。对于蹲踞的生育仪式意义，持人虎交合说的学者大都注意到了，但若是人虎交合，则人虎必为异性。而蹲踞的形象为女性生育姿势，如阜南龙虎尊中的正面蹲踞人像为裸体，四肢呈蛙状，阴户张开，明显是一个女性形象。四川广汉三星堆龙虎尊中的"人在虎颈下，手臂屈举齐肩，两腿分开下蹲，臀部下垂与脚平齐"①，形象与阜南龙虎尊裸体人像相似。按照人虎交合说，那么虎则为男性。但是在中国古代文明的象征文化体系中，虎却是女、阴、母的形象。《左传·宣公四年》中载邳夫人丢弃其私生子于云梦泽而虎哺其子的故事："邳夫人使弃诸梦中，虎乳之。"②在民间剪纸艺术中也有虎哺养婴儿的故事，如山东胶东地区一种叫作"虎奶"护身符的民间剪纸艺术，其基本构图形象为一只垂尾笑面的慈虎肚腹下有一个仰脸吮吸乳头的小孩。③《易·乾·文言》中言："云从龙，风从虎。"顾炎武释为："云从龙则曰《乾》为龙，风从虎则曰《坤》为虎。"④乾为龙、为男、为父，坤则为虎、为女、为母，所以虎之母性、女性的内在特征也是基本可以确定的。人、虎均为女性，二者之间的交合关系恐怕难以成立。

　　所以笔者认为，卣与尊中的人虎结合图像实为生育力量的传递，而且这种力量传递也比较符合巫术感应的原则，即人从虎神的口中获取强大的生育力量。虎张开的大口象征着虎的身体内无穷的力量，因为虎口是气息流通之处，虎的内在之气也可以通过口来传递到人的身体之中。如图2-17、图2-18中所有人的头部几乎都被置入大张的虎口之中，可以想见，人正在通过这种方式汲取虎神的生育之力。

　　另外还有妇好钺（见图2-19）、后母戊大方鼎之鼎柄双虎与人头纹饰（见图2-20）。钺及鼎耳上的人虎纹饰呈现双虎共含一人头形象。虎几乎为直立，妇好钺中的人呈夸张的蹲坐形，双臂外张，一副气势昂扬

---

① 陈德安：《三星堆——古蜀王国的圣地》，成都：四川人民出版社2000年，第89页。
② 〔清〕洪亮吉撰，李解民点校：《春秋左传诂》卷十宣公四年，北京：中华书局1987年，第405页。
③ 参见傅道彬：《中国生殖崇拜文化论》，武汉：湖北人民出版社1990年，第171～172页。
④ 〔清〕顾炎武著，黄汝成集释：《日知录集释》，上海：上海古籍出版社2006年，第10页。

图2-19 殷墟妇好墓所出"妇好钺"上的双虎与人头纹饰
（采自中国社会科学院考古所安阳队《殷墟妇好墓》，文物出版社1980年，第106页）

图2-20 河南安阳西北岗东区出土后母戊大方鼎鼎柄上的双虎与人头纹饰
（采自张光直《中国青铜时代》，三联书店1983年，第320页）

的姿态。双虎张开大口，人头居于大口之间，好像是两虎正在向人的双耳中呼气传力，人与虎似乎是通过口耳传递某种神力。由于此图饰是在武器钺上，所以这种力量可能已经超越了生育力，而成为一种战无不胜的战斗力。而鼎，在古代被视为王者权力的象征。在鼎上绘以双虎与人头神的装饰，可能亦是象征王者至上的不可侵犯的权力。

值得注意的是人虎结合图像是刻画于祭祀酒器卣、尊或权力象征鼎、军事武器钺之上的，人汲取虎之生育力量可能是最初的具有生殖文化意义的力量传递。随着各种政治军事活动的扩大，生育力量可能会被扩展，以至于成为一种无所不能的威力。在鼎、钺上的人虎图像可能就是对生育力量的突破与扩展。到周代时各种车辖装饰中也有不少的人虎结合图像，其意义可能也不仅仅限于生育力量传递方面，而是在于征战的威力。这种情况恰恰可以说明，生育文化是人类文明史上最为基本的文化，其他的文化可能渊源于此。因为生殖崇拜是原始社会人类甚至是上古早期人类的"主要精神文化"，生殖崇拜文化是"当今世界人类多方面灿烂文化的萌芽"①。

四、蹲踞人像的意义综合分析

以上我们列举了商代的不同蹲踞人像，这些蹲踞人像因为其相似的坐姿而表达着一致的意义，成为一类象征符号。这些象征符号实为史前及商代人在漫长的生活实践中积累创造出来的文明。它浓缩了那个遥远的历史时刻人们的生活实态与生命追求。与求得食物的丰盛一样，生命的繁衍成

---

① 赵国华：《生殖崇拜文化论》，北京：中国社会科学出版社1990年，第389页。

为他们最重要也是最基本的生活追求。这种追求通过习以为见的蹲踞姿势得以表达。透过这一姿势，我们发现任何神圣的东西都不是凭空出现的，它必然来源于人们的现实生活，但它始终具有超出现实的能力，也正因为此，神圣与现实的距离是最近也是最远的，一旦超出现实，就超出了人力所及的范畴，而进入一个神圣的领域。但另一方面，日常与神圣的领域亦是不可分离的，因为神圣源于日常，而且回归于日常。

总之，蹲踞不仅仅是一种日常生活起居的姿势，在出土的墓葬器物中，这种姿势更不可能只代表当时人的生活起居状态。可以肯定的是，蹲踞像表达的深层文化意义在于人类对生育力量的崇拜，也就是生殖崇拜。它最初运用了动物（蛙）与人相类的巫术类似律原理。当然由蛙到人的生育能力，经历了无数的变化，以至于到最终可能只保留了四肢、肚腹或其中一部分的相似性，而最典型的就是弯曲蹲立的下肢。这种整体向部分、写实向抽象的变化，是符合人类早期的观念变迁趋势的。透过这些会说话的石人像、玉人像，我们似乎可以看到当时的人们为了自身的繁育而集中在一起进行获得生育力量的姿势表演与神像祭祀的宏大场面。在这种活动中，被供奉的神像亦采用极具夸张性的生育姿势。

人虎结合图像则在维持蹲踞之生育姿势的基础上，更加入了虎的生殖力量，将虎与蹲踞的人结合到一起，实现虎与人之间的力量传递。在生育能力上，虎与人均为阴性、女性、母性，其间的力量传递亦是同类之间的力量传递，而非如某些学者所认为的交合。人虎结合之图像应用于武器或权力象征器中，则是自生育力量延伸出更为强大的神力，或克敌制胜或至上王权。

商代社会中这些丰富多彩的身体姿势，实际上向我们说明一个明显而又深刻的道理，即在古代社会，身体的姿势、动作与行为是人们用来表达自身愿望、情感与信仰最直接也是最生动的技术形式。身体中所蕴含的精神性的技术能量可能是现代社会任何一种技术都无法比拟的。这样的身体，才是鲜活的、真正的"人"的身体。

第三节　商代以后蹲踞仪式的遗留与发展

蹲踞姿势虽然经历了周人的诋毁而逐渐被体面之上层社会所不齿，尤其箕踞更被认为是"大不敬，三代所无"①，在道德审美意义上被注入

---

① 〔汉〕许慎撰，〔清〕段玉裁注：《说文解字注》八篇上尸部，上海：上海古籍出版社1988年，第399页。

丑相的内涵。但是社会总会带着传统的印迹前行，这才有了连续性的历史面貌。商代的蹲踞之像在后世依然间有出土，如山西天马——曲村西周晋侯墓63号出土的侧面蹲坐玉龙人像（五件）具有商末的风格，报告认为可能是周人俘获的战利品[①]。玉龙人像呈侧面蹲坐状，胸背尾阴线双勾龙纹（见图2-21左）。该墓群8号墓出土的青玉佩饰亦是侧面蹲坐形，两端各连龙首[②]（见图2-21中）。92号墓出土的玉人呈曲臂蹲踞状，头顶部耸起似冠，其上有小圆孔，可以系绳悬挂，高3.5厘米。[③]（见图2-21右）

　　还有河南新郑出土的西周青玉、白玉蹲坐人像，青玉人像"体细长，蹲姿"，手臂拳曲；白玉人像体形较宽，呈蹲姿，手臂亦拳曲。[④]玉人像均戴冠，穿孔。（见图2-22）

图2-21　天马——曲村西周晋侯墓M63出土的玉龙人、M8出土的青玉佩饰、M92出土的玉人
（采自《文物》1994年第8期，第16页；《文物》1994年第1期，第28页；《文物》1995年第7期，第20页）

图2-22　河南新郑出土的西周青玉、白玉蹲坐人像
〔采自《文物资料丛刊》（二），文物出版社1978年，第60页〕

① 山西省考古研究所、北京大学考古学系：《天马——曲村遗址北赵晋侯墓地第四次发掘》，《文物》1994年第8期。
② 发掘报告认为佩饰上的形象为"侧面跪坐"，但从其臀部向下膝盖朝上的姿势可以断定是蹲坐而非跪坐。参见北京大学考古学系、山西省考古研究所：《天马——曲村遗址北赵晋侯墓地第二次发掘》，《文物》1994年第1期。
③ 北京大学考古学系、山西省考古研究所：《天马——曲村遗址北赵晋侯墓地第五次发掘》，《文物》1995年第7期。
④ 开封地区文管会等：《河南省新郑县唐户两周墓葬发掘简报》，《文物资料丛刊》（二），北京：文物出版社1978年，第45~65页。

上述这些侧面蹲坐、头戴高冠或连接龙首的玉人或玉龙人像，可能是商代侧面蹲坐人像的再现或延续，人像质地为玉，而且与龙合体，头戴高冠。这些特征都表明，玉人像不是简单的装饰品，而具有通达神明的意义，其最为直接的意义可能仍然与生育信仰有关。这些玉人像可能被悬挂在某些器物上以供人们祭祀，或是作为佩饰被挂在腰间，以起到护佑或赐福的作用。

西周时期陕西宝鸡出土的一件兽面人面合体车饰从正面看是一个很夸张的兽面，人的头从兽面后露出，从背面看，人的形象十分精致，头发整齐地垂在脑后，下端呈尖状，背上有一对回首相望的鹿，腰间束有宽带，着短身下衣，身体其余部分则是裸露的，两腿向外张开呈蹲坐状，双臂向上趴

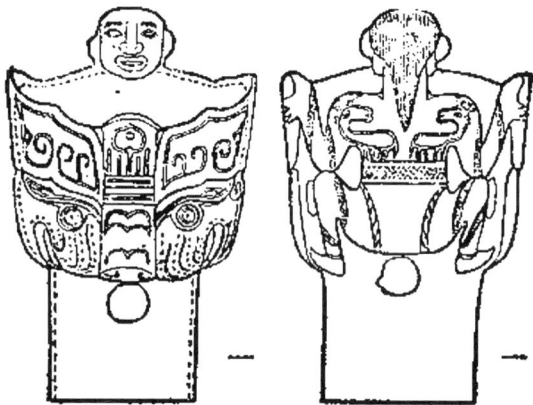

图2-23　陕西宝鸡茹家庄一号车马坑出土的西周早期
兽面人面合体车饰正面与背面像
（采自《考古》1991年第5期，第443页）

伏在兽面上（见图2-23）。这件人兽合体像从背面看双腿张开呈蹲坐形，或许亦具有生殖象征意义或是由生殖延伸出其他神力的神器。

再如安丘汉墓中室室顶南坡西段画像中双腿分开的正面蹲踞神像、滕州伏羲女娲神物画像石中足带蹼的蹲踞神像、嘉祥县纸坊镇东汉早期画像石中双臂拥抱伏羲女娲的蹲踞神像、徐州墓室门楣汉画像石中的龙虎蹲坐熊组合画像、四川乐山大湾嘴东汉晚期崖墓出土的蹲坐式兔形陶灯座（见图2-24至图2-28），都应是墓葬中灵魂再生仪式的象征。徐州墓室门楣汉画像石中的熊为大耳，双手上举，呈正面蹲坐状；而且身体裸露，乳房、肚子、肚脐均明显凸起。蹲坐、凸起的双乳以及肚腹都明显具有生殖象征意义。四川乐山大湾嘴崖墓的这件蹲坐兔形陶灯座（见图2-28），最上面是灯盘，"盘下一兔，两耳高耸，凸眼，两乳凸起，鼓腹。前肢上举托盘，后肢弯曲贴于腹下作蹲状"[1]，其凸起的两乳、鼓起的腹部，亦采用了夸张的象征手法。这种象征意义与史前蛙人生育巫术、商代的蹲踞姿势所蕴含的生育崇拜可能都有着传承关系。灵魂再生

---

[1]　四川乐山市文管所：《四川乐山市中区大湾嘴崖墓清理简报》，《考古》1991年第1期。

图2-24 安丘汉墓中室室顶南坡西段画像

（采自蒋英炬主编《中国画像石全集1：山东汉画像石》，山东美术出版社、河南美术出版社2000年，第105页）

图2-25 滕州伏羲女娲神物画像石

（采自山东省博物馆、山东省文物考古研究所：《山东汉画像石选集》，齐鲁书社1982年，第174页）

图2-26 嘉祥县纸坊镇东汉早期画像石中双臂拥抱伏羲女娲的蹲踞神像

（采自赖非主编《中国画像石全集2：山东汉画像石》，山东美术出版社2000年，第107页）

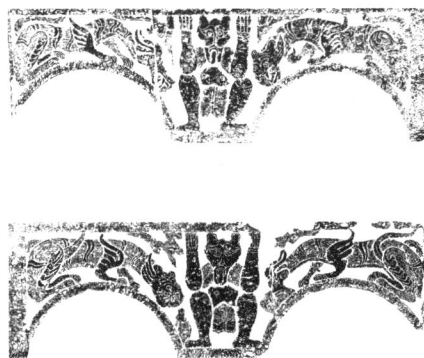

图2-27 徐州墓室门楣正背面画像

（采自《文物》2007年第2期，第81～82页）

图2-28 四川乐山大湾嘴崖墓出土的蹲坐式兔形陶灯座

（采自《考古》1991年第1期，图版五）

实际上与现实生活中新生命诞生的原理是一样的。汉代及其后的墓室中各种怪异的蹲踞形象实为灵魂再生仪式与升仙信仰的身体表达。

图2-29　江苏邗江南朝画像砖墓出土的怪兽
（采自《考古》1984年第3期，第246页）

时代更晚的南朝梁武帝时期江苏地区画像砖墓出土的30多个被称为"怪兽"的画像砖（见图2-29）中的形象为"兽头蛙身，鸟翅蛙腿"[①]。这一怪兽的身体姿势或许与蛙形代表的生育意义有着某种内在联系。蜷曲的双腿，丰满的双乳，尤其是其子宫部位类似龙形的小动物，与蜷曲于宫体中的婴儿极为相似。这种画像砖上的图像显然采取了象征性的手法，无论是蜷曲的双腿、蛙腹、双乳都应是生育能力的象征。而其飞扬的双翼又与再生升天有着密切的联系。透过这幅图像，笔者认为这是将再生与升天统一在一起，画像象征着墓主死后通过这样一种仪式而获得生命的再生，继而获得升天的权利。在这幅图像里，人的今生与来世就看似荒诞却极富意义地统一到了一起。在探讨这些图像的意义时，蹲踞的仪式形态及其生殖（或再生）象征意义值得注意。

①　扬州博物馆：《江苏邗江发现两座南朝画像砖墓》，《考古》1984年第3期。

第三章　巫师通神仪式及其信仰意义

第一节　巫师及其在早期国家中的地位

巫术仪式存在于人、神之间，是一种依靠身体的表演而与神灵进行沟通的仪式。[①]巫术与巫师在商周早期国家运行与社会控制方面起着极为重要的作用。巫术是使用各种象征性的手段与符号将现实世界与鬼神世界进行连接与统一的技术。巫师就是一批能够在天地人神之间进行自由沟通、联络的特殊人群。他们身上拥有超出普通人的特殊能力，《国语·楚语》中说到巫觋之特征："民之精爽不携贰者，而又能齐肃衷正，其智能上下比义，其圣能光远宣朗，其明能光照之，其聪能听彻之，如是则明神降之，在男曰觋，在女曰巫。"[②]巫师是神权时代的聪智与圣明者，尤其是圣者。"圣"繁体写作"聖"，即以口传达民意，以耳倾听神意，从而沟通人神，所以"聖"即"通"[③]。

商代社会崇尚鬼神，巫术盛行。《礼记·表记》中言："殷人尊神，率民以事神。"[④]商代对待鬼神的态度是尊神敬鬼，而巫就是沟通人与天地鬼神的中介。甲骨文中的"巫"写作"✛"形。[⑤]"✛"造型的含义非常明确，即由两个"工"交叉而成，上下方向的工表示通天地，左右方向的工则表示通四方，合起来即通达天地四方。张光直认为商代巫师主要的职务应当是贯通天地[⑥]，他们在通天地时所执的器具就是一个上下左右相互交叉贯通的工具。《说文》释巫"与工同意"，而工"像人有规

---

① 参见王霄冰：《仪式与信仰：当代文化人类学新视野》，北京：民族出版社2008年，第24页。

② 徐元诰撰，王树民、沈长云点校：《国语集解》楚语下，北京：中华书局2002年，第512～513页。

③ 徐元诰撰，王树民、沈长云点校：《国语集解》楚语下，北京：中华书局2002年，第512页。

④ 〔清〕孙希旦撰，沈啸寰、王星贤点校：《礼记集解》卷五十一，北京：中华书局1989年，第1310页。

⑤ 中国科学院考古研究所编：《甲骨文编》卷五，北京：中华书局1965年，第207～208页。

⑥ 张光直：《商代的巫与巫术》，《中国青铜时代》（二集），北京：生活·读书·新知三联书店1990年，第47～48页。

矩"①。张光直认为矩是"掌握天地的象征工具。矩可以用来画方，也可以用来画圆，用这工具的人，便是知天知地的人。巫便是知天知地又是能通天通地的专家，所以用矩的专家正是巫师"②。根据巫术的联想与模拟的性质，工乃通天地之意，巫以工为通神工具，那么巫本身即拥有与工同样的通天地之功能。

商代的巫具有极高的政治与社会地位，他们通常是巫者、王者与神者的统一体，他们垄断着祭祀、政治与文化大权。正如詹·弗雷泽（J. G. Frazer）所言："在早期社会，国王通常既是祭司又是巫师。确实，他经常被人们想象为精通某种法术，并以此获得权力。"③中国传说中的帝王与先秦三代之王均被赋予这样的双重职能，掌管着与神、鬼沟通的权力。如尧、舜、禹、夏启、商汤、周文王和周武王都担任过巫师的职责。商朝时，拥有通天地鬼神权力的巫师同样具有崇高的社会地位和政治权力。商王既是首领，又是通神的巫师，而且是群巫之首。另外还有伊尹、巫咸、巫贤、傅说等巫，均在国家祭祀与军事活动中担任要职。

关于早期国家巫王合一的现象，许多学者做过研究，如陈梦家认为巫即王者："由巫而史而为王者的行政官吏，王者自己虽然是政治领袖，同时仍为群巫之长。"④张光直认为："经过巫术进行天地人神的沟通具有中国古代文明的重要特征，沟通手段的独占是中国古代社会的一个重要现象。"⑤李宗侗亦认为："君及官吏皆出自巫。"⑥在巫文化盛行的商周社会，巫师被赋予超人间的"无限"的通达天地鬼神的能力。无论是祭祀还是征战，都被打上了深深的"通神"烙印。巫作为沟通人神的神职人员，其身上亦显示出浓厚的神秘与神圣色彩。巫术与巫师实为商周国家仪式的重要载体与表现。

第二节　巫师形象与通神仪式

巫师在各种国家祭祀仪式中都充当着重要的角色，在文献记载中我

---

① 〔汉〕许慎撰，〔宋〕徐铉校定：《说文解字》卷五上，北京：中华书局1985年，第148页。
② 张光直：《商代的巫与巫术》，《中国青铜时代》（二集），北京：生活·读书·新知三联书店1990年，第43页。
③ 〔英〕詹·弗雷泽著，刘魁立编：《金枝精要——巫术与宗教之研究》，上海：上海文艺出版社2001年，第15页。
④ 陈梦家：《商代的神话与巫术》，《燕京学报》1936年第20期。
⑤ 张光直：《考古学专题六讲》，北京：文物出版社1986年，第13页。
⑥ 李宗侗：《中国古代社会史》，台北：台湾中华出版事业委员会1954年，第118～119页。

们可以看到巫师从事求雨、占卜、除妖等仪式活动，却无法真切地感受巫师通神的形象姿态，而诸多的考古文物可以诉说真切而又宏大的巫师祭祀仪式场景。我们主要以殷墟妇好墓出土人像、侯家庄人像、三星堆遗址出土人物像①与金沙遗址出土人物像为例进行研究，间或采用西周以后的部分相关人物像。根据人物像姿势的不同，我们将其分为立式人像、安坐式人像、踞式人像以及被动式跪坐人像四类。在这四类当中，立式人像有大小独立成像的，还有组合型的小立人像，材质则是青铜或玉，可能都是地位较高的巫王。安坐式人像主要以臀部贴于脚后跟的坐法为典型特征，这种坐式源于祖先祭祀中的尸祭，在祭祀仪式中，安坐式人像最有可能是安坐受祭的神像。踞式人像应当是主持祭祀具有通神功能的巫师形象。被动式跪坐人像主要包括反缚手臂与负重型两种，他们有可能是为了完成某种特殊的国家祭祀仪式，是不是一些学者所认为的地位低下的为巫师神职人员服务的形象还有待进一步研究。下面就以上四种不同的人像姿势所适用的场合及所表达的仪式意义逐一进行分析。

一、立式人像及其仪式意义

立式人像主要存于三星堆二号坑、金沙遗址、山西天马——曲村西周晋侯墓、甘肃灵台西周墓以及河南洛阳东周墓中。较为独立构象的有三星堆大型立人像与金沙遗址小型立人像。组合性的立人像有两组，一组是三星堆二号坑神坛上的小立人像，另一组是三星堆二号坑玉石边璋"山祭"仪式中的小立人像。两周时期的立人像主要是发现于墓中的玉人

---

① 关于三星堆器物坑的年代与性质一直是学术界争论不休的问题。如徐朝龙根据三星堆一号坑与二号坑大量珍贵的礼器被烧被砸的奇怪现象与祭祀神祇的活动相悖，而对三星堆是祭祀坑的观点提出质疑（徐朝龙：《三星堆"祭祀坑说"唱异——兼谈鱼凫和杜宇之关系》，《四川文物》1992年第5期）。孙华则认为三星堆器物坑系"亡国宝器掩埋坑"和"不祥宝器掩埋坑"的解释比其他解释都相对合理，但亦认为前一种解释因一号坑与二号坑的年代差距而难以成立。在两坑存在一定年代差距的情况下，不祥宝器掩埋坑的解释是成立的。参见孙华：《关于三星堆器物坑若干问题的辩证（续）》，《四川文物》1993年第5期。而姜生先生的商人大规模毁灭蜀国祭祀系统仪式的说法是根据两坑为同时期的遗存（商代晚期至西周早期）而提出的，这种观点对坑内礼器被砸被烧的现象给出了相对更为合理的解释。参见姜生：《三星堆为商灭蜀仪式说》，《东岳论丛》2008年第6期。本书采用姜生先生的"三星堆为商灭蜀仪式"说。历经前两次发掘之后，2019～2021年，三星堆遗址又迎来了可喜的第三次发掘，伴随着新的六个祭祀坑的发现，大批令人震撼的珍贵文物得以出土。其中不乏之前两次发掘发现的金器、青铜神树、人头像、立人像、跪坐人像、神坛神像等等，但是这些宝贵的文物尚处于修复保护过程中，还不能完整而系统地被呈现出来。我们期待这些神秘的发现早日公之于世，也为我们进一步探讨曾经在中华大地上灿烂闪耀的三星堆文化提供宝贵的文物资料。

像，亦是独立构象。这些立人像无论高大还是矮小，其身份都应是"向神灵献祭的大祭司之类，为祭祀中的主祭者形象"[1]。

三星堆遗址中的大型铜立人像（见图3-1左）通高260厘米，象征"太阳"的花冠高17.7厘米，冠下至足底人高163.5厘米，座高78.8厘米。立人粗眉大眼，鼻棱突出，嘴角下勾，方颐大耳。两耳垂下各穿一孔。右臂上举，右手置于鼻前，左臂平举，左手与胸平齐，左右手腕各戴三个镯。衣上右侧和背部主要饰阴刻龙纹，龙昂头张嘴，颔下有须、长颈，尾上翘。左侧饰回字形纹和异兽纹。戴脚镯，赤足。[2]这件青铜立人像是群巫之长，也可能就是蜀王。王者既是政治领袖，又是群巫之长，实为巫王。[3]

金沙遗址中的青铜小立人像（见图3-1右）高仅14.6厘米。站在一个插件上，可能是插于一个高大神坛的顶端。其体态矮小，大眼圆睁，嘴如棱形，微张，辫发，脑后拖着三股一体的长辫子，头戴圆涡形冠，着简易的单层中长服，腰间系带，腰带上别一柄短杖，手腕间戴有腕饰。眼睛为橄榄形。两个立人像外形、姿态相近，但冠式、发式、服饰、眼

图3-1 三星堆遗址二号坑出土的大型铜立人像与金沙遗址出土的小铜立人像
（采自《文物》1989年第5期，第4页；成都文物考古研究所编著《走进古蜀都邑金沙村——考古工作者手记》，四川文艺出版社2004年，第68页）

---

① 四川省文物考古研究所编：《三星堆祭祀坑》，北京：文物出版社1999年，第444页。
② 参见四川省文物管理委员会等：《广汉三星堆遗址二号祭祀坑发掘简报》，《文物》1989年第5期。
③ 参见陈梦家：《商代的神话与巫术》，《燕京学报》1936年第20期。

睛、嘴巴均有差异。他们的神情均肃穆神圣，似乎正在主持一个神圣的仪式。大型铜立人像与小铜立人像可能都是大巫师兼蜀王的身份，他们手握的可能是通达天地的神器——琮。

琮是巫师贯通天地的礼器，为巫师所持，巫师将其视为沟通天地神界的法器。虽然《周礼·大宗伯》中有"以苍璧礼天，以黄琮礼地"①之语，郑玄注璧与琮为"君享用璧，夫人用琮，天地配合之象也"②，似乎都表明琮与祭地有关，但滨田耕作（Hamada kosaku）、那志良等人都认为琮"内圆象天外方象地"，那志良明确提出琮作为祭地礼器为何既像"地方"又像"天圆"的疑问，张光直亦进一步指出琮的形象兼含天圆地方，把方和圆贯串起来就是把地和天贯通起来，所以"琮是天地贯通的象征，也便是贯通天地的一项手段或法器"③。手持玉琮的青铜立像"正身直立，神情庄严肃穆，双手执琮，琮中孔中或可能还插有'通天地'的木柱。……它象征的应是在这里主持祭祀的巫师"④。

金沙遗址出土的一件玉琮（见图3-2）连接天地之间的射部刻有一长羽人形符号。头戴夸张的长冠饰，双手向身体两侧平举，长袖飘逸，袖上可见羽毛形装饰，双脚站立分开。有人认为这个人形符号"或者是氏族的祖先神，或者是带领氏族成员祈福或驱邪的大巫师"⑤。笔者认为，鉴于玉琮是沟通天地的巫师神器，这个刻绘于射部（天地之间）的长羽人形符号象征着巫师沟通天地

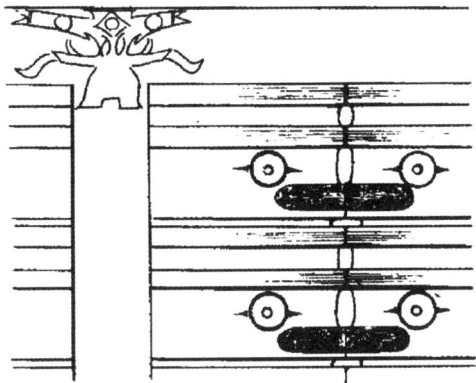

图3-2　金沙遗址出土的玉琮射部线刻人像图（采自成都文物考古研究所编著《走进古蜀都邑金沙村——考古工作者手记》，四川文艺出版社2004年，第88页）

① 〔清〕孙诒让撰，王文锦、陈玉霞点校：《周礼正义》卷三十五，北京：中华书局1987年，第1390页。
② 〔汉〕郑玄注，〔唐〕贾公彦疏：《仪礼注疏》卷十九，上海：上海古籍出版社2008年，第585页。
③ 张光直：《中国青铜时代》（二集），北京：生活·读书·新知三联书店1990年，第70～71页。
④ 沈仲常：《三星堆二号祭祀坑青铜立像初记》，《文物》1987年第10期。
⑤ 成都文物考古研究所编著：《走进古蜀都邑金沙村——考古工作者手记》，成都：四川文艺出版社2004年，第89页。

的能力。我们可以从人形符号的眼部特征、身体姿势及玉琮的功能等三个方面来分析。第一，这个人物的眼睛类似于巫师之"瞽"，无眸曰瞽，有眸而无见曰矇，瞽、矇者的显著特征是眼睛看不见事物，往往被认为是能够通天地、见神明的奇异人物。《释名·释疾病》曰："瞽，鼓也。瞑瞑然目平合如鼓皮也。矇有眸子而失明，蒙蒙无所别也。"[1]因此这个人形符号极有可能是具有通神能力的巫师象征。第二，其身体姿势可能来源于现实生活中头戴夸张冠饰、双臂平举、长袖飘舞的巫师舞祭姿势。《说文》中解释巫："以舞降神者也。象人两褒舞形。"[2]人形符号的长冠饰、长羽形袖饰可能都表明这个羽人形符号与巫师主持的舞祭有关。第三，玉琮作为沟通天地的神圣之物，当为"国之重器"，而线刻人像居其中，应该是象征其沟通天地、人神的功能。综上，金沙遗址所出玉琮线刻人像可能是巫师以舞蹈祭祀天地、通达人神的仪式象征，是一种极其神圣的祭祀仪式。

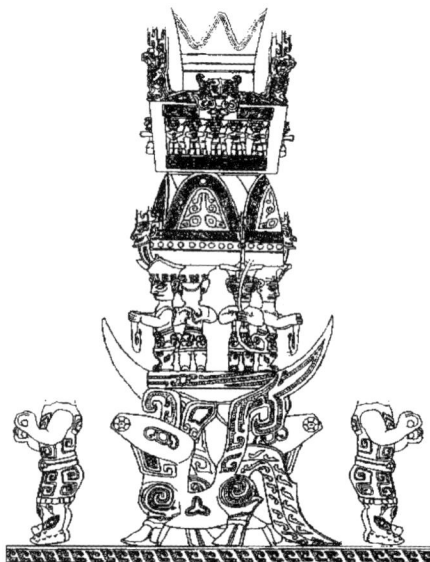

图3-3 三星堆二号坑出土的铜神坛复原图中的小立人像
（采自《文物》2010年第1期，第57页）

三星堆遗址二号坑的铜神坛[3]（见图3-3）第一层的两个站立人像分别处在两个神兽的前方，似乎是牵引神兽的巫师，第二层方形平台上的立人仅存两个，孙华认为原来应当站立四个手持器物的立人，他们均手持藤或树枝状的物做献祭姿势，它们共同顶着上面的尊形器（关于尊形器的用途，详见后面关于顶尊铜人像的分析）。根据孙华对铜神坛的复原分析，这四个人像是"代表联系人间与天上的装扮成鸟形的巫师……整个铜神坛表现的都是巫师一类神职人员从地上升登天上去事神的过程"[4]。

① 〔汉〕刘熙：《释名》卷八，中华书局1985年，第126页。关于商代出土瞽矇巫师像的研究，参见姜生：《蜀字源于瞽矇考》，《山东大学学报（哲学社会科学版）》2008年第6期。
② 〔汉〕许慎撰，〔宋〕徐铉校定：《说文解字》卷五上，北京：中华书局1985年，第148页。
③ 铜神坛的复原有多种方案，参见孙华：《三星堆"铜神坛"的复原》，《文物》2010年第1期。本书采用孙华的复原方案。
④ 孙华：《三星堆"铜神坛"的复原》，《文物》2010年第1期。

三星堆遗址二号坑出土的一件玉石边璋上面有两个（另一端是三个）小立人像（见图3-4），两足尖向外站立，双手互握，或两大拇指相对，置于腹部，衣长至膝，头似戴平顶冠，冠前方有十二个雨点纹，双耳戴有饰物，日字形眼。中间有或象征太阳的双层圆圈。玉石边璋上的这些人像描绘的正是"山祭"仪式。这些立式人像可能是巫师祭山时的情景再现。

图3-4 三星堆遗址二号坑出土玉石边璋上部的小立人像

（采自《文物》1989年第5期，第18页）

这样的小立式人像还出现于天马——曲村西周晋侯墓中，如8号墓中出土的立式玉人像（见图3-5左），头顶发式卷起成穿孔，可以系绳。头周围蓬松如披发，浓眉大眼，阔鼻，身着高领衣，领下右侧开短衽，束腰，裳（或深衣下段）呈梯形，前有垂叶形饰，领、腰裳周边刻交叉斜格纹带。[1]这件玉人像虽然头饰、手形与边璋上的小立人像有所区别，但梯形裳与脚形却是一致的。另一件黄玉人像（见图3-5右）上部似正面立人，足下收束成蛇尾。[2]这两件小立人像与前述玉石边璋上的小立人像是基本一样的，可能具有超凡的巫术意义。

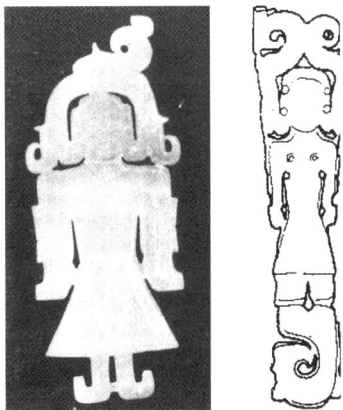

图3-5 天马——曲村西周晋侯墓M8出土的正面立式玉人像与黄玉人像

（采自《文物》1994年第1期，第25、28页）

再看甘肃灵台白草坡西周墓出土的两件立式玉人像（见图3-6）。第一件1号墓出土，裸身站立发髻如盘蛇，饰虎头。宽颊尖颏，双耳穿孔，两手下垂捧腹，双足并拢作铲形，有斜刃，高17.6厘米。第二件2号墓出土，立像无足。发作带歧角的高冠，广额巨目，身似着袍服，上下有四条刻纹，似被捆绑四肢状，胸部穿孔一，高7.9厘米。[3]第一件头髻似

---

① 北京大学考古学系、山西省考古研究所：《天马——曲村遗址北赵晋侯墓地第二次发掘》，《文物》1994年第1期。
② 北京大学考古学系、山西省考古研究所：《天马——曲村遗址北赵晋侯墓地第二次发掘》，《文物》1994年第1期。
③ 甘肃省博物馆文物队：《甘肃灵台白草坡西周墓》，《考古学报》1977年第2期。

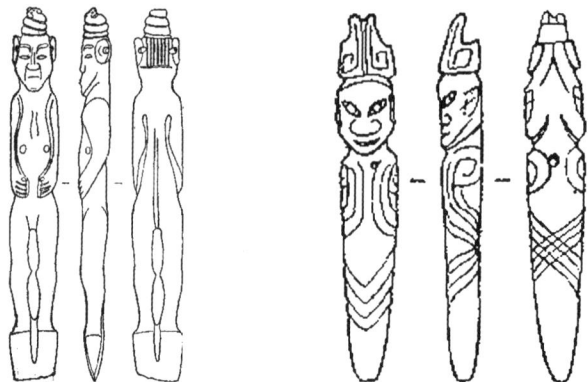

图3-6 甘肃灵台白草坡西周墓M1、M2出土的立式玉人像

（采自《考古学报》1977年第2期，第120页）

盘蛇、饰有虎头的特征可能正是巫师凭借动物神力通天地的象征。对于第二件玉人，考古报告认为："M2出土的玉人，高冠华服，捆绑四肢，颇似洛阳东郊西周墓的玉奴隶俑，后者双手桎梏，身着短裳。……M2玉人和洛阳东郊的玉奴隶俑，可能都是战俘。……M2出土的玉人可能属于被俘的敌酋。"①笔者认为此判断缺乏足够的说服力，玉人为战俘的说法就如玉人是奴隶的说法一样，与商周时期的用玉观念不相符。也就是说，玉人像不太可能是奴隶或战俘。这件被捆缚的玉人面部表情是极为坦然的，且嘴角上扬，似微笑状。从这些特征来看，高冠华服的玉人像最有可能是一个巫师。被捆缚四肢则可能是为了完成某项特殊的巫术仪式。报告虽然认为此像是战俘，但亦表达出"也可能是某种巫术的表现"②的猜测。笔者认为，2号墓出土的玉人并非被俘敌酋，而是举行某种巫术仪式的巫师。

同样，洛阳东郊西周墓出土的玉人像（见图3-7）也不是奴隶俑，从其头部向上向外扬起的冠饰、身着袍服、双手十指相握置于腹部、沉着虔诚的面部表情等身体特征看，笔者同样认为这件玉人像所指代的是地位较高的巫师形象。

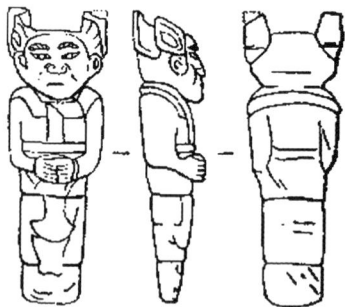

图3-7 洛阳东郊西周墓出土的玉人像

（采自《考古》1959年第4期，第188页）

---

① 甘肃省博物馆文物队：《甘肃灵台白草坡西周墓》，《考古学报》1977年第2期。

② 甘肃省博物馆文物队：《甘肃灵台白草坡西周墓》，《考古学报》1977年第2期。

　　综上所述，立式青铜人像或玉人像可能是商周时期现实生活中地位极高的巫师形象，其具有通天通神的能力，是高贵的，是受人敬拜的。巫师同时是统治国家的王者，他的地位高高在上，要求人们对自己臣服，并建立相应的社会秩序。

二、安坐式人像及其信仰意义

　　安坐，根据第一章的解释，即双膝着地，臀部坐于脚后跟的安逸式坐法，与尸祭有着内在的联系。笔者认为考古发现的双手抚膝安坐式人像大部分为受祭的神灵坐像。

　　殷墟妇好墓[①]出土的玉人像有十余件，除了两件蹲坐形侧身玉人像、一件阴阳合体人与三件人头（面）（均可供插嵌用，可能用于祭祀神灵象征）之外，其余均为安坐、手扶膝、上身微躬，类似于文献中的尸坐法。此外还有两件安坐石人像。我们举雕有升龙与降龙的玉坐人像（见图3-8左）、左侧配有卷云式宽柄器的玉人像（见图3-8中）以及石人像（见图3-8右）进行说明。这件身上雕有升龙与降龙纹饰的安坐玉人像，曾有学者认为其身上所穿为早期"龙袍"[②]，他应当是王者兼大巫师的形象。身上雕有升龙与降龙纹，可能是协助其通达天神的动物纹饰。当然这也是现实王权的象征，其两腿之间有较大圆孔，可插嵌，很有可能是被供奉的商朝祖先神灵。另外一件是底部有"妇好"铭文、左侧配有宽柄器的玉人像，这个玉人像到底是不是妇好，我们存而不论。但根据其坐姿形象，笔者推测可能是一个接受祭祀的神灵形象。还有两个石坐人

图3-8　殷墟妇好墓出土的三类安坐人像
（采自《考古学报》1977年第2期，第81、81、82页）

---

① 妇好墓的命名大概是由于此墓中发现大量的青铜器铭文"妇好"，但根据第一章对妇好的阐释，"妇好"是一种巫术符号，是否真正存在一个名叫妇好的人还需进一步考证。但本书沿用妇好墓的习惯用法。

② 黄能馥：《龙袍探源》，《故宫博物院院刊》1998年第4期。

像，身上虽然没有刻纹，但亦呈现安坐与双手抚膝的姿态。他们的身份可能亦是某一神灵。

虽然我们无法确认玉人像到底有没有一个生者的模板，但将玉人像置入墓葬中，显然是一种对于墓主死后的生活安排仪式。将这些玉人像安置在墓室中，应当是这一盛大仪式的最后场景。这几件玉坐人像可能并不像有些学者所认为的那样只是简单的巫师形象，他们有可能是由现实中的王者巫师演化而来的祖先神灵形象，尤其是标有"妇好"巫术符号铭文的玉人像与雕有龙图案的玉人像。他们双手抚膝、安坐，神态安详，由于来源于现实世界里的巫师形象，所以从他们的眼睛看，均属于矇者形象，即"有眸子而失明"①。考察这些坐人像的意义，首先应当将

图3-9 殷墟侯家庄安坐石人像
（采自张光直、李光谟编《李济考古学论文选集》，文物出版社1990年，第953页）

其置于墓葬空间，而不能简单依据其眼睛的巫矇形象即判断他们为巫师举行祭祀活动。他们作为由现实巫师转化而来的祖先神灵正在接受祭祀，即"坐而受祭"②。这种跪坐姿势为安坐，与其他坐法最大的不同在于，臀部坐于脚后跟上，上身可以弯曲，不必挺直，既较为舒适，整体看来又不失端庄严肃。这种坐姿可能也是商代社会上层所采用的正式的、体面性的坐姿。因此他们都呈现出一派安详、尊贵的王者气派。而将妇好墓中出土的玉人、石人视作"俑"替代人殉的开端③的观点则明显是缺乏深入考虑的。此外殷墟侯家庄安坐石人像（见图3-9）亦是安坐、手抚膝的形象，与安坐受祭的神灵形象很是一致。

---

① 参见姜生：《蜀字源于瞽矇考》，《山东大学学报（哲学社会科学版）》2008年第6期。
② 笔者关于坐而受祭的观点受到李安民"设尸祭祀"观点的启发。李安民认为神态严肃、双手扶膝的跪坐形象是严肃的礼仪形式，其意义当为尸坐，跪坐人像表达的就是尸祭仪式。参见李安民：《广汉三星堆一号、二号祭祀坑所反映的祭祀内容、祭祀习俗研究》，《四川文物》1994年第4期。但是笔者认为，虽然根据甲骨文中的"尸"字即曲背、安坐之形，可以肯定尸的坐法与安坐无异，却并不能就此认为墓葬祭祀遗址中所有的安坐像都是"尸"。尸祭最鲜明的一个特点是以活人替代祖先接受献祭，扮为祖先神灵的尸一般以孙为首选。从笔者所列出的几种安坐抚膝像来看，他们都是成年或老年的形象，所以与设尸祭祀的习俗可能没有那么密切。但是受祭的观点基本是成立的，笔者认为这些高贵、肃穆的安坐、双手抚膝人像不是尸，而是祖先神灵。在墓室中设置这些祖先神灵像，一方面是佑护墓主灵魂，另一方面则是佑护后代的生活，这在盛行祖先崇拜的商代社会是完全有可能的。
③ 参见四川省文物管理委员会等：《广汉三星堆遗址一号祭祀坑发掘简报》，《文物》1987年第10期。

　　除殷墟之外，在三星堆遗址一号祭祀坑亦发现一个安坐、双手抚膝的青铜坐人像。赵殿增认为这个坐人像是坐在同时出土的虎形器上的，这个骑虎铜人像是古蜀国的神徽，笔者进一步认为，这个坐在虎形器上的人实为古蜀国人的祖先神的象征。（见图3-10）赵殿增认为，骑虎铜人像的面部特征与良渚玉器上神徽纹饰特征很相似，"宽脸方颐，张口露齿，口部为扁圆形，牙用一条横线、几条竖线绘成格状；眼睛为内圆、外核形，两端有尖；鼻子呈扁蒜头状，长发披卷，着紧身衣，两肘外撇，雄骑于虎身之上等，表现它们可能是有同一来源或同一性质的人像与神像"①。根据第二章人虎结合图像的研究，人与虎的结合或者是人虎之间力量的传递，或者是神人驭虎，以表达神人所具有的无所不能的神力。这幅骑虎铜人像上的人可能就是这样一个以现实巫王合一的王者为原型的神人，他安坐于虎背上，双臂外张，双手抚膝，应是一个安坐神灵的形象，可能对于当时的蜀国后代起到保护神的作用。

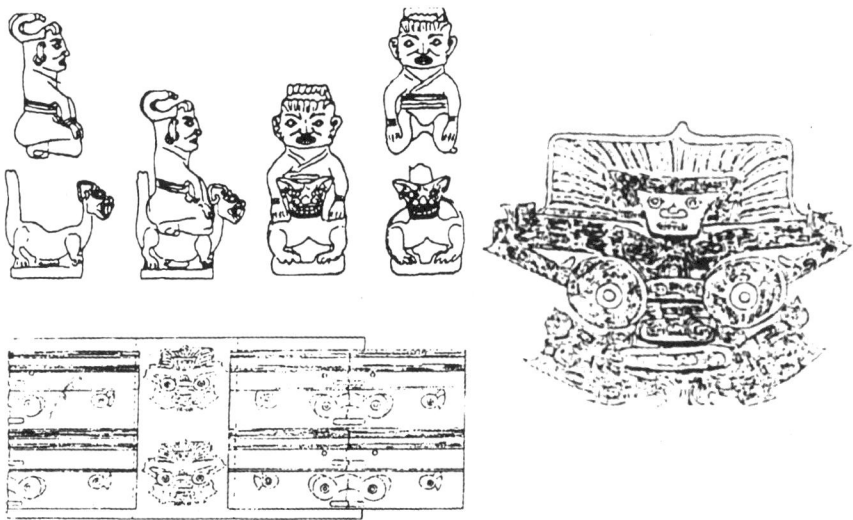

图3-10　三星堆遗址一号坑所出骑虎铜人像复合图、良渚玉器及其神徽纹饰
（采自《中华文化论坛》2006年第3期，第14页）

　　人骑于虎的形象在山西天马——曲村西周晋侯墓1号墓一件铜辖装饰（见图3-11）上亦有发现。在这件铜辖上，人呈安坐姿势，双手按在虎头上，目视前方，神态平静安详。人骑虎头像用于车辖装饰中，大概

　　①　赵殿增：《骑虎铜人像与玉琮线刻人像——兼谈三星堆、金沙与良渚文化的关系》，《中华文化论坛》2006年第3期。

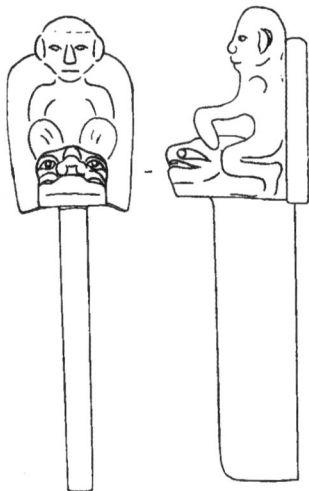

图3-11 天马——曲村西周晋侯墓M1出土的人骑虎头铜辖（采自《文物》1993年第3期，第22页）

亦是取人、虎综合神力的护佑作用。

这种双手抚膝安坐式人物像还出土于云南晋宁石寨山一号墓（其年代大致在西汉中期以后）的贮贝器盖（见图1-2）上。中间被称为贵族奴隶主的大型妇女安坐于贮贝器盖的上首矮榻上，双手抚膝，上身略躬，呈现出高贵、安详之态，与上述安坐神像极为相似。贮贝器为滇王族的国之重器，重在表现祀或戎之大事，所以贮贝器上所刻绘人物图像绝不仅仅是为了装饰，而是具有深刻的意义，尤其在滇王族的墓葬中，可能更意义非凡。就这一组奴隶主与奴隶的组合图像而言，可能不只表现滇族奴隶主的地位，中间的贵族妇女可能代表滇族的女性祖先，她安坐于贮贝器盖的上首突出位置，可能正在接受祭祀，这些图像的整体意义应当是重在表现一个盛大的祖先祭祀仪式场景。

三、跽式人像及其仪式意义

跽，其坐法是在安坐的基础上形成的，即双膝着地，臀部上耸，大腿与上身成一条直线。其姿势与跪（危坐）无异。另有一些人像稍有不同，他们以膝着地，既没有臀部坐于脚跟上，上身与大腿也没有形成一直线，但整体看上去，上身是挺直的、不向前倾曲，也就是说整个姿势是不安的。笔者亦将这些人像归到跽式人像里。之所以称为"跽"，主要取其"见所敬忌而不敢自安"之意。笔者认为这种敬畏之情主要用于神圣事物与空间之中。对于跽的文献记载少之又少，而在考古图像中我们却可以看到丰富而神秘的跽式人像。

（一）跽式人像意义分析

跽式人像主要出土于三星堆遗址器物坑。由于三星堆遗址器物坑的性质属于商灭蜀国之巫师祭祀系统的盛大仪式，它既非墓葬坑，亦非单纯的祭祀坑。但是在未打碎的小型器物与专家"复原"的大型器物的基础上，我们还是能够领略到三星堆古蜀人庞杂的巫师祭祀系统。在二号器物坑内发现的跽式人像之数量与式样是我们所论及的所有跪坐人像之最。三星堆一号、二号坑出土的大量青铜人像，神情威严、肃穆，有学者认为这是专门从事宗教祭祀活动的巫师形象①，也有学者认为"可能是代表不同世代或不同身份的接受其祭祀的祖先形象"②。除了三星堆二号坑的铜神坛最上面的坐像由于被打碎而无法辨认之外，根据其余青铜人像的坐姿、表情与装饰，基本认为这些青铜人像是巫师的形象。

三星堆二号坑有八尊单膝跽人像（见图3-12左）。粗眉大眼，双眉眼眶、眼球及颧部涂黑彩。高鼻、大嘴、嘴角下勾，云形纹耳，脖颈粗短。身着对襟长服，腰束带二周。双手张开抚按腹部，下体微侧，右腿蹲屈，左腿单膝跪地。两脚赤裸，各有一小圆穿，可能是挂在某种器物之上的，通高13.3厘米。③除了单膝跽式人像，二号坑还出土了双膝跽式人像。与上述八尊基本相似，区别仅在于双膝，高12.4厘米（见图3-12右）。从其侧面像线描图及照片可以看出，无论单膝还是双膝，这些小铜人像均为跽式体姿，正体现了《释名》中所言"见所敬忌不敢自安"的神态。他们头戴面具，臣字形大眼、大耳等都是巫师的形象。而另外一件执璋跽式人像则更加证明了这一观点。从照片与线描图都可清楚地看到其臀部高耸，远离脚跟，大腿几乎与上身在一条直线上。他平

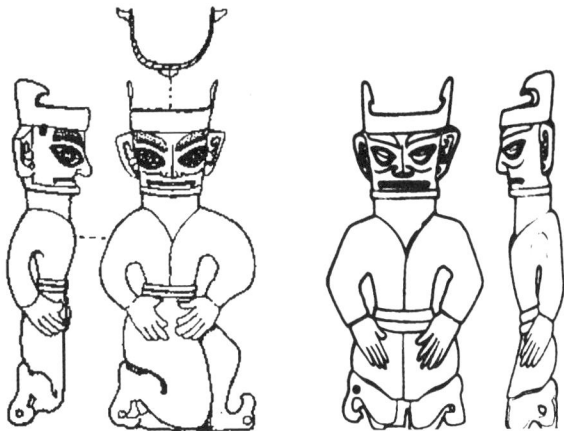

图3-12　三星堆遗址二号坑出土的八尊单膝跽式小铜人像
之一与双膝跽式小铜人像
（采自《文物》1989年第5期，第10页；陈德安《三星堆——古蜀王国的圣地》，四川人民出版社2000年，第20页）

---

① 四川省考古研究所编：《三星堆祭祀坑》，北京：文物出版社1999年，第443页。
② 参见成都文物考古研究所编著：《走进古蜀都邑金沙村——考古工作者手记》，成都：四川文艺出版社2004年，第45页。
③ 参见四川省文物管理委员会等：《广汉三星堆遗址二号祭祀坑发掘简报》，《文物》1989年第5期。

图3-13　三星堆遗址二号坑出土的青铜执璋跪坐人像及线描图
（采自陈德安《三星堆——古蜀王国的圣地》，四川人民出版社
2000年，第85页；成都文物考古研究所编著《走进古蜀都邑金沙
村——考古工作者手记》，四川文艺出版社2004年，第69页）

抬双臂，两手共握一璋，小指向前指。（见图3-13）虽然头部残缺，但
从其双手紧握、身躯挺直的严谨姿态也能够猜想出其面部必定亦佩戴大
眼大嘴面具，严肃而又神秘。玉璋一般用来祭祀山川，这一执璋跪式人
像可能正是举行山川祭祀仪式的象征。

　　三星堆遗址二号坑出土的四件小铜神树中的二号铜神树（见图
3-14）以山为座，山间布满云气，底座圆环状，在树座上有三个人像。
人像高约19厘米，头方面阔，吊角大眼，粗长浓眉，三角形宽鼻，大嘴
紧闭，尖耳短颈，头上戴帽，帽前沿平宽，帽两侧有双角前勾。人像身
着对襟长衣，下着短裙露膝，赤足。双手平举于胸前，右手在上，左手
在下，呈抓握器物奉献状。三尊人像均在树座三根枝杈之间和圆环底盘
之上，每个人像下各有一个方形平台。[1]这些铜神树有可能类似于神坛，
因为在铜神树上往往有树枝，枝头有花果，果上立有人面鸟身像。铜神
树可能正是巫师举行祭祀以通天地的中心神坛。人面鸟身像可能是神界
羽人，或许与古蜀人的鸟图腾崇拜或者太阳鸟崇拜[2]有关。通过照片与
线描图，我们可以看到，铜神树座下的三个人像实为跪式像，因为其大
腿与上身几乎成一直线，两臂一上一下平抬，双手空握，似抓握器物，

---

① 赵殿增、袁曙光：《从神树到钱树——兼谈“树崇拜”观念的发展与演变》，《四川文
物》2001年第3期。
② 刘国勇：《巴蜀符号的巫文化解读与影响》，《民族学刊》2021年第5期。唐际根：
《"祭祀坑"还是"灭国坑"：三星堆考古背后的观点博弈》，《美成在久》2021年第
3期。

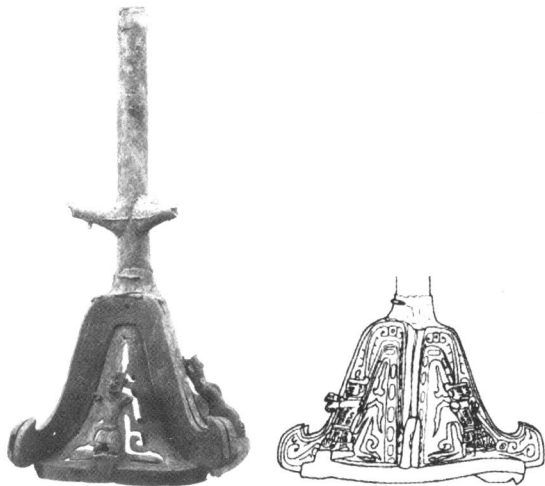

图3-14　三星堆遗址二号坑出土的二号铜神树及树下的三个人像

（采自陈德安《三星堆——古蜀王国的圣地》，四川人民出版社2000年，第65、64页）

与青铜立人像双手的动作相似，可能亦是持器物以祭祀奉献天神。因此这件小铜神树座上的三个踞式人像是三个巫师在云山之间举行重要的通达天地的祭祀活动。

呈踞式体姿、手持物祭献的巫师形象还表现在一件顶尊铜人像（见图3-15左）上。这个铜人应是通天神的巫师形象，他头戴面具，双臂上举，踞于镂空喇叭型坛座之上，是"司祭者用尊来盛放祭物进行跪献的形态"[1]。这件顶尊铜人像从其正面看很明显是踞而非坐，从陈德安所绘的侧面像亦可看出其大腿未与小腿折叠在一起，而是向上倾斜（见图3-15右）。人双手所捧的尊形器在仪式中应当起到重要的通神作用。按照张光直关于巫师举行祭祀仪

图3-15　三星堆遗址二号坑出土的顶尊铜人像

（采自陈德安《三星堆——古属王国的圣地》，四川人民出版社2000年，第18页）

---

① 张朋川：《虎人铜卣及相关虎人图像解析》，《艺术百家》2010年第3期。

式时为便于沟通神界而饮酒以提高其精神状态的认识[1]，此尊可能用于盛放酒浆，是协助巫师祭神通神的重要工具。这样的顶尊铜人像在最新发掘的三星堆遗址三号坑也有发现，其姿势与功能应该是一致的。

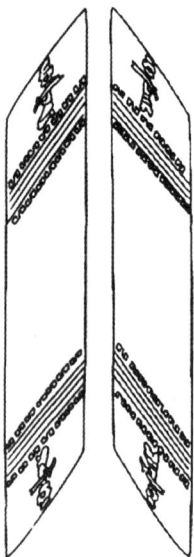

图 3-16　金沙遗址出土的肩扛象牙人像玉璋

（采自《南方文物》2007 年第 2 期，第131 页）

金沙遗址曾出土一件肩扛象牙人像玉璋（见图3-16）。张擎在谈到这件文物时指出，跪坐人像刻划纹表现的是祭祀活动的一个片断，头戴面具、跪坐、肩扛象牙是象牙祭祀活动的一个方式，或是活动中的一个片断。[2]跪坐人像显然是巫师，在祭祀活动中主要起着沟通人神的作用。

三星堆遗址二号坑出土了三件玉石边璋。其中的一件射部和柄部两面各阴刻两组基本对称的图案（见图3-17），每组包括五幅图案，每幅图案之间由两条平行线相隔。自中间向外第一幅是两座大山，山的内部构图亦相同。两山外侧各立一枚牙璋，两山中间空处被一座山顶上横出的一个钩状物占满。第二幅是三个相同的人物，均头戴山形帽，帽上有 13 至 16 个雨点纹，细眉，"日"字形大眼，大嘴，嘴角下勾。两耳挂两两相连的圆形耳环。长颈。双手在胸前作半握拳状，两大拇指相顶。衣长及大腿部。双膝跽，两脚向外张开成一直线。第三幅是两组 S 形云纹，第四幅两座大山，大山的两边各有一只大手，呈半握拳状，拇指按着大山的山腰。第五幅是两个或三个立人，装饰与姿势几与跽人像同。这应当是古蜀人进行插璋祭山仪式的反映，《周礼·典瑞》中言："璋邸射以祀山川，以造赠宾客。"[3]另外，《周礼·玉人》中载："大璋、中璋九寸，边璋七寸，射四寸……天子以巡守，宗祝以前马。"[4]说明璋用于天子巡守时祭祀山川，而不同的山川用璋的规格也有很大差别，"于大山川，则用大璋，加文饰也。于中山川，用中璋，杀文饰也。于小山川，用边璋，半文饰也"[5]。那么三

---

① 张光直：《考古学专题六讲》，北京：文物出版社 1986 年，第 103 页。

② 张擎：《金沙遗址出土的两件文物介绍》，《南方文物》2007 年第 2 期。

③ 〔清〕孙诒让撰，王文锦、陈玉霞点校：《周礼正义》卷三十九，北京：中华书局 1987 年，第 1591～1592 页。

④ 〔清〕孙诒让撰，王文锦、陈玉霞点校：《周礼正义》卷八十，北京：中华书局 1987 年，第 3338 页。

⑤ 〔清〕孙诒让撰，王文锦、陈玉霞点校：《周礼正义》卷八十，北京：中华书局 1987 年，第 3338 页。

图3-17　三星堆遗址二号坑出土的玉石边璋整体图案及其一面上基本对称的两组图案
（采自《文物》1989年第5期，第18页）

星堆遗址二号坑出土的这件玉石边璋很有可能就是用于小山川祭祀的。《周礼·大宗伯》中还有"以赤璋礼南方"①，璋亦可用于祭祀南方之神。而《周礼·典瑞》中所载"牙璋以起军旅，以治兵守"②则用于军事活动。这说明璋在商周时期的用途是极为广泛的，且基本属于"祀与戎"之国家大事。

　　无论是金沙遗址出土的肩扛象牙玉璋还是三星堆遗址的跪人像石边璋，可能都与蜀地的象牙祭祀有关。金沙遗址出土玉璋上的肩扛象牙人像玉璋与三星堆玉石边璋中插于大山两侧的牙璋充分显示出古蜀国象牙祭祀的地域特性。《周礼·壶涿氏》云："壶涿氏掌除水虫，以炮土之鼓殴之，以焚石投之。若欲杀其神，则以牡橭午贯象齿而沉之，则其神死，渊为陵。"③成都平原地势低洼，古蜀人深受水患，所以会经常举行象牙祭祀以除水患，深渊遂升高而为山陵。象牙具有驱邪除灾的意味，以象牙祭祀山川即取其除患之意。对照上面的玉石边璋中的山陵与太阳，我

————————

① 〔清〕孙诒让撰，王文锦、陈玉霞点校：《周礼正义》卷三十五，北京：中华书局1987年，第1390页。
② 〔清〕孙诒让撰，王文锦、陈玉霞点校：《周礼正义》卷三十九，北京：中华书局1987年，第1595页。
③ 〔清〕孙诒让撰，王文锦、陈玉霞点校：《周礼正义》卷七十，北京：中华书局1987年，第2937页。

们可以想见古蜀巫师或跽或站立，摆出某种奇特的姿势，举行象牙祭祀仪式以求得山陵高地与太阳高照的福愿。

只是三星堆这件玉石边璋的跽不同于其他双脚向后的坐法，而是向两侧伸，几乎成一字形，同样的站立姿势亦是脚尖向外成一字形。这或许是一种具有地方特色的跽仪式，其意义在于采取平常人所无法达到的姿势而获取非凡的巫术神力。

图 3-18　三星堆遗址二号坑出土的金面罩铜质平顶人头像头部
（采自陈德安《三星堆——古蜀王国的圣地》，四川人民出版社 2000 年，第 40 页）

跽式巫师像还有一个较为突出的特征，即头戴面具，面具是巫师用来与神灵沟通以获得通神力量的重要神器。因此，在一定程度上，头戴面具也可以成为我们判定其巫师身份的一个标志。依此来看，在三星堆与金沙遗址中出土的众多头戴面具或金面罩的青铜人头像具有巫师的象征意义，或者更进一步说，众多的青铜人头像（见图 3-18）可能不是受供奉的祖先神像[①]，而是巫师通神的法器。

总之，跽是在祭祀仪式空间里巫师通神的常用体姿。神灵既然是安坐来接受祭祀的，对其进行祭献的巫祝们采取特殊的跽式体姿，才能够与神灵进行有效的沟通。跽式体姿既表现出巫师自身作为"人"对神灵的敬畏，对于天地神灵来说，巫师虽然可能降神、驭神，但是祭神、娱神始终是巫师通神的重要手段。巫师们并非神通广大到完全控制、压迫神灵的程度，也正是在这个意义上，陈来认为中国古代的巫术实际上已经达到了弗雷泽所说的宗教的阶段："中国古巫的活动是以神灵观念为基础的……中国古巫的活动，主要的不是像自然巫术那样'强迫或压制'神灵，而是献媚和取悦神灵。这两点，使

---

① 有人认为三星堆祭祀坑出土的众多青铜人头像可能是古蜀人的祖先像，是古蜀人祖先崇拜的表现（参见孙亚樵、胡昌钰：《从三星堆文化看古蜀人的原始宗教观》，《中华文化论坛》2004 年第 2 期）。另有人认为，金杖和金冠带都是国家最高权力的象征，那些象征"群巫"或祖先的青铜人头像在面孔上覆以金面罩来显示其高贵和尊崇（参见段渝：《商代中国黄金制品的南北系统》，2000 年 7 月殷商文明暨纪念三星堆遗址发现 70 周年国际学术讨论会论文）。笔者认为，青铜人头像及金面罩夸张的大耳、大嘴、大眼，尤其是眼部无珠之特征，都旨在表现巫师通达天地人神的超凡能力，并非其高贵地位的象征，也并非受崇拜祖先神像。孙华亦认为"三星堆器物坑没有表现眼珠的各种铜人像，他们应表现的是巫史一类神职人员"，笔者甚表同意。参见孙华：《关于三星堆器物坑若干问题的辩证》，《四川文物》1993 年第 4 期。

得中国古代巫觋活动更像弗雷泽所说的宗教，而不是巫术。"①因此中国古代的巫首先是神灵之下的"人"，对神的礼敬姿势充分体现了这一点。事实上，对神灵是崇敬而非强迫压制的中国古代巫术，亦反映出中国文化的本质特征自巫术时代就已经确立起来了，即中国古人对待天地自然的态度并非凌驾于其上，而是追求天人之间的通达与融合，这亦是中国传统文化的根本特征之一。

（二）"跽"文献与考古跽式人像相左情形分析

对于"跽"的文献记载远远少于考古跽式人像之实物历史的现象，我们也在此做一分析。跽，由于具有"见所敬忌而不敢自安"的意义，大多用于具有神圣意味的巫师一类的神职人员，是用来祭祀神灵、行使巫师神职的敬畏性姿势。我们在一般的文献典籍中很少见到这种用法。西周"天子"制度的诞生带来社会政治制度的变革，商代的巫王合一的政治习惯被打破了，周代的巫师是一个专门从事巫事活动的特殊群体，这与巫掌管氏族事务的情形大不相同。习于跪拜世俗礼仪的史官更习惯使用他们的语言去记录所发生的事情，所以巫师专用的跽式体姿可能就这样慢慢地在文献记载中消失了。而后世文献几乎仅保留了由坐而起身的中间性动作的用法，就连最接近商周社会的三礼书籍中亦缺乏跽姿的表达与解释，更多的是对坐、跪、拜等的解说与释读。

自汉至清历代学者的文献著述对跽的描述亦过于简单或根本就未提及。这或许源于自汉代以后国家主流意识形态与民间信仰之间的分野。虽然随着皇权专制体制的建立，国家祭祀系统在国家政治与社会控制方面起着重要的作用，以至于形成很大规模的国家宗教模式。在这个模式之下，皇权与祭祀权力合一，形成政祀合一的局面，皇帝就是最高的祭司。皇帝所行之祭仪描述亦采取了国家正统的模式。天子对天神所行之礼就是臣对君、子对父之礼的翻版，在这种礼仪体系之下，自周代就已经成形、汉代以后更加完善的跪拜礼成为其主要表现形式。而商周时期巫师惯用的通神仪式（跽）则很少被提到了。这里面蕴含着皇权专制体制下身体祭祀礼仪的相应变化。以读书致仕为基本生活方式的学者们所关注的大多集中于以儒家思想为本的国家祭祀系统，在对待鬼神的态度上日益秉承"子不语怪力乱神"的传统，所以学者在研究跪坐问题时很少注意到敬畏鬼神之跽仪，而大多将眼光集中于国家

① 陈来：《古代宗教与伦理——儒家思想的根源》，北京：生活·读书·新知三联书店1996年，第41页。

礼制系统之内。但是以乡野民众生活为基础形成的民间信仰与巫术系统以更为繁荣的状态和更加丰富多彩的形式存在着。民间巫术信仰及其仪式更加向着底层社会发展，巫师举行驱鬼逐魔、降雨祈福时所惯用的踞仪仍然存在于民间的土壤中。但在以文字传承国家历史的时代里，"踞"毕竟因为未受到知识阶层的重视而渐趋被遗忘，在后代的祭拜仪式中，就几乎与"跪"完全等同了，尤其是在高型坐具产生、双膝着地的坐姿渐趋消失、跪拜仅存于君臣政治礼仪以及宗教祭祀仪式的情况下，之后"踞"的用法几乎消失了。就连汉语字典中也仅仅将其释为"两膝着地，上身挺直"，这恐怕是最模糊最简单的解释，从这个解释，我们几乎看不出跪、踞的区别。由此来看，历史仅靠文字的传承是远远不够的。

四、被动跪坐式人像及其仪式意义

金沙遗址中出土的八件反缚手臂的坐式人像（见图3-19），高度17~27厘米不等。这样的反缚手臂人像发现较少。[①]有些学者据商代有人牲与人祭的传统说法，将其解释为奴隶或战俘，用石雕人像代替活人祭祀；[②]

---

① 另外在美国芝加哥艺术学院收藏了类似的黑色玉石跪坐人像；1983年成都方池街遗址出土了类似的青石雕像；峨眉符溪战国墓葬遗址所出的铜矛上有双脚跪地、双手枷禁的人形图案，铜戈上有带枷跪于虎口下的人形图案；三星堆遗址还发现两个双手倒缚、双膝跪地、头颅被砍的石雕人像。参见成都文物考古研究所编著：《走进古蜀都邑金沙村——考古工作者手记》，成都：四川文艺出版社2004年，第130页；徐鹏章：《我市方池街发现古文化遗址》，《成都文物》1984年第2期；陈黎清：《峨眉山市的巴蜀文化遗物》，《四川文物》1990年第6期；陈显丹：《广汉三星堆遗址发掘概况、初步分期——兼论"早蜀文化"的特征及其发展》，《南方民族考古》第二辑（1989），成都：四川科学技术出版社1990年，第213~232页。

② 成都文物考古研究所编著：《走进古蜀都邑金沙村——考古工作者手记》，成都：四川文艺出版社2004年，第133页。陈黎清认为双脚跪地、双手枷禁的图案为"祭坛人牲"，而人牲枷跪于虎口下则为"以人祭虎"（《峨眉山市的巴蜀文化遗物》，《四川文物》1990年第6期）；陈显丹亦认为三星堆两个头颅被砍的石雕跪坐人像身份是奴隶〔《广汉三星堆遗址发掘概况、初步分期——兼论"早蜀文化"的特征及其发展》，《南方民族考古》第二辑（1989）〕。笔者认为，这种观点是较为偏颇的。因为被称为"祭坛人牲"的图案中的人头上的双髻与带剑跳舞人相同，似乎说明所谓的人牲与带剑跳舞者具有相同的身份。而人虎组合图案历来解释纷纭，但人祭虎、虎食人的说法基本被认为是错误的。作者亦在文中提到郫县铜戈上执刀杀虎图案与人祭虎图案旨趣相异。事实上，符溪铜矛与铜戈上的跪坐带枷人像并非祭坛人牲，而是以此图案象征某种神力，赋予铜矛与铜戈或者其主人战无不胜的威力。其中的原理实为巫术原理，即图案中的人实为巫师的形象，其带枷、跪坐、执刀其实都是极具象征意义的巫术仪式，可能是致使敌人失败的巫术，或者说是协助主人制胜的巫术。

图3-19　金沙遗址跪坐石人像（共八件）
（采自成都文物考古研究所编著《走进古蜀都邑金沙村——考
古工作者手记》，四川文艺出版社2004年，第126、127页）

但亦有学者认为这些石人像是巫师祭祀通神的形象[1]，或属于"严肃的礼仪性坐式"[2]。那么到底应该如何解释？笔者的思路是突破人牲人祭或奴隶战俘的传统说法，从国家仪式层面进行考量，这些反缚手臂的人像被用于某种国家祭祀仪式，以这种惩罚式巫术仪式来达到通神降神目的。

这几件反缚手臂的坐式人像，大腿贴着向后弯曲的小腿，臀部贴于脚后跟，与安坐相似，但从总体上看，他们显然不是安坐受祭的神像，而是"被动"捆绑，似乎被迫而坐。被捆绑的仪式似乎可以联系到前述立人像中甘肃灵台西周墓M2出土的"高冠华服，捆绑四肢"的玉立人（见图3-6右），被捆绑的意义可能在于完成某种神圣的祭祀仪式。更有意思的是，广西邕宁县顶蛳山遗址第三期文化遗存中的俯身屈肢葬式M35（见图3-20）[3]，其下肢弯曲、手臂屈向背后的姿势与上述石人像呈现出惊人的相似，而且手腕、左下肢压石块可能是某种压迫性巫术。[4] 极有可能的情况是，金沙遗址反缚手臂、跪坐的石人像亦被应用于某种特殊的巫术仪式中。

---

① 参见姜生：《蜀字源于瞽矇考》，《山东大学学报（哲学社会科学版）》2008年第6期。施劲松：《金沙遗址出土石人像身份辨析》，《文物》2010年第9期。施劲松：《金沙遗址祭祀区出土遗物研究》，《考古学报》2011年第2期。
② 李安民：《广汉三星堆一号、二号祭祀坑所反映的祭祀内容、祭祀习俗研究》，《四川文物》1994年第4期。
③ 中国社会科学院考古研究所广西工作队等：《广西邕宁县顶蛳山遗址的发掘》，《考古》1998年第11期。
④ 参见李为香：《身体表达与信仰追求——汉代暨以前坐姿仪式研究》，山东大学博士学位论文2012年，第78页。

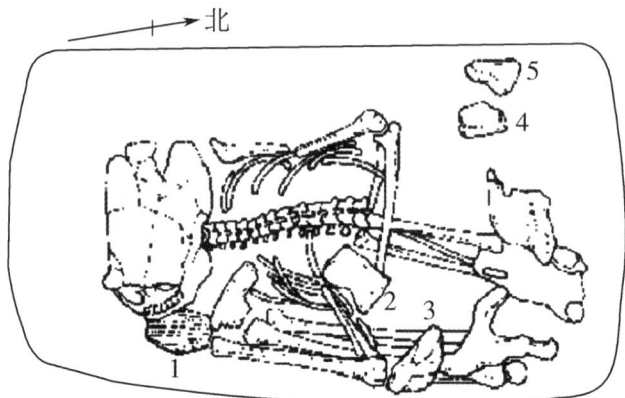

图3-20　广西邕宁县顶蛳山遗址第三期俯身屈肢葬式M35
（采自《考古》1998年第11期，第20页）

　　这些石人像到底有着怎样的仪式象征意义呢？从其低首、像打开的书的头顶发饰、反缚手臂的形象，我们联想到巫师以舞求雨未果进而曝巫、焚巫或王者自曝自焚的文献记载[①]，其消极或被迫的性质似乎与这些反缚手臂的坐式人像有些相似。若是文献与考古实物之间有某种联系的话，那么这些反缚手臂的人像可能也是某种消极性仪式中巫师的代表，到底是何种仪式尚不清楚。但笔者认为不太可能是求雨巫术仪式[②]，因为金沙遗址所处的古蜀国属于多雨低洼之地，以求雨为目的的巫术活动应当很少举行，而除旱等祭山活动则经常举行（参见前面对三星堆玉石边璋与象牙祭祀的论述）。

　　反缚手臂的巫术行为与巫师手持器物或舞或献或唱或抚腹的自主行为存在很大差异。笔者认为这种差异可以用积极与消极来表达。具体来说，将手臂反缚于身后的巫术是消极性的，巫师在这种仪式活动中的主动性可能很小，反而具有很大的被动性。反缚双臂似乎表达出巫师被动

----

　　① 商代时的焚巫求雨称为"烄"，就是将象征旱魃的巫放于大木交叉架起的火堆上焚烧，以此除去旱魃而甘雨降临。甲骨卜辞中有不少关于焚巫求雨的记载，如"甲辰卜，烄每"，"贞勿烄，亡其从雨"。（胡厚宣：《甲骨文合集释文》，北京：中国社会科学出版社1999年，19802、15674）后世有鲁僖公"欲焚巫尪"而遭劝阻（〔清〕洪亮吉撰，李解民点校：《春秋左传诂》卷七僖公二十一年，北京：中华书局1987年，第304页），巫王自曝求雨的例子有商汤、齐景公等（参见〔宋〕李昉等：《太平御览》卷三五"旱"，北京：中华书局1960年，第167页）。后世效仿者有东汉时期的戴封自焚求雨、谅辅自曝求雨等（参见〔宋〕范晔撰，〔唐〕李贤等注：《后汉书》卷八十一，北京：中华书局1965年，第2684、2694页）。
　　② 黄剑华认为这些反缚手臂跪坐人像反映了古蜀人"暴巫尪求雨"的巫术活动。参见黄剑华：《古蜀金沙——金沙遗址古蜀文明探析》，成都：巴蜀书社2003年，第80～84页。

的屈服性意义。当然，这种屈服首先是人（巫）屈服并服从于神的意志。其次，可能也存在世俗生活中人对人的屈服，即被缚手臂的巫师对大巫师的遵从与屈服。反缚手臂的巫，除了商汤等王者为了表现自己的敬神亲民之外，大多数可能不是那种拥有崇高政治地位的知识、权力阶层代表，而仅仅是一些下层的巫师，他们没有很高的政治地位，而仅仅掌管着部分的巫术祭祀活动，在他们之上还应当存在另外一种掌控他们的更高层次的巫师集团。

关于双手反缚于背后、屈膝而坐的形象，在甲骨文中亦有此字形。甲骨文中的"奴""讯"字中的人形就是一个反缚手臂屈膝跪坐的形象，如$\maltese$（奴）、$\maltese$、$\maltese$（讯）①。"讯"字是一个反缚手臂跪坐的人形加一个$\sqcup$形，跪坐人形表示巫师通神时的身体姿态，而$\sqcup$则是与神交通时用来盛放祝词的器具或者祝祠、祈祷文（详见第一章），所以整个"讯"字亦是巫师通神仪式的身体与语言表达。"奴"字与"女"字区别非常明显，"女"字为两手交叉于前，如$\maltese$②，"奴"字则为两手反缚于后。这样两种不同的姿态可能是巫师在通神时所采用的不同方式。手在身体前面表示一种主动性与积极性，而反缚于后则表示一种被动性与消极性。金沙遗址中反缚手臂屈膝跪坐的石人像或许是甲骨文中"奴"字的实物表现，他们可能不是地位很高的大巫师形象，而是一种地位极低的巫，被用于消极性巫术仪式中，同样是为了完成某种神圣的国家祭祀仪式，只不过其角色不同而已。这也可能反映出商代的巫师阶层可能出现了内部分化，地位高超的巫师享有很高的权力，甚至垄断了整个国家祭祀与军事权力，而普通的巫师则可能受到来自上层巫师的控制与欺压。这可能与整个社会的阶级分化有关。

从已有的研究，我们知道，金沙遗址与三星堆文化有前后关系，金沙遗址所反映的文化阶段应属三星堆文化被破坏之后古蜀人重新建立起来的文化类型。它晚于三星堆文化，但又与其比较相近③。巫术祭祀的气息当比较浓厚。也就是说金沙遗址是古蜀人在三星堆文化被破坏之后重建起来的文化，所谓的重建主要指蜀国的国家祭祀系统的重建。从蜀地三星堆祭祀

---

① 姜修尚：《甲骨文书法常用字汇编》，重庆：重庆大学出版社2009年，第19、18页。
② 中国科学院考古研究所编：《甲骨文编》卷十二，北京：中华书局1965年，第468～469页。
③ 参见成都市文物考古研究所、北京大学考古文博院：《金沙淘珍——成都市金沙村遗址出土文物》，北京：文物出版社2002年，第12～14页。

系统被商人毁灭的仪式过程[①]中，我们看到了众多的巫师祭祀仪式人像，如铜神坛的顶端、铜神树的底座、执璋的人像，均是主持祭祀、通达天神的巫师。那么在金沙遗址中出土的这八件人像，是否也是巫师祭祀仪式的一个片段或是场景呢？他们似乎在向上天为人类祈求福愿。或者是古蜀人在生活中遇到了大的灾难，这些巫师采用自虐的消极办法，将手臂绑缚于后，跪坐于地，向天祈祷，消灾降福。这些曾被认为是奴隶象征的石人像实为古蜀王国的巫师在进行通天地、达人神的巫术仪式。

同样持跪坐但亦显示出被动姿势的人像在新近发掘的三星堆遗址四号坑中有所发现，即图3-21、图3-22、图3-23中三件形态基本相似的铜扭头跪坐人像。根据考古报告的描述，这三件人像身份地位较为低下，

图3-21　铜扭头跪坐人像K4yw65

图3-22　铜扭头跪坐人像K4yw244

---

① 参见姜生：《三星堆为商灭蜀仪式说》，《东岳论丛》2008年第6期。

图3-23　铜扭头跪坐人像K4yw268
（以上三组图片均采自四川省文物考古研究院《三星堆遗址四号祭祀坑出土铜扭头跪坐人像》，《四川文物》2021年第4期）

并非神职人员。①乔钢根据其眼部与服饰特征以及用力托举高高在上的某种东西的功能，亦认为他们明显低于主持祭祀的神职人员，而有可能是为神职人员服务的体力劳动者，其身份亦是世俗的。②以上解读与这三件人像呈现出的精致程度无法吻合，显得比较勉强。

仔细看这三件人像，堪称精美绝伦，他们的坐法类似于安坐，很明显臀部贴在脚后跟，但其脚背却不是贴在地面，而是脚趾蹬地，再看他们的双手掌，正在做扭头对击动作，而头发向上束起高耸，很像长长的树干，其上或许还有其他器物，似乎是某一种器物的底座。根据乔钢的研究，向上的束发铜片很薄且残断，上面所托之物应该不是很重。③由于上面的器物缺失，目前尚无法判断到底是什么器物。单看其中一个人物形象，他呈现给我们的很像是一个瞬间的动作，而非一个长久安定的姿态，很像舞蹈动作，高高束起的长发④、双目外凸⑤、扭头、击掌、跪坐、

① 四川省文物考古研究院：《三星堆遗址四号祭祀坑出土铜扭头跪坐人像》，《四川文物》2021年第4期。
② 乔钢：《三星堆四号坑铜扭头跪坐人像功能与身份初识》，《中华文化论坛》2021年第6期。
③ 乔钢：《三星堆四号坑铜扭头跪坐人像功能与身份初识》，《中华文化论坛》2021年第6期。
④ 头发披散或上扬是巫师作法时常有的形象，具体可参见第一章第三节中关于"若"字的解析。
⑤ 凸目或纵目是三星堆遗址出土人像的一个重要特征，专家认为可能与古蜀国的巫瞽文化、眼睛崇拜或祖先崇拜有关。参见姜生：《蜀字源于瞽矇考》，《山东大学学报（哲学社会科学版）》2008年第6期。曾志巩：《中国傩面具的凸目造型与太阳神崇拜——从三星堆青铜纵目像看中国傩面具的主要特征与文化内涵》，《民族艺术研究》2018年第3期。李厚治：《三星堆纵目面县与古蜀神灵崇拜》，《文教资料》2019年第30期。赵殿增：《三星堆神权古国研究》，《四川文物》2019年第1期。唐际根：《"祭祀坑"还是"灭国坑"：三星堆考古背后的观点博弈》，《美成在久》2021年第3期。

脚趾用力蹬地，这些都可能是一个正在进行的祭祀动作，其目的可能是娱神降神，与神沟通。若是一个组合式祭祀场景底座的话，他是靠头部和肩部用尽全身之力托起上部神圣器物，或许表达的亦是巫师面对神灵时虔诚与服从的心境。

细看人像腿部及双手的纹饰，K4yw244人像"两小腿外侧各饰一组4个歧羽纹，两小腿肚各饰1个羽冠纹。双手手背及指背各饰17个燕尾纹，呈内凹状，沿手指分布，除左右大拇指指背各分布有1个，其余16个每4个一组，沿手腕至手指4指呈4列分布，朝向指尖"[①]（见图3-24）。这种歧羽纹、羽冠纹以及燕尾纹明显带有鸟羽特征，联想到古

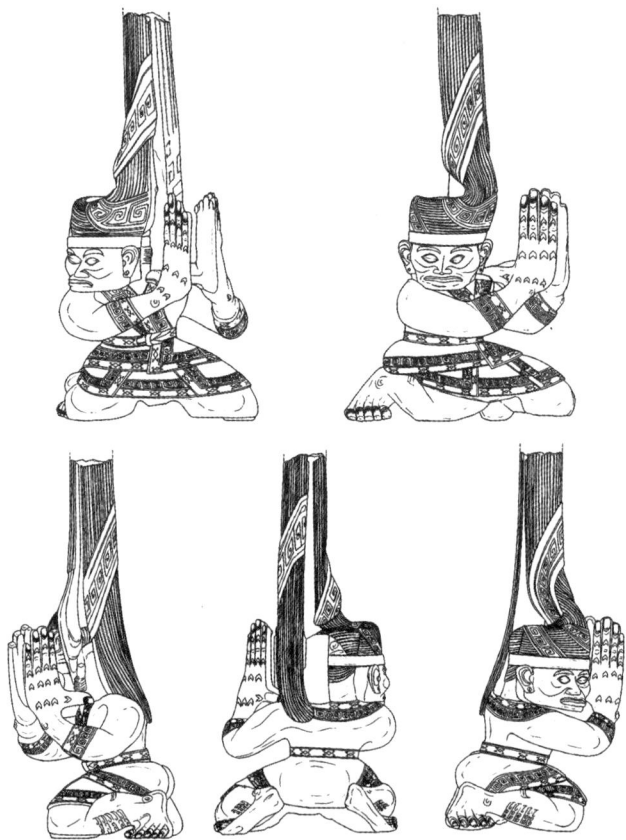

图3-24　铜扭头跪坐人像K4yw244线图（正面、正面偏右、左侧面、背面、右侧面）
（采自四川省文物考古研究院《三星堆遗址四号祭祀坑出土铜扭头跪坐人像》，《四川文物》2021年第4期）

---

① 四川省文物考古研究院：《三星堆遗址四号祭祀坑出土铜扭头跪坐人像》，《四川文物》2021年第4期。

蜀人的鸟图腾崇拜或者太阳鸟崇拜，这些精美程度极高的跪坐人像不太可能是"世俗"人，反而可能是具有特殊职能的巫师。乔钢所认为的世俗身份尚有待商榷。笔者认为，这三件扭头跪坐人像可能与上面的反缚手臂跪坐人像有着相似的功能和旨趣，就像自焚自曝的自虐甚至自杀式巫师一样，这种负重式的跪坐姿势或许亦表达常人所没有的某种法力，其所属并不一定如乔钢所言的"世俗"身份且无法参加祭祀活动，反而极有可能是具有某种特殊意义的祭祀活动。

第三节　巫师通神仪式意义小结

从以上我们所举立人像、安坐式人像、踞式人像与特殊人像（反缚手臂）及其分析，至少可以得出以下认识。

第一，巫师在举行通达天地人神之国家祭祀仪式时，所采取的姿势是复杂多变的。既有高大的站立形象，又有舞蹈的形象，更有踞而奉献或跪坐而手臂被反缚于身后的形象，不一而足。

第二，安坐式人像一般用于祖先神像坐姿。根据商代尊神祭祖的传统，商人会祭祀自己的祖先，远祖近祖都要祭。祖先神灵往往来源于王者的形象，雕有龙纹的王者像置于妇好墓中很可能就是祖先神灵的象征。祖先安然正坐，享受着后世子孙的祭祀与追思，由此而奠定了中华民族几千年"孝"文化的根基与命脉。而在现实社会中的巫师为矇者，即有眸而无见，所以以王者巫为原型塑造出来的祖先亦是矇者无疑。而配有宽柄形器带有"妇好"铭文的坐像则亦由于巫师生时参与祀戎大事而被赋予祖先神的功能，这些正襟而坐的安详端庄、威严神圣的像实为祖先神像，而非巫师像。还有三星堆骑虎铜人像亦非巫师像，而是与虎共同构图的神像象征。

第三，反缚手臂或者负重而跪坐的巫可能是为了某种特殊意义的祭祀活动，也可能表示某种屈从的意味。这种坐法与贵族阶层的安坐意义截然不同，可能表达巫师被迫执行某种仪式的意义。

如此而论，商周考古实物中的跪坐人像至少具有三种意义。一种是安坐受祭的先祖神像（极有可能生前为巫，死后奉为神灵），第二种是持物祭祀的巫师形象，第三种是被动被迫使的巫师形象。无论是祖先神灵之安坐，还是巫师之踞，都表明他们在当时社会中处于神圣而主动的地位，巫师几乎垄断了国家的祭祀大权，既掌握着神职大权又统领着整个国家。他们虔诚、威严而肃穆的形象实为商周巫师祭祀仪式的缩影。

神灵安坐受祭，则与周代上层贵族的正坐姿势具有某种内在的联系。反缚手臂的巫形象与史前屈肢葬中的双手背于身后的俯身葬式有着某种相似之处，说明这些巫师可能被用于某种镇压性的消极巫术，也说明在商周社会中出现了巫师阶层的分化，这些地位低下的巫形象与甲骨文中的"奴"等字互释，类同于社会中的"奴"而没有主动的祭祀权利，仅仅是被动地用于巫术祭祀仪式中。

将考古发现的跪坐人像进行分类梳理，这与以往将所有跪坐人像视为巫师形象的简单做法不同。虽然非尽如人意，但初步将不同坐姿的人像进行分类，为某些跪坐人像的说法或解释做一些更正，或许能为今后的进一步研究提供某些参考。

本章虽然对跪与踞、踞式巫与安坐神像进行了考古学上的区别与论述，但对其意义的区分依然没有达到预期的理想。对踞式巫与安坐神像的区分要得到学术界的认可恐怕还要进一步寻求证据，更深入地进行研究。但是，笔者毕竟已经对祭祀主体巫师与祭祀受体神像作出了初步的解析，也就是说，在一个祭祀空间里，巫师的姿势与神像的姿势恰恰形成一个对应关系，巫师的踞是针对神像的安坐而言的。

巫师垄断国家祭祀通神仪式成就了商周巫神文化传统。随着春秋战国时期"人"的意识的觉醒，巫王时代也就成为过去，国家随之建立起新的信仰传统。

第四章　汉代墓葬西王母坐像及其信仰意义

在汉代人的生活中，墓葬不是静止的、死寂的、可怕的建筑堆，而是一种沟通人神、生死交流、承载追念、书写信仰的灵动的仪式表达。它是汉代人精神寄托、灵魂再生的重要场所。墓葬中的任何一个物件都不是随意安置的，而是具有丰富的象征意义。揭开墓葬文化，也就开启了汉代人精神生活的神秘之门。在汉代的墓葬中，画像石、画像砖、帛画、壁画等是汉代绘画、雕刻艺术的载体与表现形式，因其被放置于墓葬中而有别于普通的绘画或雕刻。就图像学的研究视角来看，"内在的意义"是汉代墓葬画像之所以传世的根本所在。这个意义在很大程度上是指宗教性的神圣意义。它与世俗生活中的普通物品截然不同，更具有神性的光芒。正像伊利亚德（Eliade）所言："当一棵树成为一种崇拜物时，它就不再是一棵受崇拜的树了，而是一个圣物，是神性的一种体现。"[①]法国学者安娜·塞德尔（Anna Seidel）认为："坟墓内壁上画的情景并不是描绘死者过去的生活，而是灵魂将要去的天国景象。"[②]因此，我们在用图像学方法阐释汉代墓葬中的图像时，是阐释其深层次的与信仰有关的神圣意义。汉墓画像内容大多是表现仙界的，这些仙界题材主要以西王母、伏羲女娲、东王公、羽人等为标志性特征。从大部分的仙界题材绘于一组图像的最高处来看，仙界应是墓主最终要到达的彼岸世界。

英国的彼得·伯克（Peter Burke）认为："图像在创造宗教崇拜的经历中起着至关重要的作用。"[③]西王母图像有力地促进了汉代西王母信仰的创造与传播。以西王母为中心建立起来的汉代神仙信仰图像主要存在于汉代墓室和祠堂的画像石与画像砖中，壁画墓中虽然也有西王母仙界

---

① 〔英〕布赖恩·莫里斯（Brian Morris）：《宗教人类学》，周国黎译，北京：今日中国出版社1992年，第246页。

② 〔法〕安娜·塞德尔：《西方道教研究史》，蒋见元、刘凌译，上海：上海古籍出版社2000年，第73页。

③ 〔英〕彼得·伯克：《图像证史》，杨豫译，北京：北京大学出版社2008年，第59页。

图像，但为数不多。①

本章将重点以西汉末年至东汉的墓葬祠堂画像石与墓室画像砖为例，阐释西王母仙界的符号象征意义，将西王母仙界画像置于神仙信仰的宗教逻辑中进行解析，探讨忠孝精神如何在西王母信仰中得以体现。采用的汉画像主要涉及山东嘉祥武氏祠、宋山祠堂画像，陕西、山西地区的墓门墓室画像以及四川地区的龙虎座西王母画像，等等。

西汉时期西王母作为长生之神、仙界之首备受帝王与上层社会的推崇，但此时的西王母并没有在民间引起重视，更没有在墓葬画像艺术中体现出来。以汉哀帝年间发生的民乱为背景，西王母作为民间信仰之救世神而受到下层百姓的信奉，西王母仙界画像大量出现于墓葬装饰中是在新莽至东汉时期。这一时期的西王母画像主要表达西王母如何进行现世苦难之救赎，如何发挥其灵魂拯救的功能。但是这种信仰学说归根结底还是与上层的国家意志走到了一起，即劝人为善，远离恶行，至此，作为宗教的救赎，西王母信仰完成了其在下层社会的传播。这一时期的西王母图像主要作为独立的救赎大神位于整体画像最显要部位，代表最高仙界。另外，西王母的功能在东汉时期发生了一个重要的变化，即由较为消极的长生救赎功能演化出积极的宇宙创生功能。西王母作为创生之神，主要与伏羲女娲或龙虎座共同构图，这样的构图在某种程度上显示出西王母信仰在发展壮大过程中力图超越单纯的灵魂救赎功能而成为创生大神的努力。②

第一节　汉代西王母信仰简述

随着国家文明的进一步发展，商周时期能够通达人神、控制神灵的巫术亦显示出其地位的式微。战国秦汉时期的神仙方术中就有灵魂飞升的观念，人由主动地控制灵魂转向对神灵的向往与憧憬，灵魂被放飞、被颂扬。表现在墓葬文化中则是魂飞升入天，魄降归于地。至此，人活着是肉体与灵魂的合一，而人死了便是灵魂与肉体的分离。

---

① 本书重点研究汉代墓葬画像石与画像砖中的比较成熟的西王母坐像，壁画墓中的西王母坐像大多属于早期四分之三的构图形式，且构图设计较为简单，恕不论述。

② 汪小洋认为："在至上神的努力下，西王母信仰具有了创世神话的意味。……至上神的宗教意义就从创世神话得到了一个有意义的补充尝试。"（参见汪小洋：《汉墓壁画宗教思想研究》，上海：上海古籍出版社2011年，第206～207页）本书在讨论西王母的灵魂救赎（至上神）与创生功能时，借鉴了此种说法，在此基础上将这两种功能作为两个层面来认识，前者是后者的基础，后者则是前者的升华与发展。

一方面，成为魄的肉体在地下继续生存，再现着生时的生活景象；另一方面，成为魂的精灵（灵魂）往上飞升（到底飞往哪里，汉代人认为可能是昆仑山，表现在图像中则是云气环绕、仙草丛生、羽人遍野的仙界），实现死后飞仙的愿望。那么，代表灵魂之主的神灵被描绘塑造成何种情形呢？我们可以细观两汉时期的重要神灵西王母，西王母在汉代各个地区虽然形态各异，也经历了不小的变化，但总体看，西王母的形象与人间的贵族生活景象极为相似，且不说其衣着之华、侍从之众，单单看其坐姿，大多数为当时社会通用的体面性贵族坐姿——正坐，即端坐。考察汉代西王母坐像，我们不能不联系汉代的现实社会景象，如正坐、矮榻、凭几、倚杖的含义。所有这些坐像内容，实际上都是依托现实世界的生活内容，但其指向却是汉代人对于灵魂或神灵的认识，神灵形象实为汉代人生命与灵魂观念的外化与反映。长生不老始终是古人的一个美好愿望。西王母信仰作为一种长生信仰，仙界的仙人、仙药、玉兔、蟠桃等均是长生信仰的象征符号。西王母神灵的姿势被设计成上层贵族老者的安坐姿势，也表达了人们对长寿的追求以及死后灵魂居所与其所代表的富贵生活的完美想象，死后灵魂所归之处"与我们的世界相似，但更美好"[1]。西王母仙界实际上就是古人对现实美好世界的无限扩大与延伸。

一、西王母形象的演变

（一）半人半兽形象

《山海经》中有多处论及西王母。《西山经》中曰："西王母其状如人，豹尾虎齿而善啸，蓬发戴胜，是司天之厉及五残。"[2]另《大荒西经》言："西海之南，流沙之滨，赤水之后，黑水之前，有大山，名曰昆仑之丘。有神人面虎身，有文有尾，皆白处之。其下有弱水之渊环之，其外有炎火之山，投物辄然。有人戴胜，虎齿，有豹尾，穴处，名曰西王母。此山万物尽有。"[3]还有《海内西经》中言："西王母梯几而戴胜杖，其南有三青鸟，为西王母取食。在昆仑虚北。"[4]从这几段文字我们可知，西王母居住在昆仑山，其形象为豹尾虎齿，蓬发戴胜，只是身体形状如人，

① 〔法〕阿诺尔德·范热内普：《过渡礼仪》，张举文译，北京：商务印书馆2010年，第111页。
② 袁珂：《山海经校注》卷二《西山经》，上海：上海古籍出版社1980年，第50页。
③ 袁珂：《山海经校注》卷十六《大荒西经》，上海：上海古籍出版社1980年，第407页。
④ 袁珂：《山海经校注》卷十二《海内北经》，上海：上海古籍出版社1980年，第306页。

而且凭几而坐。①所谓的胜，其实就是一个楔形物，在汉代的压胜钱上也经常会有这种楔形物（见图4-1），可能与西王母信仰有关。汉画像石、画像砖中凡出现头戴华胜的贵妇基本可以肯定是西王母。"画像石中的西王母常戴胜，这种饰物几乎成了她的标志之一。"②由于西王母信仰在汉代社会深入人心，其头饰"胜"亦被认为具有避邪趋福与万寿无疆的神力而成为妇女的世俗妆饰。如湖南长沙五一路汉墓出土的金胜（见图4-2）可能就是墓主生前曾经使用的饰物。同时，随着西王母信仰的民间化与人性化，西王母头上所戴饰物也可能突破楔状胜，而吸收妇女社会生活中的妆饰如仅保留发髻而无胜饰，或者取贵妇所流行的"大髻"，这样的变化也为我们辨析西王母形象带来一定的困难，后者的情况则主要根据画像的榜题、内涵及其他构图要素来判断。

图4-1　汉代压胜钱上的楔形物与戴胜西王母
（采自《收藏》2010年第8期，第128页；汤池主编《中国画像石全集5：陕西、山西汉画像石》，山东美术出版社2000年，第134页）

图4-2　湖南长沙五一路汉墓出土的金胜
（采自周汛、高春明《中国历代妇女妆饰》，学林出版社1988年，第89页）

（二）贵妇形象

西王母由半人半兽的怪厉形象演变为汉代神仙形象经历了一个漫长的过程。汉代西王母的形象变化与定型既得益于帝王的崇奉，又受到民间力量的支持。汉代的西王母形象逐渐演变成为一个高高端坐、神态安然、庄严美丽的贵妇形象。《汉武帝内传》中描述西王母的形象如下："王母上殿东向坐，着黄锦袷襦，文采鲜明，光仪淑穆，带灵飞大绶，腰

---

① 梯几，即凭几之意，据郭璞注"梯谓凭也"，梯几即凭几。参见袁珂：《山海经校注》卷十二《海内北经》，上海：上海古籍出版社1980年，第306页。杖，实为尊老者所扶之杖，几与杖当皆为优待尊老之物。

② 孙机：《汉代物质文化资料图说》，北京：文物出版社1991年，第246页。

分头之剑，头上大华结，戴太真晨婴之冠，履玄璃凤文之舄，视之可年卅许，修短得中，天姿庵霭，云颜绝世，真灵人也。"①汉代帝王崇奉的西王母完全是一个尊贵、高雅、柔美的贵妇形象，这一方面为人们描绘出了汉代西王母的神仙形象，另一方面也适应了帝王信仰的需要，突出了现实社会男性帝王与彼岸信仰女性神仙的互相需要与互为补充。女性贵妇的形象显然比怪厉的半人半兽形象更加讨得帝王及上层人士的欢喜。这样的演变亦是上层社会享乐式生活的反映。

而在民间社会中，西王母信仰则随着西汉末年的民乱而迅速传播开来。《汉书·哀帝纪》中记载了建平四年春（公元前3年）的关东民乱事件：

> 四年春，大旱，关东民传行西王母筹，经历郡国，西入关至京师，民又会聚祠西王母，或夜持火上屋，击鼓号呼相惊恐。②

此故事在《汉书·天文志》与《汉书·五行志》中亦有记载：

> 四年正月、二月、三月，民相惊动，欢哗奔走，传行诏筹祠西王母，又曰："从目人当来"。③
>
> 哀帝建平四年正月，民惊走，持槁或棷一枚，传相付与，曰行诏筹。道中相过逢多至千数。或被发徒践，或夜折关，或逾墙入，或乘车骑奔驰，以置驿传行，经历郡国二十六，至京师。其夏，京师郡国民聚会里巷仟佰，设（祭）张博具，歌舞祠西王母。又传书曰："母告百姓，佩此书者不死。不信我言，视门枢下，当有白发。"至秋止。④

这样的记载传达了如下信息，即在西汉末年西王母信仰成为关东地区召集民众、制造惊慌、掀起民乱、对抗官府的有效工具，其影响地域

---

① 《汉武帝内传》，《道藏》第5册，北京：文物出版社，上海：上海书店，天津：天津古籍出版社1988年，第48页。
② 〔汉〕班固撰，〔唐〕颜师古注：《汉书》卷十一《哀帝纪》，北京：中华书局1962年，第342页。
③ 〔汉〕班固撰，〔唐〕颜师古注：《汉书》卷二十六《天文志》，北京：中华书局1962年，第1311～1312页。
④ 〔汉〕班固撰，〔唐〕颜师古注：《汉书》卷二十七下之上《五行志》，北京：中华书局1962年，第1476页。

广泛，"经历郡国二十六"，且持续时间较长，历经春、夏、秋才止。这次大规模的民乱事件可以说是西王母信仰具有深厚民间土壤的证明，事件本身更是促进了西王母信仰在民间的快速传播。此后的王莽政权亦利用这一点来笼络民心，争夺权力。《汉书·元后传》中载，王莽顺应"太皇太后当为新室文母太皇太后"的瑞应而发诏书：

> 予伏念皇天命予为子，更命太皇太后为"新室文母太皇太后"，协于新（室）故交代之际，信于汉氏。哀帝之代，世传行诏筹，为西王母共具之祥，当为历代（为）母，昭然著明。予祇畏天命，敢不钦承！谨以令月吉日，亲率群公诸侯卿士，奉上皇太后玺绶，以当顺天心，光于四海焉。①

《汉书·翟方进传》中载：

> 太皇太后肇有元城沙鹿之右，阴精女主圣明之祥，配元生成，以兴我天下之符，遂获西王母之应，神灵之徵，以祐帝室，以安我大宗，以绍我后嗣，以继我汉功。②

因此，汉代西王母的形象演变与信仰传播是在帝王的上层推动、民众的下层支持的双向作用下实现的。尤其在西汉末年的民乱之后，西王母信仰更多地转向下层社会中间，其形象基本保留了高高端坐、身着华服、头戴华胜，有时凭几、抱杖的慈祥老妇形象。这样的老妇形象实际上与汉代社会提倡的"忠孝"有很大关系，有着极其鲜明的"孝"的象征意义，死者所崇尚的神灵形象并非年轻貌美强壮有力，而是带有老年特征的王母，这显示了汉代人对老者的无比尊敬与崇尚，也表达了对生命长寿的渴望，希望"寿比南山不老松"。

因为西王母是慈祥老妇形象，以至于发掘报告或研究者有时会将西王母与墓主人形象混杂。比如学界对江苏沛县栖山一号石椁墓中椁东壁外

---

① 〔汉〕班固撰，〔唐〕颜师古注：《汉书》卷九十八《元后传》，北京：中华书局1962年，第4033页。

② 〔汉〕班固撰，〔唐〕颜师古注：《汉书》卷八十四《翟方进传》，北京：中华书局1962年，第3432页。

侧楼阁中的妇人身份就存在"西王母"和"女墓主"的争论。①简·詹姆斯（Jean James）亦认为西王母"不是一个远离人类世界的神，尽管她住在远离人类聚居地的山上，但她还是存在于地球上，很明确，她比'太一'这种高高在上的神更容易使人接近"②。汉墓中西王母的坐像因时代与地域的不同而呈现出不同的面目。西王母或居于昆仑山，或高居云端，或坐于龙虎座，或坐于几后，或居于琼台楼阁，极尽自由曼妙之能。她为汉代的普通民众营造了一个自由、轻松、美丽、久远的理想生活世界。

（三）配神东王公

在西王母画像中，还需要提到的是东王公。东王公大致出现在东汉中期至晚期。有人认为，东王公作为西王母的配偶被创造出来，与西王母一起成为对偶神。③但也有学者认为，东王公的出现时期是西王母至上神的努力阶段。④从画像上看，东王公基本是西王母原型的翻版，东王公被创造出来成为西王母的配神，无论东王公多么神化，他总是由西王母再造出来的，这个最高的仙界首领依然是西王母而不是东王公。也就是说，在西王母的信仰系统里，东王公始终居于西王母之下，西王母的至上神地位并未受到挑战。这实际上亦反映了民间信仰与国家意志之间的区别，在刚性的国家文化中，父亲、男子是主角，他们控制着国家的政治；但是在柔性的民间文化中，母亲、女子才是主角，她们才是整个世界的创生者与管理

---

① 参见刘辉：《沛县栖山石椁墓中的"西王母"画像管见》，《四川文物》2010年第1期；石红艳、牛天伟：《关于西王母与女墓主形象的辨识问题——与刘辉商榷》，《四川文物》2011年第5期。清理简报认为楼上的妇人为西王母，理由是此妇人头戴胜，戴胜是西王母神性的象征，体现其无比的尊贵，一般女墓主却很少有戴胜的。另外其旁边刻的九尾狐、青鸟等都是西王母的使者。本书采纳"此妇人是西王母"的观点。参见徐州市博物馆、沛县文化馆：《江苏沛县栖山汉画像石墓清理简报》，《考古学集刊》第二集，中国社会科学出版社1982年，第106～112页。

② 〔美〕简·詹姆斯：《汉代西王母的图像志研究》，贺西林译，《美术研究》1997年第2期。

③ 朱存明认为东王公虽较西王母晚出，但与西王母形成比较明确的对偶关系（参见朱存明：《汉画像之美：汉画像与中国传统审美观念研究》，北京：商务印书馆2011年，第156页）。笔者认为这种表述似乎暗含以东王公为主神、西王母为配神的意味，实为不妥。

④ 汪小洋认为东汉中期至晚期，东王公进入西王母仙界是西王母至上神的努力阶段，随着这种努力，西王母信仰的成熟形态最后完成（参见汪小洋：《汉墓壁画宗教思想研究》，上海：上海古籍出版社2011年，第200～203页）。笔者认为西王母至上救赎神的地位在东汉中期以前就确立了，东汉中期以后东王公的配神地位仅仅是作为一种阴阳平衡而存在于西王母仙界中，是为了衬托西王母的女性与母性地位，但显然这种女性地位与现实国家主流意识形态中的女性地位有着很大的不同。

者。这样一种格局对于整个汉代社会来说，实际上是一种阴阳平衡、刚柔相济的格局，国家与社会，政治与民间既互相渗透，又各行其是。这样的格局实为对汉代政治的一种极大保护，并由此延展到整个传统社会的秩序中。虽然在汉代以后的政治与信仰格局中，西王母信仰渐渐被其他信仰所替代，但这种刚性与柔性、男性与女性、父性与母性相互融合与支撑的传统却未曾改变，中国佛教中菩萨形象的女性化[①]、道教女神碧霞元君、民间信仰中的妈祖等等，或许都是这种传统的延续与表现。

二、西王母仙界的特征

西王母所居昆仑山是大地的中心，可以上通天庭。《太平御览》卷三六所引《河图括地象》："昆仑山为柱，气上通天，昆仑者，地之中也。下有八柱，柱广十万里，有三千六百轴，互相牵制，名山大川，孔穴相通。"[②]除了所居神山昆仑山、天柱及悬圃之神界象征外，西王母仙界还有许多随从灵物如玉兔、蟾蜍、九尾狐、青鸟、鹿、鹤、凤凰等，它们都是仙界的象征符号，即使在西王母缺失的画像里，如果出现这些灵物，也代表着西王母仙界。

《淮南子·坠形训》对昆仑山描述如下：

> 禹乃以息土填洪水以为名山，掘昆仑虚以下地，中有增城九重，其高万一千里百一十四步二尺六寸。上有木禾，其修五寻，珠树、玉树、璇树、不死树在其西。沙棠、琅玕在其东，绛树在其南，碧树、瑶树在其北。旁有四百四十门，门间四里，里间九纯，纯丈五尺，旁有九井。玉横维其西北之隅。北门开以内不周之风。倾宫、旋室。县圃、凉风、樊桐。在昆仑阊阖之中，是其疏圃。疏圃之池，浸之黄水，黄水三周复其原，是谓丹水，饮之不死。[③]

---

① 佛教初传中国时，菩萨基本呈现男性体征，其在中国的传播无疑受到本土文化的影响。中国文化中的阴阳观念以及女性神灵形象在民间信仰中的地位可能是促使菩萨女性化转变的重要因素，隋唐时期的菩萨日益呈现温柔、秀美的女性色彩。关于菩萨女性化的研究可参见孙修身、孙晓岗：《从观音造型谈佛教的中国化》，《敦煌研究》1995年第1期；冷维娟：《敦煌菩萨画像女性化与本土文化特质》，《文艺争鸣》2011年第2期；王敏：《菩萨造像的中性化与观音造像的女性化》，《民族艺术》2011年第3期；邓怡舟：《西王母和观音菩萨形象的演变探究》，《太原理工大学学报（社会科学版）》2012年第3期。

② 〔宋〕李昉等：《太平御览》卷三六，北京：中华书局1960年，第171页。

③ 〔汉〕刘安等编著，〔汉〕高诱注：《淮南子》卷四《坠形训》，上海：上海古籍出版社1989年，第40页。

> 昆仑之丘，或上倍之，是谓凉风之山，登之而不死。或上倍之，是谓悬圃，登之乃灵，能使风雨。或上倍之，乃维上天，登之乃神，是谓太帝之居。扶木在阳州，是之所曊。建木在都广，众帝所自上下，日中无景，呼而无响，盖天地之中也。①

对长生不死的西王母仙界的塑造，实为战国以来农业社会发展的结果，它尤其适应了古人的生活现实，即封闭的生存环境、较为稳定的农业生产以及家国统一的国家结构形态，这样的自然与人文环境滋生了人们安于现状的思想观念，特别希望长寿、长生就是古人对现实生活极端满足并希望永久延续的集中反映。西王母信仰反映出汉代人的生命观：一端是现实生命的消失及其所带来的恐惧与困惑，另一端则是长生不死的诉求与渴望。这说明两点，一是汉代人对生命的留恋，均以不死为终极目标；二是汉代人对理想自由世界的创造，理想的自由不在人间，而远在昆仑之丘，只要登上此山，便可神可灵，呼风唤雨。

在汉画像中，我们看到的往往是人间与仙界的融合。这在西王母仙界图像里表现得尤为突出，其主神西王母往往有着人的基本特征。西王母坐像的不同既有其自身丰富的历史变迁，又与时代有着千丝万缕的联系。西王母作为昆仑仙界的主神，掌管着凡人死后灵魂飞升的神圣权力，在汉代祠堂画像中，我们看到的大多是居于最高处正中接受众羽人侍奉、等候祠主前来拜访或者接受万民奉祀的西王母形象。可以说，汉代西王母坐像的历史就是汉代民间信仰发展与变迁的历史，透过西王母的坐像研究，我们可以看到更加多彩的汉代信仰世界。在丰富的汉画石、汉画砖宗教艺术中，西王母的图像被越发突显出来，而且可能会呈现超出文献记载的内容，起到文献记载所不能发挥的作用，显示出民众信仰对西王母的真正的理解。②

---

① 〔汉〕刘安等编著，〔汉〕高诱注：《淮南子》卷四《坠形训》，上海：上海古籍出版社1989年，第41页。

② 参见〔美〕简·詹姆斯：《汉代西王母的图像志研究》，贺西林译，《美术研究》1997年第2期。另外，汪小洋亦认为西王母信仰更多地指向国家宗教之外的民众视野。西王母是在国家政治权威触角之外由普通民众塑造起来的民间信仰。自汉武帝到西汉后期、新莽时期，西王母在民间与上层社会均拥有比较深厚的信仰土壤。到平莽之后的东汉时期，在西汉末流民事件中备受民众信赖、受王莽推崇的西王母信仰必然在以朝廷为中心的国家政治空间里受到冷落与排斥，西王母信仰进一步流入民间。（参见汪小洋：《汉墓壁画宗教思想研究》，上海：上海古籍出版社2011年，第192～197页）

三、西王母坐像构图的功能

西汉末年到东汉时期墓葬系统的西王母图像展示了汉代民众是如何创造与传递西王母这一民间信仰的。"布克哈特（Burckhardt）认为，只有通过视觉作品，某个时代的隐秘的信仰和观念才能传诸后人，而这种传递方式是最可靠的，因为它是无意而为的。"①关于汉代西王母的图像形态及意义，已有很多学者做过论述。如李凇将西王母的图像形式演变分为两个阶段，第一阶段是情节式构图，"西汉后期至东汉初期，西王母为四分之三侧面角度，为'情节式'构图"；第二阶段是偶像式构图，"东汉初期至中期，西王母为正面角度，左右有对称的侍从，为'偶像式'构图；东汉中期以后，普遍出现有翼像"②。西王母坐像由四分之三角度发展到正面端坐角度，与西王母神仙的地位变化大致相应。汪小洋认为西王母的正面图像是西王母至上神地位建立的标志。③

大部分的西王母画像呈现正面像，至上神的地位是确定的。笔者所要进行的研究是通过图像内容来分辨西王母信仰不同的功能。其中，最重要的功能是救赎功能，引导人死后得道成仙，即接引灵魂升天或灵魂拯救的功能。巫鸿认为"西王母是一个统治昆仑山的神，同长生不死的崇拜联系在一起，从而激发人们的信仰，人们在困难时为了得到拯救而向她祈祷"④。观察西王母坐像，这个功能是最主要的，或者说是最根本的，这类画像也是最丰富的。西王母或者坐于最高处正中，或者坐于天柱悬圃，或者坐于云端，少数坐于三神山，旁有玉兔、蟾蜍、九尾狐或羽人、兽首人身怪，这些都属于远离人间的仙界符号；或者戴胜、凭几（或坐于几后、几上，或只显示出腰间所悬之几）、执杖（杖很少出现，因为西王母大多呈现坐姿），虽然亦处于仙界，但是由于使用汉代尊者、老者常用的几、杖，全然一幅人间尊贵妇人的形象。其构图表征与人间有某种关联，西王母更多了些入世色彩。在西王母仙界之下，往往还有现实的宴饮场面或历史故事图像，这些宴饮场面、历史故事安排在墓室中，亦富有其宗教象征意义，它们象征着墓主人此生此世尽行忠孝之道，

① 孟建、〔德〕斯蒂芬·弗里德里希（Stefan Friedrich）主编：《图像时代：视觉文化传播的理论诠释》，上海：复旦大学出版社2005年，第164页。
② 李凇：《论汉代艺术中的西王母图像》，长沙：湖南教育出版社2000年，第72页。
③ 汪小洋：《汉墓壁画宗教思想研究》，上海：上海古籍出版社2011年，第191页。
④ 〔美〕简·詹姆斯：《汉代西王母的图像志研究》，贺西林译，《美术研究》1997年第2期。

这是汉代人的最高人生价值体现，在尽行此道之后，完全可以获得得道升仙的资格，"凡得道授书者，皆朝王母于昆仑之阙"[1]。它寓意处于最高仙界的西王母时刻注视着人间的一切事务。西王母不仅塑造了一个完美仙界，而且为成仙指出了切实可行的道路：积善成仙，也就是说若要成仙，必须先在人间履行其现实的道德义务。要成仙道，先修人道，神仙信仰的道德劝善功能亦充分地突显出来。[2]

除却灵魂救赎之功能，西王母还在此基础上发展成为宇宙创生神——太一神。"一"在中国古代文化中具有初始、本原的意义。"太一"就是指绝对的初始、绝对的本原。《老子》四十二章言："道生一，一生二，二生三，三生万物。"[3]道与"太一"实乃同一个东西，即创造出世界万物的初始力量。太一神在中国的创世神话中具有至高无上的地位。《庄子》："建之以常无有，主之以太一。"[4]太一是世界的源头，太一神话实为一种创世神话。后世道教中有太上老君，实为对道家创始人老子的神化，太上就是生成世界万物之"道"。对太一神的认识与宗教实践亦随着时代发展而具有不同的表现形式。在世界尚未出现阴阳、天地的"混沌状态"下，"太一神"是混沌之神。庄子所言"太一"即为此。而到了汉代社会，随着阴阳哲学、天人合一思想的发展，太一神的表现形式具有了阴阳相合的意趣。太一与伏羲女娲或龙虎的共同构图均具有阴阳交合的含义。至此，太一神实为生出阴阳、天地、男女的最高神灵。如四川郫县东汉砖墓石棺一棺头上的太一伏羲女娲图（见图4-3），考古报

---

① 〔宋〕李昉等：《太平御览》卷六六一"真人下"引《尚书帝验期》，北京：中华书局1960年，第2951页。

② 汉代墓葬画像中有大量的宴饮图、忠孝故事图，所有这些带有现实色彩的图像实际上都是国家礼制系统或积善成仙伦理学说的反映。关于宴饮图的国家宗教意义（国家礼制色彩）可参见汪小洋：《汉墓壁画宗教思想研究》，上海：上海古籍出版社2011年，第209～231页。积善成仙伦理学说认为，死后进入神仙世界的前提是在现世生活中履行人之为人的义务，如行孝、尽忠、守义……积善成仙说是汉代人生命最高价值实现的重要手段，是道教伦理中与现实生活联系最为密切的内容，也是道教实现补充儒家伦理功能的重要依据。关于道教伦理及其对传统社会伦理的弥补功能，可参见姜生：《汉魏两晋南北朝道教伦理论稿》，成都：四川大学出版社1995年；《宗教与人类自我控制：中国道教伦理研究》，成都：巴蜀书社1996年；《明清道教伦理及其历史流变》，成都：四川人民出版社1999年；《论道教伦理对儒家伦理的弥补功能》、《再论道教伦理对儒家伦理的弥补功能》、《三论道教伦理对儒家伦理的弥补功能》、《四论道教伦理对儒家伦理的弥补功能》等系列论文，分别载《宗教学研究》1996年第1、2期，1997年第1、2期。

③ 〔清〕张尔岐：《老子说略》，济南：齐鲁书社1993年，第35页。

④ 〔清〕郭庆藩撰，王孝鱼点校：《庄子集释》卷十下《天下第三十三》，北京：中华书局1961年，第1093页。

图4-3 四川郫县东汉砖墓石棺—棺头（B）之太一伏羲女娲图
（采自《考古》1979年第6期，第497页）

告认为，处于日月之间的是可以往来于天空的羽人①。笔者认为，这个处于日月之间、被手托日月的伏羲女娲共同仰望的"羽人"是这幅图像的中心，实为生出日月、阴阳、生殖神伏羲女娲的创世太一神。

西王母的宇宙创生者形象与其拯救灵魂的长生神形象具有很大差别。因为要超越并生出阴阳，创造生命，首先要把具有生殖功能的神包括进来，或者让自己具备生殖神的功能，所以出现了西王母与伏羲女娲共同构图的形式、西王母与龙虎共同构图的形式等。这些形式虽然在时间上与长生救世图像不相上下，无法清楚分辨，但从本质上说，却是积极的创生形象，从理论上说是从其救赎形象进一步发展而来的。

第二节 西王母坐像构图及其意义

本节中我们以西王母正面画像石（砖）坐像为主对西王母信仰进行图像学的阐述。正面画像石坐像主要依据西王母不同的坐像分为两类，一类是以长生救赎为主题的救赎神坐像，大致包括山东、江苏、河南、陕西、山西等地区。另一类是以创生为主题的太一神坐像，主要在山东、四川地区。由于西王母画像石分布地区十分广泛，信仰体系与内容也复杂多样，实非本书所能全部容纳。鉴于此，我们主要选取与本书主旨忠孝信仰联系较为密切的西王母画像进行阐述，单纯表现升仙主题或成仙享乐的画像（如山陕地区的天柱悬圃西王母画像、四川地区西王母与摇钱树组合画像②）则恕不赘述。

---

① 四川省博物馆、郫县文化馆：《四川郫县东汉砖墓的石棺画象》，《考古》1979年第6期。

② 这部分内容可参见李为香：《身体表达与信仰追求——汉代暨以前坐姿仪式研究》第六章第三节与第四节相关论述，山东大学博士学位论文2012年。

一、山东地区较为简洁的西王母坐像构图①及其意义

第一类救赎神灵西王母的构图比较简洁，画面内容要素较少，主要突出西王母端坐的中心地位，其侧一般有两三个羽人或怪物服侍，下层一般为车马行进图。如山东嘉祥蔡氏园画像第二、三、四石（见图4-4），西王母大都为全身像，正中端坐于画像石最高处，左右有跪献仙草、三珠果或酒浆的侍从。一般有九尾狐或者鸡头人身的怪物。整体画像

图4-4　嘉祥蔡氏园画像第二石
（采自朱锡禄《嘉祥汉画像石》，山东美术出版社1992年，第15页）

空间很大，像是一个正在进行的情景画像，或许是死者乘坐车马去拜见西王母仪式的简化表达形式。这类画像中的西王母博衣右衽，头戴胜，拱手端坐，臂下或凭几或无几，目视前方，富贵威严，一派仙界之首的模样。

除却两层构图之外，较为简洁的画像亦有多层次构图形式。如嘉祥县嘉祥村画像第一石有五层（见图4-5），虽然分层较多，但亦主要表现墓主乘车马往见西王母的升仙仪式场景。最上面一层中间刻西王母戴胜正面拱手端坐于高台之上，手臂下似有凭几。左面一人向西王母侍坐并进献仙草，此人身后有一手持仙草的人披发站立，站立者身后有两个鸡头人身的仙人亦手持仙草面向西王母跪拜。西王母右方也有一人向她侍坐并进献仙草。最右方有两个鸡头人身、肩生双翼的仙人面向西王母跪拜。第二层中部是两只玉兔持杵捣药。其左方有一长发仙人手举幡、骑兔驶来。骑兔者后方有一辆以云作轮、由三只神鸟拉的车，车上坐两人，

---

① 山东地区的西王母画像主要包括山东、河南、江苏等地，以山东嘉祥地区为主，西王母图像处于祠堂内壁的最上层中央部位，大多头上戴胜，端坐于矮榻，宽袖右衽，双手笼于袖中，一幅高高在上的状态。旁边有侍从跪侍，侍从大都呈仙人模样，或鸡首人身、马首人身；有玉兔捣药、羽人飞舞，还有九尾狐、蟾蜍等仙界符号。这类西王母画像石多以不同的层次来表现西王母的至高无上与墓主（祠主）升仙的仪式过程。

图4-5 嘉祥县嘉祥村画像第一石
（采自朱锡禄《嘉祥汉画像石》，山东美术出版社1992年，第79页）

一人举幡，另一人驭神鸟。捣药玉兔的右方是一个两头四足怪兽，其上坐一吹笙长发仙人。再向右有一握绳长发仙人，牵着三足乌与九尾狐。第三层为前有羊车导骑、后有羊车随从的两人乘羊车行进图，骑羊者为肩生双翼的仙人。[1] 这两层所描绘的应当是引导死者升仙的仙人队伍，无论是玉兔、骑兔的长发仙人、坐云车的二仙人，吹笙的仙人、牵三足乌和九尾狐的仙人，还是肩生双翼的仙人，均是连接西王母仙界与凡界的中介，他们可以下降到人间引导死者灵魂飞升后再进入西王母仙界。第四层为前后有导骑随从的车马行进图，车上坐两人。第五层为狩猎图。这两层则是接近"人"的世界，狩猎图可能与现实社会中的杀牲祭祀有关，在死者升仙的仪式中，祭祀神灵、先人是不可缺少的环节，狩猎所暗示的可能就是这种意义，两人乘坐车马的意义则在于随着祭祀仪式的进行，死者的灵魂可以跟随羽人、仙人队伍而飞升成仙。

与此幅画像相似的还有纸坊镇敬老院画像第九石（见图4-6），画像第一层的西王母在正中拱手端坐，博衣广袖。右边二人（一持仙草，一持板）面向西王母侍坐，其后是一只鸟和九尾狐。左边是四人手持仙草面向右侍坐西王母并进献仙草。第二层刻两辆向右方疾驰的以云作轮的仙车。前车由一只长尾凤鸟牵挽，车上坐一个肩生双翼的长发仙人，执鞭驭者长发裸身、肩生双翼。后车由五只飞鸟牵挽，车内坐一高冠者，执鞭驭者亦披发、肩生双翼。仙车的前方是一个肩生双翼的长发仙人骑仙犬疾奔导行。第三至第五层为女子射箭、车骑和狩猎图。[2] 第一、二、四、五层与上述嘉祥村第一石中是一致的，即西王母

---

[1] 参见朱锡禄：《嘉祥汉画像石》，济南：山东美术出版社1992年，第135页。

[2] 参见朱锡禄：《嘉祥汉画像石》，济南：山东美术出版社1992年，第140页。

仙界、仙人引导、死者乘坐车马升仙与祭祀仪式图，唯独第三层的射箭图意义较为晦涩难懂，但应当亦是死者升仙过程中的某项仪式。

嘉祥、徐州、南阳地区的西王母坐于矮榻、几后的情况居多，另有坐于天柱悬圃的，不太多见，仅见于宋山小祠堂第四石（见图4-7）、南阳市熊营出土的东汉西王母东王公画像石（见图4-8）。从整体构图上来看亦较为简洁，前者是典型的天柱悬圃，后者则用高足盘象征天柱悬圃。

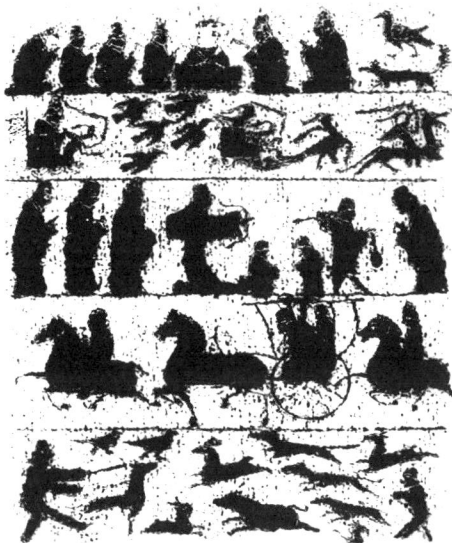

图4-6 纸坊镇敬老院画像第九石
（采自朱锡禄《嘉祥汉画像石》，山东美术出版社1992年，第92页）

图4-7 嘉祥宋山小祠堂第四石西王母图
（采自《文物》1979年第9期，第3页）

图4-8 南阳市熊营出土的东汉西王母东王公画像石（采自王建中、闪修山《南阳两汉画像石》，文物出版社1990年，第157幅）

　　这些较为简单的图像突出了高高在上的西王母仙界以及向着这个仙界奔行的车马，车马所载即要"往见西王母"的墓主，尤其是嘉祥村第一石和纸坊镇敬老院第九石中由羽人前导、飞鸟前拉的车更具有直接朝向王母仙界的意义，是墓主乘仙车升仙仪式的反映。在所有图像中，西王母均笼袖端坐，其坐具有些比较明显，如仙台座、凭几而坐、天柱悬圃等，而有的不是很明显，但从整个姿势上也很容易看出其坐法与"正坐"近似，应当是安坐之神的形象。

二、山东地区祠堂内壁上较为复杂的西王母坐像构图及其意义

　　汉代建造祠堂的大都是有一定经济实力与社会地位的中上层官僚贵族，《盐铁论》中言："今富者积土成山，列树成林，台榭连阁，集观增楼。中者祠堂屏合，垣阙罘罳。"[1]《潜夫论·浮侈篇》谈到汉代的奢侈风气时说："今京师贵戚，郡县豪家，生不极养，死乃崇丧。或至刻金镂玉，檽梓楩柟，良家造莹，黄壤致藏，多埋珍宝偶人车马，造起大冢，广种松柏，庐舍祠堂，崇侈上僭。"[2]《汉书·霍光传》中载："太夫人显改光时所自造茔制而侈大之。起三出阙，筑神道，北临昭灵，南出承恩，盛饰祠堂，辇阁通属永巷，而幽良人婢妾守之。"[3]祠堂外松柏林立，阙门高大，神道宽阔，蔚为壮观。不仅如此，还要在祠堂内壁"雕文刻画，罗列成行，摛骋技巧，委蛇有章"[4]。祠堂既是子孙祭拜缅怀祖先灵魂之处，又是祠主灵魂升仙的重要场所。

　　山东地区祠堂内壁上的画像既有升仙的意义，又有较为浓厚的现实色彩，突出体现了祠堂之作为生者—死者—仙界三者连接纽带的内涵。有着丰富西王母仙界画像的祠堂主要包括嘉祥宋山小祠堂、嘉祥武氏祠等。祠堂内壁上的西王母大都坐于最高处正中，而且整个身躯显得体积庞大，几乎看不到其座具。有的西王母、东王公还肩生羽翼，其神性更加浓厚。

　　宋山小祠堂的西王母画像在层次与内容上都是比较丰富的，体现了汉代社会墓葬升仙仪式与信仰的系统化与成熟化。虽然与简单构图一样，西

① 王利器：《盐铁论校注（定本）》卷六《散不足》，北京：中华书局1992年，第353页。
② 〔汉〕王符著，〔清〕汪继培笺：《潜夫论笺》卷三，北京：中华书局1979年，第137页。
③ 〔汉〕班固撰，〔唐〕颜师古注：《汉书》卷六十八《霍光传》，北京：中华书局1962年，第2950页。
④ 〔宋〕洪适：《隶释》卷六《从事武梁碑》，《文渊阁四库全书》第681册，上海：上海古籍出版社2003年，第516页。

王母亦坐于最高层正中，但由于西王母本身形象的变化，其所代表的最上层仙界的意味更为明显。西王母本身高大，双肩生出向上翘起的羽翼，玉兔、蟾蜍捣制不死仙药，旁边的羽人都朝向她，服侍她；顶部还有云气缠绕，更衬托出其仙界的缥缈与高远。西王母仙界最高层之下的各层次内容也比较复杂，主要内容却不外乎忠孝历史故事与宴饮仪式、车马行进图。从整体画像来看，自下而上似有着某种内在的连续性，象征祠主乘坐车马自人间而进入仙界的仪式过程。如宋山第二、三、七、八石。

宋山画像第二石（见图4-9）上层正中为正面端坐的西王母，其体态庞大，肩生羽翼，似坐于榻上，头戴胜。左边羽人双手举杯向王母跪献，再往左是蟾蜍与玉兔执杵捣药，右边羽人跪持三珠果[①]，朝向西王母。画面空隙处填以云气纹，另还有仙草、玉兔和羽人，应当都是作为西王母仙界的侍从而存在的。西王母虽然仍然是坐姿，但形象高大，几乎占满最上一层。肩生羽翼，肩部以下仅能看到身体的

图4-9　宋山画像第二石
（采自《文物》1979年第9期，第2页）

大致轮廓，其身下可能有矮榻。西王母是否双膝安坐姿势，画像并没有明确显示出来，但根据汉代上层社会坐姿习惯，西王母应当为双膝安坐。第二层是周公辅成王图，成王戴一山形冠，立在几上。左方一人持一曲柄

---

① 三珠果为三珠树所结之果，应为海外仙界之仙果。三珠果在汉代西王母仙界画像中通常是羽人向王母所献之物，在宋山画像第二石、武梁祠左石室第二石、南武山第二石中均有羽人向西王母奉献三珠果的画面。三珠树是一种仙界神树，《山海经·海外南经》云："三株树在厌火北，生赤水上，其为树如柏，叶皆为珠。一曰其为树若彗。"三株树，实为三珠树（参见袁珂：《山海经校注》卷六，上海：上海古籍出版社1980年，第192页）；《淮南子·坠形训》中言："中有增城九重……珠树……在其西。""雒棠、武人在西北陬，硌鱼在其南，有神二人，连臂，为帝候夜，在其西南方，三珠树在其东北方，有玉树在赤水之上。"（〔汉〕刘安等编著，〔汉〕高诱注：《淮南子》卷四《坠形训》，上海：上海古籍出版社1989年，第40、45页）

伞盖罩在成王头上，执伞者后方站立二人。成王右方有一人跪拜（似为空首），可能是周公，其后亦有二人，可能为召公等人。[①]第二层的历史故事重在其象征意义，表达的是一种国家礼仪制度，或称为国家仪式，即成人礼与执政之间的关系，在未成年之前需要有良臣辅佐执政，表达一种以国家为重、为君主效力的思想。这是将现实生活中的政治伦理道德移入墓葬象征文化体系中，起到警示生者严格遵守成人仪式及对国君效忠尽死的作用。可见，墓葬祠堂虽为死者升仙的来世之所，但处处体现出对生者世界的关怀以及对生者的教化与规训。第三层为骊姬陷害太子申生的故事，左边四个男子，三人站立，前面一人跪坐，此人可能是晋国太子申生。对面一人抬手躬身，应是晋献公，其前一犬死于地上。晋献公后面一女人，当是骊姬，一儿童是骊姬之子。[②]骊姬害太子的故事应当是为了起到惩治奸邪、戒人作恶的惩戒作用，同时表达出太子申生的孝道。第四层为行进中的车马图，可能象征祠主乘坐车马进入仙界的仪式过程。其他的第三、七、八石的构图与第二石大同小异，不再赘述。

图4-10　宋山画像第一石
（采自《文物》1979年第9期，第2页）

与西王母相对成像的应当是东王公画像，在宋山小祠堂中第一、五、六石为东王公。[③]以第一石（见图4-10）为例，第一层分两部分，正中坐者为东王公，两侧各有一组肩生双翅的羽人，左侧一人面鸟身的仙人，象征仙界。第二层至第四层为祭祀宴饮仪式中的歌舞、庖厨与车马图。[④]笔者认为，虽然东王公作为配偶神出现在汉代的文献与图像中，但从本质上说，东王公的一切成像内容都来自西王母，

① 参见嘉祥县武氏祠文管所：《山东嘉祥宋山发现汉画像石》，《文物》1979年第9期。
② 朱锡禄：《嘉祥汉画像石》，济南：山东美术出版社1992年，第118页。
③ 参见嘉祥县武氏祠文管所：《山东嘉祥宋山发现汉画像石》，《文物》1979年第9期。
④ 嘉祥县武氏祠文管所：《山东嘉祥宋山发现汉画像石》，《文物》1979年第9期。

包括坐像、陪侍、位置、功能等等。因此东王公的画像是包含在西王母
画像之中的，或者说，西王母的意义完全可以涵盖东王公，本书不再对
东王公做特别的论述。

武氏祠的西王母画像内容与宋山小祠堂内容基本相同，只是其位置
在三角形的山墙上，更显示出仙界之高远。①构图上更显活泼生动、轻扬
飞升，整个空间除西王母正面端坐、肩生羽翼之外，布满了自由飞翔或
奔跑的羽人。如武梁祠第二石、第九石（见图4-11、图4-12）。

图4-11　武梁祠左石室第二石

（采自朱锡禄《武氏祠汉画像石》，山东美术出版社1986年，第48页）

图4-12　武梁祠后石室第九石

（采自朱锡禄《武氏祠汉画像石》，山东美术出版社1986年，第35页）

---

① 巫鸿充分注意到了武梁祠山墙的仙界意义，认为祠堂的结构包含了室顶（上天）、山墙
（仙界）与墙壁（人类历史），天界、仙界与人间的图像表现形式反映了汉代人的宇宙观。
（参见〔美〕巫鸿：《武梁祠——中国古代画像艺术的思想性》，柳扬、岑河译，北京：生
活·读书·新知三联书店2006年）虽然其中有些观点尚有待商榷，但将山墙视为仙界的
认识，笔者甚为赞同。这种认识实际上是将仙界作为联结天界与人间的一种过渡，所以
仙界中的事物在形态上都具备超越俗人的特征，如人的模样加上飞翼。仙界的创造及其艺
术实践在很大程度上解决了人对有限性的恐慌进而为灵魂寻求某种无限形式的终极问题。
无论宋山、南武山，还是武梁祠中的西王母坐像，在空间上都显示出了最高、最远、至
上的意味，实为无限的象征，尤其是武梁祠的三角山墙，将以上意味表达更甚。

图4-13　嘉祥南武山画像第二石
（采自朱锡禄《嘉祥汉画像石》，山东美术出版社
1992年，第62页）

在嘉祥南武山第二石西王母画像（见图4-13）中，还出现了头戴双角（或头生双角）、有翼、人身蛇尾、蛇尾交缠的神人形象，这可能是西王母与伏羲女娲共同构图的一种初期形式。关于西王母与伏羲女娲共同构图的意义，在后面还将有论述。但在南武山第二石的构图中，人身蛇尾或交尾的神人形象显然与其他鸟首人身或牛首人身的神物作用是一样的，是作为普通的西王母侍从而存在的，尚未成为西

王母主体的重要构件。也就是说，这里的西王母主体是独立构图，其他如神人、玉兔、九尾狐、蟾蜍均是作为其附属要素。这表明，这种构图中的西王母仍然是作为灵魂救赎之至上神而存在的。类似的图像还有南武山第三石（见图4-14），第一层西王母居于正中坐矮榻上，左侧一头戴双角、人身蛇尾、肩生翼的仙人手端一碗，向西王母奉献。其身后是一人面鸟身仙人手挥一巾。西王母右侧一站立的长发仙人向她奉献三珠果，其后有肩生双翼的马头人身、鸡头人身、犬头人身的仙人各一，手执板，面向西王母侍坐。下面三层分别是乐舞、庖厨与车骑图。①

图4-14　嘉祥南武山画像第三石上部
（采自朱锡禄《嘉祥汉画像石》，山东美术出版社1992年，第63页）

---

① 参见朱锡禄：《嘉祥汉画像石》，济南：山东美术出版社1992年，第127页。

徐州青山泉白集东汉画像石墓前设有祠堂，只是规模稍小，时代也比较晚，大致到了东汉末期。与此前祠堂不同的是，它不是建在地面，而是跟墓葬一起被掩埋在"积土成山"的坟堆中，这一类祠堂可能是祠堂升仙文化的进一步发展。[1]对于这个祠堂内西壁与东壁上层的画像（见图4-15），考古报告认为，西壁上层端坐中央的可能是主人，东壁上层髻发端坐中央的应是女主人。[2]笔者认为这种推测可能有误。无论是西壁还是东壁上层，都是明显的仙界图像，西壁一层中有长翼、形状似马、奔腾于嘉禾之间的异兽，其后两只玉兔捣药，"主人"左侧的舞人似为舞蹈的羽人；东壁一层左侧刻有瑞鸟、龟和异兽，右侧有两只玉兔捣药，形象与西壁相似。根据玉兔、嘉禾、羽人、瑞鸟等符号性要素，笔者认为这两幅图像中间端坐者亦是西王母，与西王母的标志性头饰——"胜"不同，西壁画像中的西王母头饰与《汉武帝内传》中所说的"大华结"相类似，或许为东汉贵族妇女通用的"四起大髻"。"史称东汉马皇后美发，为四起大髻，内外仿效，成一时风气，多用假发衬托。……东汉后期作此式大髻的为常见。"[3]从正面看应是头髻向上向外四面蓬松张开，

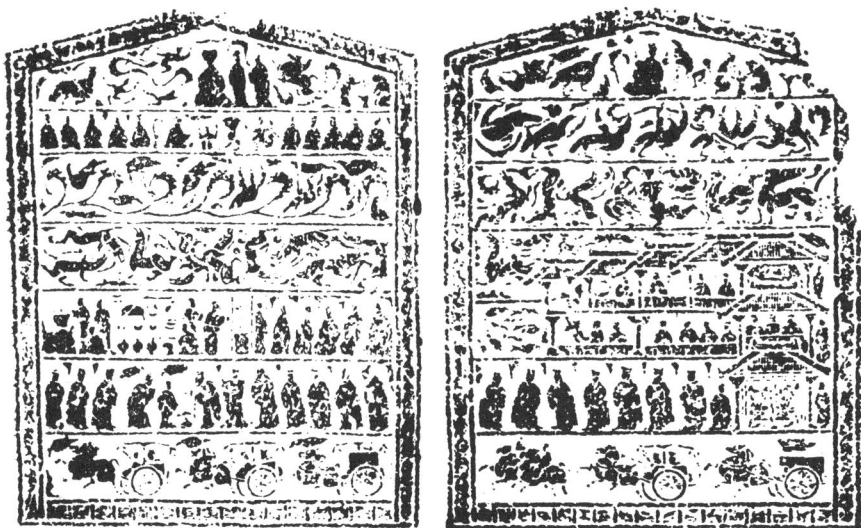

图4-15 徐州青山泉白集东汉画像石墓祠堂西壁、东壁刻石
（采自《考古》1981年第2期，第141页）

---

① 参见南京博物院：《徐州青山泉白集东汉画象石墓》，《考古》1981年第2期。
② 南京博物院：《徐州青山泉白集东汉画象石墓》，《考古》1981年第2期。
③ 沈从文：《中国古代服饰研究》，太原：北岳文艺出版社2002年，第154页。

好似盛开的花朵。这种贵族常用的头饰在东汉时期的画像中亦被用于西王母头饰造型。东壁画像西王母的头饰略有不同，似乎中间分叉，向上翘起。这似乎与西王母头戴胜饰有些冲突，但恰好说明了西王母信仰在东汉时期的传播发展过程中渐趋"人性化"的特征，尤其是为她佩戴上贵族妇女常用的"四起大髻"，不仅没有降低其神性，反而更加强了其高贵典雅的气质，更易被人们所接纳。两壁最上层表现的是西王母仙界，甚至西壁第三层的嘉禾瑞鸟、第四层的飞龙戏珠，东壁第二层的奇禽与第三层的九头怪兽①都是西王母仙界的延伸。在上层西王母仙界之下，西壁是宴饮庖厨烹饪、迎宾与车马图，东壁则是一座高三层的楼房，占据第四至第六格，楼房最上、中层的人物凭栏远眺或凭窗远望的形象好似在等候宾客来访，楼房下层铺首门半掩，门前为迎宾图，画像第七层亦为向左奔驰的车马行进图。

这两幅图像表达的正是祠主乘坐车马拜见西王母的整个仪式过程，其主题是祠主升仙。最上面的端坐者为西王母。奇禽异兽玉兔这些都是仙界象征，自下而上的车马图、迎宾图或宴饮烹饪图其实是将现实世界里的迎宾与宴饮仪式搬移到墓葬升仙仪式中，是为祠主升仙准备的盛大仪式场面。其主要目的并非表现祠主生时的景象，而是象征其被西王母使者接引升仙拜见王母。这个过程对于祠主来说是一个动态的正在进行的过程，而不是一个静态的场景描述。而静候在最高处的西王母实为一个终极性的目标，是世人由生入死而最终到达的一个终点。

三、山东地区的西王母与伏羲女娲构图及其意义

前面所举西王母无论刻于何处，基本是独立构图的，其他仙界符号是作为侍从存在的。在山东地区还有一部分西王母画像不同于上述情况，下面我们要探讨的是西王母与伏羲女娲共同构图。伏羲女娲是生殖神，这一点是确定的。伏羲女娲与西王母共同构图，而且是作为配神被置于西王母两侧，既突出了西王母救赎至上神的地位，又赋予了西王母更加明确的创生功能。如微山县两城镇西王母与伏羲女娲图（见图4-16左）中，"西王母端坐，头上卧一鸟，双肩展出卷云，两侧一男一女执便面，下体作蛇尾交盘，尾连二鸟。画面中题刻'西王母'三字"②。一男一女

---

① 九头怪兽经李发林考释为西王母守卫门户的开明兽。参见朱锡禄：《嘉祥汉画像石》，济南：山东美术出版社1992年，第5页。
② 山东省博物馆、山东省文物考古研究所：《山东汉画像石选集》，济南：齐鲁书社1982年，第14页。

实为伏羲女娲，他们交盘缠结的蛇尾恰好置于西王母座下，亦好似西王母坐于蛇尾之上。伏羲女娲作为对偶神被置于西王母两侧，表明了西王母地位在其之上，伏羲女娲的造人功能也就被包涵进了西王母的神职之中。灵魂再生便是在西王母的统领之下完成的。

西王母与伏羲女娲共同构图，西王母承担的职能就更为全面了，她不仅仅是一个救赎灵魂的神灵，而且明显具有积极的创生功能。这一特点又使得西王母在某种程度上具备了"太一神"的角色。有一些图像可能没有西王母题刻，但根据某些特定的符号性要素诸如楔形胜饰、玉兔、九尾狐、蟾蜍等，也能够推测中间主神为西王母。如滕县西户口的画像石（见图4-16右）中，伏羲女娲蛇身相交上下贯穿四层，西王母端坐中间，左右有羽人、九尾狐、玉兔、蟾蜍等。

图4-16　微山县两城镇、滕县西户口西王母伏羲女娲图
（采自《山东汉画像石选集》，齐鲁书社1982年，第57、156页）

林巳奈夫在《神与兽的纹样学——中国古代诸神》一书中收入了一幅东汉时期抱着伏羲女娲的天帝的画像石图（见图4-17），笔者认为此处的天帝可能也是西王母。虽然此图中未见有西王母题刻，也不见有西王母构图的象征符号要素，如玉兔、九尾狐、蟾蜍等，但从其端坐的姿势、身下的悬圃、神态、衣着等，她可能是西王母造型。这幅图像的准确名称应为抱着伏羲女娲的西王母图，可以肯定的是西王母在此处担当了太一神的角色。由此可见，西王母信仰发展到极盛时期的创生大神的地位主要是由西王母与生育对偶神伏羲女娲构图共同来体现的。这样的构图在陕西绥德地区黄家塔出土的墓门左竖石内栏上层西王母图（见图

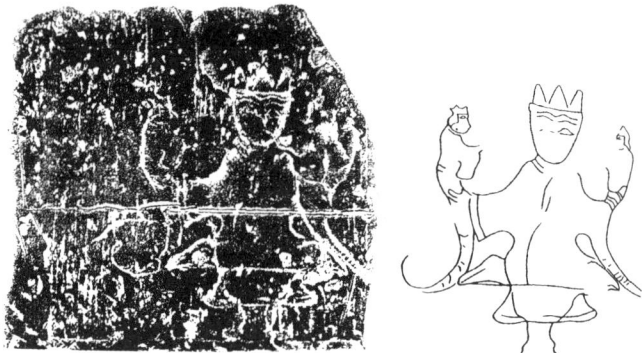

图4-17 东汉时期抱着伏羲女娲的天帝图
（采自林巳奈夫《神与兽的纹样学——中国古代诸神》，生活·读书·新知三联书店2009年，第196页）

图4-18 黄家塔出土的墓门左竖石内栏上层西王母图
（采自李贵龙、王建勤《绥德汉代画像石》，陕西人民美术出版社2001年，第176页）

4-18）中亦隐约可见。图中西王母端坐天柱悬圃[①]，其两侧有人身蛇尾神各托举一物，其上为一似屋顶样的遮盖物，屏蔽于西王母之上，可能象征着天穹，从两侧神人下部的蛇尾，我们推断可能是伏羲女娲。伏羲女娲托举天穹、西王母居于天穹之正中，其创生天地宇宙的象征意义呼之欲出。[②]

综上所述，山东地区的西王母图像坐姿基本一致，均为头戴胜或梳大髻，高高安坐于图像最上层正中，宽衣右衽，双手笼于袖中，上身微躬，其仙界之首的尊老地位始终被突出，她就是拯救灵魂的长生救赎之神。而部分与伏羲女娲一体化的构图形式则主要突显了西王母创生大神"太一神"的角色与地位。可以说，其长生救赎之神与创生大神的地位是相辅相成的，救赎是基础性的职能，源于现实的生死事实，指向来世的再生；创生则是在救赎基础上演化而成的宇宙

---

① 在陕西（包括榆林、米脂、绥德等地区）、山西地区（主要是离石地区），西王母大多坐于天柱悬圃之上，且刻画位置一般不是在墓壁顶端而是在墓门两侧、前室北壁、前室东壁竖石或前室后壁横额等处。其构图也不像山东地区那样具有多层的复杂性（既包含仙界图像，又有宴饮、劝善惩恶故事、车马图等），而是比较单一，主要构图模式为西王母端坐于天柱悬圃之上，头戴胜，另有仙界符号如玉兔捣药，或九尾狐、羽人等。重在表现西王母坐于通天大柱悬圃之上的壮观与神力，大概墓主就是凭借着这种神力而得以升仙。这样的构图与山东地区的西王母有些相似，只是坐具不同。

② 由于山陕地区尚未见到其他西王母与伏羲女娲共同构图的情况，所以将仅见的一幅类似图像置于此处一并解释。

创生。这是汉代人在西王母信仰流传过程中赋予西王母以创世神的一种宗教性努力。

四、陕西地区端坐于矮榻上的西王母坐像及其意义

在陕西地区也有少量的西王母构图不是以天柱悬圃为基座，而是端坐于矮榻之上。这一坐法应该取自汉代社会现实生活中尊贵老者端坐于榻、几的礼仪性坐姿。在陕西绥德地区四十里铺画像石墓的墓门门楣或前室后壁横额上，有端坐于矮榻上的西王母形象。如陕西绥德四十里铺东汉永元四年（92年）田鲂墓前室后壁横楣石（见图4-19）所布为日月仙庭图，左侧为月亮仙庭，月亮在最左端，西王母戴胜、拥袖、端坐矮榻上，两侧有侍从、九尾狐，两个玉兔在捣药，中间部分是乐舞百戏图，最右端为太阳，太阳左侧为一组正在进行的飞鸟云车图，两个羽人在最前面骑鹿引导，后面紧跟着由三只飞鸟驾的云车，亦由羽人驾驭，车内坐有两人。这幅图像位于前室后壁横额，其意义是非常明确的，即刻画了墓主乘坐羽人驾的飞鸟云车自阳入阴（从日到月）拜见西王母的成仙仪式图景。与此类似的还有陕西绥德军刘家沟墓门横额上石上栏图像（见图4-20）。绥德军刘家沟墓门横额上石下栏左右为日月轮，月轮刻玉兔蟾蜍，日轮刻金乌，正中为墓主人升天会见西王母的场面。西王母戴胜端坐左边，墓主乘鸟拉的云车，三足乌、玉兔、蟾蜍、九尾狐、斑豹等各行其是，侍候左右。[①]其意义是墓主由阳间入阴间拜见西王母的仪式过程。

图4-19 陕西绥德四十里铺东汉永元四年（92年）田鲂墓前室后壁横楣石
（采自《考古与文物》2002年第3期，第23页）

---

① 李贵龙、王建勤：《绥德汉代画像石》，西安：陕西人民美术出版社2000年，第138～139页。

图4-20 陕西绥德军刘家沟墓门横额上石上栏图像

（采自汤池主编《中国画像石全集5：陕西、山西汉画像石》，山东美术出版社2000年，第114~115页）

图4-21 陕西绥德四十铺墓门楣画像

（采自汤池主编《中国画像石全集5：陕西、山西汉画像石》，山东美术出版社2000年，第134~135页）

陕西绥德四十铺另外一幅刻于墓门门楣的西王母画像（见图4-21）则别具一格。画像居于墓门楣，中间是铺首门，左侧为跪拜仪式场面，受拜者端坐，其右一人行跪拜礼（稽首拜），其至恭至敬的心态跃然于上。整个画面中除了端坐者，其他人均弯腰躬身低首，一幅毕恭毕敬的模样。正在行拜礼的可能是墓主本人，而受拜端坐前倾者则是作为仙界使者或官吏来迎接墓主的。也就是说，墓主在拜见西王母之前要先拜见西王母之下的仙界官吏，这个神仙到底是何身份，尚不清楚（有可能是羽化成仙的墓主祖先，也有可能不是）。而铺首门的右边是西王母仙界，有玉兔捣药，还有三足乌和鸡首人身怪。西王母端坐于几后，一鸡首人身仙人面向西王母侍坐献物。①

———————————

① 此幅画像中的跪拜图应当与祠堂后壁上的楼阁拜谒图具有相同的意义，详见本章第三节。

五、四川地区的西王母与龙虎组合构图①及其意义

龙虎座的造型是四川地区西王母仙界构图的标志性图像。关于龙虎座的象征意义，已有许多学者进行过研究。如黄佩贤结合汉代的四灵信仰认为龙虎即青龙与白虎，代表着东西两个方位。②李淞则认为龙虎与西王母等神共同构图时，"是九五之尊的表征""帝王之像"，象征西王母至高无上的地位，龙虎与方位无关。③简·詹姆斯则只是将龙虎视为西王母的陪护者。④其中"东西方位"说在诸多观点中占有相对优势，可能与汉代流行的四灵信仰有关。

但是笔者认为，若表示东西方位的话，龙虎大可不必成为西王母之基座，或许可以刻于其两侧或石像其他位置。将其与西王母坐像刻于一体，必然有更为深层的意义。龙虎不仅与西王母构图，有时还与其他神物构图，如徐州墓室门楣画像中的蹲坐熊本身就具有生殖象征意义，熊的两侧是翼龙、翼虎（见图2-27）。在第二章中，我们已经论及龙象征着乾、阳、男、父，虎则象征坤、阴、女、母。龙虎成对出现本身就具有阴阳交合创世的象征意味。⑤蹲坐熊与龙虎一起构图更突显其创生仪式意义。西王母与龙虎构图是否也具有创生意义呢？答案是肯定的。当龙虎一起建构起西王母的座位之后，西王母独立构图也就演变成组合性构图，西王母也就被赋予了创生的功能而担当起宇宙创生神"太一神"的角色。

龙虎座大量出现于四川地区，还有可能与巴蜀地区的龙虎图腾崇拜有关。如考古报告认为："古代的巴国，有以龙虎为图腾的氏族，而古代的蜀国，也有以虎为图腾的氏族，巴蜀两国中的氏族到了战国时期经过社

---

① 在四川地区的西王母画像中，我们可以看到数量众多的组合性西王母形象。也就是说，西王母的主体形象是由西王母本身与其他要素共同完成的。这些主体性的要素主要包括龙虎座与摇钱树。龙虎座的主体要素突显出西王母的创世功能，四川地区的西王母坐像大都是与龙虎座共同构图的。龙虎与西王母组合图像又可以分为三类，包括王母—龙虎坐像、昆仑—王母—龙虎坐像以及摇钱树—王母—龙虎坐像。摇钱树的象征意义主要在于将成仙与享乐的信仰进行整合，形成了灵魂救赎之后的享受型生活理想，这或许可以解释为西王母信仰从民间延伸至上层社会的一种地区性尝试。

② 黄佩贤：《汉代流行的四灵图像始见于新石器时代？——河南濮阳西水坡及湖北随县曾侯乙墓出土龙虎图像再议》，朱青生编：《中国汉画学会第九届年会论文集》，北京：中国社会出版社2004年，第56～77页。

③ 参见李淞：《汉代龙虎图象的含义》，《西北美术》2000年第1期。

④ 〔美〕简·詹姆斯：《汉代西王母的图像志研究（下）》，贺西林译，《美术研究》1997年第3期。

⑤ 参见郑先兴：《汉画西王母配神图像"龙虎座"的原型分析》，《河南科技大学学报（社科版）》2008年第4期。

图4-22　四川郫县东汉砖墓石棺一棺盖之龙虎戏璧图
（采自《考古》1979年第6期，第497页）

会经济的交流逐步形成民族情感的融合。"①以图腾形象作为墓室重要装饰的解释是合理的，如商代墓中发现的大量鸟形器物与人像亦是其鸟图腾的反映。但考古报告据此认为石棺一棺盖与石棺三棺头的龙虎戏璧图（见图4-22）"反映了两国氏族希望巴蜀两国的力量统一起来的趋势"②。这样的

图4-23　陕西绥德延家岔出土的墓门左右竖石上翻腾于云海中的龙虎图
（采自李贵龙、王建勤《绥德汉代画像石》，陕西人民美术出版社2001年，第183页）

解释则值得斟酌。笔者认为将龙虎造型与区域文化联系起来理解的做法是正确的，但仅仅将龙虎与国家现实意志相联系的思路有很大的局限性。龙虎为图腾的真正意义在于为氏族的存续发展寻求某种保护的力量，龙虎结合在一起的图腾意亦在于对生命的保护或者赋予氏族人强大的生育力量。将龙虎图像刻绘于棺盖或棺头上，则可能具有灵魂再生的意义。璧为祭天礼天的法器，将其置于墓室装饰中则有通天的功能。龙虎戏璧图应当具有灵魂获得重生并得以升天的象征意义。跳出四川地区，龙虎结合图像在其他地区也是存在的，如徐州汉墓门楣熊和龙虎造型，陕西绥德墓门竖石上的龙虎造型（见图4-23）等，"氏族

---

① 参见四川省博物馆、郫县文化馆：《四川郫县东汉砖墓的石棺画象》，《考古》1979年第6期。

② 参见四川省博物馆、郫县文化馆：《四川郫县东汉砖墓的石棺画象》，《考古》1979年第6期。

力量统一"的说法显然无法解释这些画像。而从墓葬再生功能看，龙虎造型的再生意义显然具有超越地域的普遍适应性。所以，对龙虎座的解释需依托墓葬再生仪式与西王母的创生功能。这件龙虎戏璧图不是作为两个氏族交好融合的象征，而是如伏羲女娲双尾相交一样象征着墓主的再生。

　　这类坐像主要存在于墓室画像砖上，整体构图比较简单。一般情况是，西王母头戴胜，端坐于龙虎之间的席上，宽衣博带，双手笼于袖中。除了添加龙虎座之外，其他特征与山东地区的西王母形象比较相似。如成都市郊出土的画像砖上的西王母（见图4-24）端坐于龙虎座上，博衣广袖，双手笼于袖中，雍容华贵，神态安详。座下有一蟾蜍，操弓起舞。右下角有两人跪拜。

图4-24　四川成都市郊出土的西王母画像砖拓片
（采自刘志远等《四川汉代画像砖与汉代社会》，文物出版社1983年，第132页）

　　四川新都县出土的西王母画像砖（见图4-25）上相向奔腾的龙虎背上铺有方席，西王母戴胜，端坐于方席上，亦是博衣宽袖，双手笼于袖中，姿态富贵、神情安然，座下有蟾蜍。西王母龙虎座左边有九尾狐，其下亦跪坐两人；右边有三足乌，其下方一人衣冠整齐，肩上扛着幡，

图4-25　四川新都县出土的西王母画像砖拓片
（采自刘志远等《四川汉代画像砖与汉代社会》，文物出版社1983年，第134页）

双手执板跪拜，可能是引导死者升仙的使者。

另外还有成都西郊东汉墓出土画像砖砖侧西王母画像（见图4-26），西王母、龙虎座、坐姿均与上幅图像相似。

四川乐山大湾嘴崖墓和宜宾北郊东汉石岩墓群1号墓室出土的两件西王母陶俑（见图4-27、图4-28），均呈高贵安然之态，双手笼袖端坐于龙虎座上，宜宾同墓室出土的还有重檐歇山陶楼、摇钱树座等，表现的亦是西王母仙界。

图4-26　四川成都西郊东汉墓出土画像砖砖侧西王母画像拓片
（采自刘志远等《四川汉代画像砖与汉代社会》，文物出版社1983年，第134页）

图4-27　四川乐山大湾嘴崖墓出土的西王母陶俑
（采自《考古》1991年第1期，图版四）

图4-28　四川宜宾北郊东汉石岩墓群1号墓出土的西王母陶俑
（采自《文物》1981年第9期，第43页）

还有一部分西王母与龙虎组合画像中的西王母身体幻化为昆仑山。这类画像往往首先突出高大的昆仑山，在山的两侧伸出龙与虎，昆仑山同时成为西王母的身体，在整个画像中，只能清楚地看到西王母的头部，甚至只能从头部特征确认西王母，几乎无法看到坐席、手势及坐相。在这种构图形式中，奔腾的龙虎、高大的昆仑山实成为西王母救赎、创生神地位的综合象征。四川郫县东汉砖墓中的四个石棺上的西王母画像就是这样的构图。如石棺一的棺头（见图4-29左）上的龙虎座、昆仑山、

三珠树①浑然一体，不仅将昆仑仙境清晰地描绘出来，而且将西王母的
创生功能亦突显得惟妙惟肖。石棺四的棺头（见图4-29右）有西王母、
龙虎座，龙虎座前左边有九尾狐和三足乌，中间下有一鼎，上有一釜。
右一人作匍匐状，像是在加燃料，左立一人，面对鼎和釜。②在石棺二的
棺侧西王母仙界图像（见图4-30）中，西王母、昆仑山、龙虎座处于正
中偏右，西王母有翼，右上角为二羽人对弈。左边有九尾狐，左下角有
三足乌，是为西王母取食的使者。左上角刻蟾蜍、玉兔。③

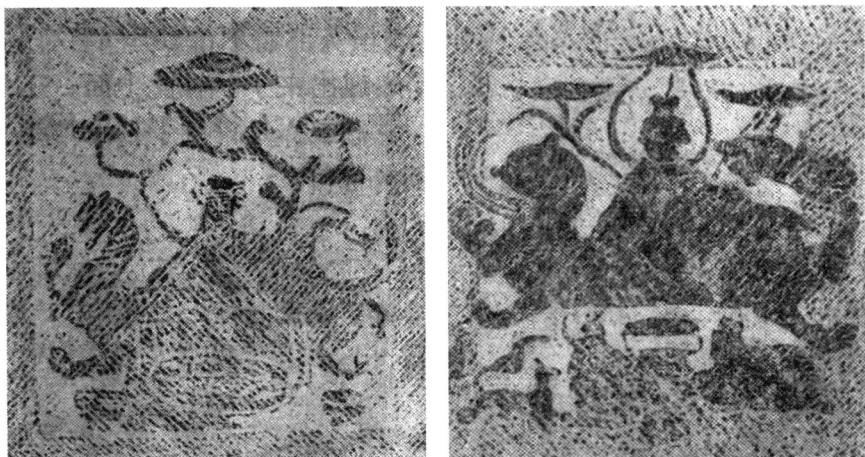

图4-29　四川郫县东汉砖墓石棺一棺头（A）之西王母图、石棺四棺头（B）之西王母图
（采自《考古》1979年第6期，第497、502页）

　　在上面所举画像中，值得注意的是画像中下层跪拜的人物。如成都
市郊、新都画像两个跪拜的人物，很可能是已经得道的墓主前来拜见

---

①　考古报告中描述为扶桑，但笔者认为三珠树的可能性更大。郫县东汉石棺画象西王母
　　上部的神木枝干上方都有三片椭圆形的大树叶，每片树叶上都长有一颗大明珠，画
　　面形象与《山海经》中三珠树的记载极为符合（参见本章第二节第二部分页下注释）。
　　扶桑则是生长于东方汤谷上的神木，通常与太阳联系在一起。《山海经·海外东经》：
　　"汤谷上有扶桑，十日所浴，在黑齿北。居水中，有大木，九日居下枝，一日居上
　　枝。"（袁珂：《山海经校注》卷九，上海：上海古籍出版社1980年，第260页）《淮南
　　子·天文训》："日出于旸谷，浴于咸池，拂于扶桑，是谓晨明。"（《淮南子》卷三
　　《天文训》，上海：上海古籍出版社1989年，第32页）因此东汉画像西王母图中的神
　　木有可能是三珠树而不是扶桑。
②　四川省博物馆、郫县文化馆：《四川郫县东汉砖墓的石棺画象》，《考古》1979年第
　　6期。
③　四川省博物馆、郫县文化馆：《四川郫县东汉砖墓的石棺画象》，《考古》1979年第
　　6期。

图4-30　四川郫县东汉砖墓石棺二棺侧（B）之西王母及六博图
（采自《考古》1979年第6期，第500页）

西王母的形象写照。这类画像基本还保留着长生神的意味。也就是说作为长生大神，西王母仍然承担着引导墓主升仙的重任。还有石棺四棺头西王母图中下层左立之人可能是迎接墓主的仙界官吏，而右边匍匐之人可能正在行稽首礼仪。他们之间的关系可能是即将升仙的墓主在对仙界官吏行拜礼，表示墓主人已经到达西王母所居之地，正在完成升仙的仪式。

四个石棺内的西王母仙界图像都是作为引导墓主升天的象征性图像而存在的。这是墓葬中的一种再生仪式，即墓主在墓室这一特定的空间里获得重生的仪式。西王母所居之处则是墓主灵魂升仙的最终去处。所有图像组合起来体现的就是墓主从生活世界到死后升天的整个过程。其间包括车马出行、宴饮、歌舞等场面都是这个再生仪式的组成部分。

六、山陕、四川地区西王母仙界图像
与山东地区祠堂升仙图像之差异

山陕、四川地区的墓葬西王母仙界图像大都重在突出表现作为仙界之首的西王母形象，如山陕地区的西王母大多坐于天柱悬圃甚至肩生羽翼（见图4-31、图4-32），画面上夸张高耸的悬圃、翻转向上的云层无不表达出西王母仙界超越人间的飞升气象，四川地区的西王母则多居于画像砖面上，多配以龙虎座象征其创生神形象（如图4-24、图4-25）。画面中虽穿插各种仙界符号如玉兔、三足乌、蟾蜍、九尾狐、羽人甚至昆仑山，但限于刻画位置的狭长或窄小，西王母仙界无法获得更为丰富、完美的表达空间。西王母只是作为仙界的代表刻画于墓门或墓室壁竖石上或者砖面上，表达墓室是死者即将成仙之地，灵魂救赎之神西王母，

或者再加上东王公，已经在此
等候。我们所能得到的信息仅
此而已。虽然在墓室中也有行
进中的车马图、迎宾图、狩猎
图或者拜谒图等[①]，但人在凡世
间所作所为与成仙往见西王
母之间有什么样的因果关系，从
图像上无法得知。尤其是缺乏
源自现实世界的车马、宴饮、
庖厨、歌舞等连续性仪式画面，
以及现实图像与彼岸西王母仙界
的层次连接，山陕、四川地区的
墓室西王母仙界构图显然无法与
山东地区的祠堂西王母仙界构图
意义进行对应性比较，尤其是在
现实—升仙的关系层面上。

图4-31 延家岔汉墓前室东壁左竖框上部、黄家塔出土的墓室右竖石内栏上层西王母图
（采自李贵龙、王建勤《绥德汉代画像石》，陕西人民美术出版社2001年，第54、176页）

图4-32 山西离石马茂庄M2墓门两侧门框刻石、M2前室西东两壁北端刻石、M3墓门左右门框刻石
（采自《文物》1992年第4期，第18、26、31页）

---

① 参见山西省考古研究所、吕梁地区文物工作室、离石县文物管理所：《山西离石马茂庄东汉画像石墓》，《文物》1992年第4期；李贵龙、王建勤：《绥德汉代画像石》，西安：陕西人民美术出版社2000年。山陕地区的墓室墓门两侧、横额等处虽然也刻画了车马奔驰、迎宾、六博、对坐宴饮或者歌舞图像，但大多是单幅出现，可能仅仅是一个理想世界的象征符号，在表现形式的连贯性与本质内容的教化性上都显苍白。

或许由于墓室在地下，无法与生者直接对话，也就被认为无法起到教化的作用，所以用来指导现实人生的伦理教条没有出现在墓室中，大多数画像的升仙意义显然占了主导地位。因此，山陕、四川地区的西王母画像基本是脱离世人的现实生活，而仅仅象征人死之后灵魂寄托之所，尤其是墓门两侧的西王母图像更说明了墓门之后的墓室即仙界，西王母则是这个仙界最突出的代表性符号。墓室内的所有画像均是在仙界背景之下展开的，升仙的意义始终被强调。这是从山陕地区与四川地区的西王母画像构图中所得到的认识。

与山陕、四川地区墓室刻石画像对升仙目的的格外突出不同，山东地区的墓室祠堂基本在地上，生者与之对话的机会始终存在，祖先神灵对后世子孙的威严与关怀亦始终存在，在祠堂内壁上的忠孝图像（见图4-9、图4-13）对生者必然有着很好的道德引导作用。因此，除了祠主升仙的出世意义之外，祠堂内壁画像特别强调忠孝故事与人物图像的现实教化意义。另外，跳出现实伦理教化的层面来看，这或许亦可以用来解释山东地区的忠孝现实伦理与死后升仙宗教追求之间的关系，忠孝伦理的宗教意义自然亦获得一定的图像支持。关于祠堂忠孝画像的释读详见第五章。

显而易见，虽然山东地区与山陕、四川地区的西王母图像均承担着长生救赎之神与创生大神的功能，但西王母信仰在这几个不同的地区所发挥作用的方式与程度都存在着很大的不同。在山东地区的祠堂画像中，汉代国家的忠孝精神与西王母升仙信仰结合得比较密切，而在山陕、四川地区的墓室画像中，格外突出墓主升仙与彼岸世界的构建。这一方面可能源于墓室与祠堂位置、空间与功能的差异，另一方面，这种现象也说明了同一信仰文化在不同地域可能会有多样化的表现，其区域差异值得注意，这大概还要联系不同地域的地理特征、民族特色、历史传统以及信仰习俗等进行分析。

第三节　山东地区祠堂后壁楼阁拜谒图的意义辨析

除了上述较易辨认的西王母仙界图像之外，还有一类图像存在争议，就是刻于山东地区祠堂后壁下层的双层楼阁拜谒图。对于这些拜谒图，有英国学者布歇尔（Buchel）的"穆天子会见西王母"、日本学者土居淑子的"礼拜天帝使者"①、巫鸿的"表现君权"②、日本学者长广敏雄的"礼拜齐王"③以及大多数学者所持的"祠主受祭图"④等几种不同的认识。其中"祠主受祭"是一种主流的认识，国内学者大多认同此论。我们就此观点进行以下三个层面的辨析。

一、以嘉祥五老洼、焦城村祠堂后壁画像石为中心的分析

祠主受祭观点最首要的依据是画像中的榜题。比较形象的资料来源于嘉祥五老洼祠堂后壁画像石上"故太守"（见图4-33）、嘉祥焦城村祠

图4-33　嘉祥五老洼祠堂后壁楼阁拜谒图
（采自朱锡禄《嘉祥汉画像石》，山东美术出版社1992年，第67页）

① 参见信立祥：《汉代画像石综合研究》，北京：文物出版社2000年，第85页。另外日本学者曾布川宽更进一步认为祠堂后壁是升仙图，楼阁是昆仑仙境的象征。〔日〕曾布川宽：《汉代画像石における升仙图の系谱》，《东方学报》京都版第65册。参见杨爱国：《"祠主受祭图"再检讨》，《文艺研究》2007年第2期。本书所持祠主拜见王母仙界官吏的观点与上述观点有相似之处，但在拜谒图的升仙意义上更加明确。

② 〔美〕巫鸿：《武梁祠——中国古代画像艺术的思想性》，柳扬、岑河译，北京：生活·读书·新知三联书店2006年，第208～227页。另参见杨爱国：《"祠主受祭图"再检讨》，《文艺研究》2007年第2期。

③ 参见信立祥：《汉代画像石综合研究》，北京：文物出版社2000年，第88、91页。

④ 此种观点最早源于20世纪40年代美国人费慰梅对穆天子见西王母观点的批判，她认为祠堂为祭祀族中死者而设，"祠里的中心景物只会是向死者的致敬"。蒋英炬、吴文祺在20世纪80年代完成对武氏祠的复原，更加证明了"祠主受祭图"观点。此后，张从军、信立祥、郑岩、朱存明等人均支持此观点。参见信立祥：《汉代画像石综合研究》，北京：文物出版社2000年，第82～102页；朱存明：《汉画像之美：汉画像与中国传统审美观念研究》，北京：商务印书馆2011年，第210～214页；杨爱国：《"祠主受祭图"再检讨》，《文艺研究》2007年第2期。

图4-34　嘉祥焦城村祠堂后壁画像石摹本
（采自信立祥《汉代画像石综合研究》，文物出版社2000年，第90页）

堂后壁画像石（见图4-34）"此齐王也"①的榜题。对于这两个榜题所指代的对象，"祠主受祭"持有者认为就是祠主本人，他坐在那里，接受子孙的拜谒。关于"此齐王也"的意义，亦存在多种说法。日本学者长广敏雄认为是齐王，信立祥则认为齐通斋，王通主，齐王应为斋主，根据汉代祠堂亦称斋祠、食斋祠，认为斋主即斋祠之主、祠主。受拜者就是正在接受子孙祭祀的斋主。②此幅图像成为包括信立祥在内的诸多学者将祠堂后壁画像定为祠主受祭图的关键性论据。对于此榜题的真正含义，笔者认为将其作为"斋主"的看法缺乏足够的论据，到底是何种意义尚须进一步考证。

其一，"祠主受祭"观点认为图像中躬身笼袖端坐者是祠主本人。笔者认为这种观点值得商榷。如在四川简阳县鬼头山东汉岩墓3号石棺的左侧刻画的是天国景象。其中左上侧有榜题"先人博"与"先人骑"，这里的"先人"，赵殿增释为"仙人"，其依据是头戴长羽冠、身生毛羽的羽人图像③，笔者完全认同。但尚需解疑的是，为什么要称为"先人"，而不是直接称"仙人"？先人，通常指死去的祖先。那么祖先、先人、神仙之间似乎存在某种内在的联系。也就是说，祖先死后最终是要成为神仙的。以此种思路来解释"故太守"与"齐王"，可能尚有些

---

① 参见信立祥：《汉代画像石综合研究》，北京：文物出版社2000年，第91页。
② 参见信立祥：《汉代画像石综合研究》，北京：文物出版社2000年，第88～91页。
③ 赵殿增、袁曙光：《"天门"考——兼论四川汉画像砖（石）的组合与主题》，《四川文物》1990年第6期。

难度。因为从字面上看，显然无法明确祖先与二者之间的关系。但可以肯定的是，他们不是祠主本人，而极有可能与"先人"一样是天国冥界的神仙。至于到底是什么神仙，由何演变而来，还有进一步考证的必要。这个神仙在祠堂后壁的楼阁中处于核心位置，他或许承担着某种极为重要的任务，可能是仙界的官吏。联系祠堂乃为祠主升仙仪式空间，这个任务可能就是接引祠主升仙。"故太守"也好，"齐王"也好，均取其象征意义，他身为仙界官吏，在此迎候祠主升仙。

其二，"祠主受祭"观点认为祠主侧身而坐正是接受后世子孙的拜谒。祭祀祠主乃为祠堂之现实功用，杨爱国认为："它正好面对前来祭祀的人们，尽管象征男墓主的形象在图像上多是侧身接受拜谒。"[①] 祭祀是一件十分严肃的事情，祭祀的核心——祠主却侧身而坐，此理有些不通。同时，汉代祠堂多为小祠堂，人是无法进入的，只能将祭品放在祠内基座石面上[②]，祭拜祖先活动是在祠堂外进行的（见图4-35）。[③] 双层楼阁内侧面接受拜谒的祠主形象在祠主受祭的观点中无法得到合理的解释，这种解释似乎正好说明了这个侧身接受拜谒者并非在接受祠堂外的祭祀。笔者认为，祠堂是生者祭祀祖先神灵之地，作为神灵受祭的象征性建筑，

图4-35　山东长清孝堂山小石祠后壁下层的祠堂祭祀画像石摹本
（采自信立祥《汉代画像石综合研究》，文物出版社2000年，第82页）

---

① 杨爱国：《"祠主受祭图"再检讨》，《文艺研究》2007年第2期。
② 参见蒋英炬：《汉代的小祠堂——嘉祥宋山汉画像石的建筑复原》，《考古》1983年第8期。
③ 刘尊志在研究汉代墓地祠堂时曾经提到与祭祀相关的内容，认为祠堂空间大小可能会影响堂内或堂外祭祀，面积较大的祠堂可能会进行室内祭祀，对于面积较小的可能会将祭品摆放在祠堂内，祭祀活动则在祠堂外举行。但又指出，针对规模较大的祭祀典礼活动，无论祠堂大小均可能在祠堂外举行，祭品也会摆放在祠堂外。（参见刘尊志：《汉代墓地祠堂研究》，《考古学报》2021年第1期）在祠堂外进行祭祀活动，祠堂作为一个整体性的象征符号，成为祖先神灵的象征。

对于生者来说，祠堂本身就是祖先神灵的象征。子孙施祭与祖先受祭在祠堂内的图像中是不需要表达的，也就是说，祠主受祭在祠堂内壁上毫无存在的意义。后世子孙的祭祀是在祠堂的祭台或祭桌上摆放祭品，而非在祠堂画像中表现出来，所以祠主受祭的内容出现在画像中不符合祠主升仙的仪式逻辑。而对于死者本身来说，祠堂是他升仙的仪式空间，祠堂内壁图像表示死者个人的升仙过程，祠堂应为祠主神灵居所，只是其死后升仙要经过严格的仙界考核，要有先（仙）人引导，程序是极为严谨而复杂的。

其三，"祠主受祭"观点认为祠主的形象并非写实性而是象征性的灵魂符号。郑岩认为祠主的画像可能只是象征其灵魂的一个符号而非真实的肖像。①信立祥认为墓主的灵魂从地下世界乘坐车马浩荡而来进入墓上祠堂，接受后世子孙的祭祀。②这一说法似乎已经触及内在的意义，灵魂从地下而来，却到墓上祠堂终止前进的步伐，仅仅满足于接受后世子孙的祀奉，这与东汉时期盛行的灵魂飞升成仙思想不符。若从祠主接受子孙祭祀的祠堂功能来说，祠主受祭的仪式是存在的，却不能将这种仪式的表达空间完全局限于祠堂后壁。反言之，祠堂后壁所要表现的远远要超出受祭的范畴。因为祠主的最终目的地并非祠堂，而是以西王母为主导的昆仑仙界。我们完全可以将视线放大一点，即超越祠堂壁上内容的束缚，而将祠堂作为一个整体的仪式空间来思考，把祠堂看作信立祥所说的祠主灵魂，后世子孙将祭品置入祠堂基案，面对祠堂进行祭祀，这就是后世子孙与祠主之间构成的祠主受祭仪式。这仅仅是一个方面，它表达出了生者与死者之间的联系。但还有一个更深层的方面，即死者与仙界的沟通。这就是现实世界里的子孙所无法去完成的了。但汉代人找到了一个途径，就是在祠堂的三壁、盖顶等处描绘仙界图像，以象征死者灵魂的升仙。后壁图像应属于升仙图的一个重要组成部分，它表达的可能就是祠主拜见仙界官吏、仙界官吏接引祠主灵魂升仙的仪式。故信立祥与郑岩等人所持祠主灵魂符号的观点没有把握祠堂的全部功能。

其四，"祠主受祭"观点认为画像中的阙、楼堂及拜谒活动是祠主现实身份与生活的象征。关于汉代的阙，陈明达在《汉代的石阙》一文中曾论及阙在先秦汉魏是宫、门、祠庙或墓前的高大建筑，具有装饰和别

---

① 郑岩：《墓主画像研究》，山东大学考古学系编《刘敦愿先生纪念文集》，济南：山东大学出版社1998年，第450～468页。
② 参见信立祥：《汉代画像石综合研究》，北京：文物出版社2000年，第118页。

尊卑之作用。①冯汉骥等学者依此认为墓室画像上的阙"象征墓主人的官阶和地位""代表墓主在生前所立的阙观"②。根据这种思路,蒋英炬认为祠主与子孙之间的拜谒仪式均属现实生活的拜谒,只是将现实世界中的拜谒图搬移到祠堂后壁上。③如此一来,后壁图像就成了祠主现实生活的写照或者夸张式的写照,可能寓示着祠主在另外一个世界的生活。那么祠主受祭的观点本身就受到了挑战:楼阁拜谒图应为祠主受拜图,而不能称为祠主受祭图。作为非常重要的祠堂后壁却仅仅为了表现祠主的生活景象,虽然以现实来表现来世,但其神圣的意义亦大大降低了。此种解释虽然也带有某些超现实的成分,但基本是将现实生活搬移到祠堂后壁上进行解读,本质上依然属于以人事来解释神事,未能把握住祠堂画像的真正内涵。按照蒋英炬等人的解释,似乎不能称楼阁拜谒图为受祭图,它仅仅是生活中的受拜图。

事实上,祠堂后壁楼阁图中的阙并非祠主现实身份的象征,而是天门的象征。天门金阙是入天国的必经之路,入阙象征着进入仙界。在阙前会有天界门吏迎接墓主进入天门,在阙内或阙前举行的迎谒图可能就有天国天吏迎接墓主进入仙界的意义。④在南阳地区的汉画像石中有楼阁、阙、铺首衔环组合在一起的情形(见图4-36),铺首或在楼阁两柱中间,或在楼阁之下,都表示厅门。此图中的左图楼阁之上为两层阙形望亭,望亭上有一凤鸟,厅堂两侧各有柏树一株。右图楼阁、望亭配置与左图相似,只是厅堂内有一人扶几端坐,两旁似为仙人跪侍与躬身立

---

① 参见陈明达:《汉代的石阙》,《文物》1961年第12期。

② 参见冯汉骥:《四川的画像砖墓与画像砖》,《文物》1961年第11期。

③ 蒋英炬:《汉代画像"楼阁拜谒图"中的大树方位与诸图像意义》,《艺术史研究》第6辑,广州:中山大学出版社2004年,第149～171页。

④ 参见赵殿增:《"天门"考——兼论四川汉画像砖(石)的组合与主题》,《四川文物》1990年第6期。另外,姜生先生亦曾指出汉阙是沟通人与仙、生与死的道教神学符号,是仙宫的象征。〔参见姜生:《汉阙考》,《中山大学学报(社会科学版)》1997年第1期〕阙与楼阁的仙界意义确认对于此类楼阁画像石及其人物身份辨识有重要的意义。如沛县栖山一号石椁墓中椁东壁外侧左边的楼阁图中的楼上妇女、山东微山县两城镇画像石中的一块祠堂后壁北、山东微山县汉画像石墓北壁左右格厅堂内对面袖手端坐两个人物、中间摆放有酒具(樽)的画像石可能都与西王母仙界与仙人有关,也就是说楼阁画像表现的是仙界的内容。还有四川乐山崖墓画像中天门出现的频率也特别高。参见徐州市博物馆、沛县文化馆:《江苏沛县栖山汉画像石墓清理简报》,《考古学集刊》第2集,中国社会科学出版社1982年,第106～112页;刘辉:《沛县栖山石椁墓中的"西王母"画像管见》,《四川文物》2010年第1期;山东省博物馆、山东省文物考古研究所:《山东汉画像石选集》,济南:齐鲁书社1982年,第14页;微山县文物管理所:《山东微山县汉画像石墓的清理》,《考古》1998年第3期,第8～16页;罗二虎、宋丹:《东汉画像崖墓研究》,《考古学报》2020年第4期。

图4-36 南阳汉代楼阁、铺首、阙画像石
（采自南阳汉代画象石编辑委员会《南阳汉代画像石》，文物出版社1985年，图版2、3）

侍。在这两幅图像中，阙、楼阁、铺首以及凤鸟、仙人可能均为仙界天门的象征，端坐在厅堂内的有可能是西王母。

鉴于以上分析，祠堂后壁楼阁拜谒图为祠主受祭图的观点显然存在诸多疑问。笔者认为，祠堂重在表现祠主升仙主题，西王母信仰是其中的核心，拜谒图很有可能是表现祠主即将进入仙界而对某个仙界官吏（可能是西王母之下的某个神仙）的拜见，可以将之称为"祠主拜谒王母仙界使者图"。如果这种认识不错的话，具有"故太守"与"此齐王也"榜题的两幅楼阁拜谒图实为祠主进入西王母仙界时对仙界官吏的拜见仪式，二层楼上笼袖端坐的妇女身份则亦与西王母仙界有关，或者就是西王母的化身。二层楼很明显的特征是正中有门，这道门的意义如何，门两边端坐的妇女是什么关系，则需要进一步讨论。

二、其他祠堂后壁楼阁拜谒图分析

类似的楼阁拜谒画像还有很多，如嘉祥宋山第二批画像第十七石为祠堂后壁画像（见图4-37），左侧中间是拜谒图，左边一人坐于绣花墩，面前有二人向其跪拜，坐者手向前伸，表示迎接或接纳。过去认为这幅图像中上面正面端坐者为女主人，其两边各有侍女手拿铜镜、毛巾之类的东西面向女主人。楼下坐者为男主人。[1]大多数学者亦根据

---

① 朱锡禄：《嘉祥汉画像石》，济南：山东美术出版社1992年，第123～124页。

图4-37　嘉祥宋山第二批画像第十七石
（采自朱锡禄《嘉祥汉画像石》，山东美术出版社1992年，第53页）

男女主人的解释将此画像定为"祠主受祭图"[①]，笔者认为是不太妥当的。理由有三：第一，若是祠主受祭，男女主人应当同时受祭，而不是女主人坐于楼上，而男主人坐于楼下；而且女主人坐于楼上，有众多侍从，男主人坐于楼下受祭，在强调男权的汉代社会，似乎也不太合理。第二，坐于楼上正中的妇人，与西壁上的西王母形象是极为相像的，端坐正中矮榻之上，两侧有众多侍从。仔细看这些侍从，他们似乎头戴鸟羽，或者有着与鸟相似的头部，那么就是鸟首人身神。若此，这些侍从与西王母仙界的仙人属于同类。第三，联系此类图像中其他符号性内容，比如双阙、仙人、凤凰、三珠树等等，似乎与西王母仙界有某种联系。左阙上一人执三珠树果，另有凤凰、长发仙人，表示楼上所画可能是西王母仙界。而楼下的拜谒图可能是祠主进入天阙仙界过程中对天国某一个大神仙的拜见。到底是哪一位神仙还需要联系汉代社会进行进一步考证，而正在拜谒者有可能是祠主夫妇或者其他随从。

　　朱锡禄的《武氏祠汉画像石》亦将武氏祠左石室第九石楼阁图（见图4-38）中的端坐者解释成男女主人：楼下男主人戴斜顶高冠（实为梁冠，笔者加），面向左坐，其前二人执笏俯身跪拜叩头。跪拜者后面一人执笏，身佩长剑，面向主人欠身致意。主人身后一人，一手执笏，一

[①]　朱存明：《汉画像之美：汉画像与中国传统审美观念研究》，北京：商务印书馆2011年，第210～212页；杨爱国：《祠主受祭图再检讨》，《文艺研究》2007年第2期。

图4-38　嘉祥武氏祠左石室第九石（龛室后壁画像）
（采自朱锡禄《武氏祠汉画像石》，山东美术出版社1986年，第60页）

手抱锦囊。楼上女主人正面端坐，头戴五梁华冠（非五梁冠，而是东汉贵妇通用之四起大髻，大髻头饰是西王母在东汉时期的"人性化"的发展变化，详见本章第二节）。左边女侍四人，最前一人递梳给女主人。右边女侍者三人，最前一人手递铜镜给女主人。她们外方，左右各一人用手托住屋顶作蹲坐状。屋顶上方有一猴和一个仙人喂两只长尾朱雀。楼房左右有双阙。两阙皆重檐，重檐之间的平台与楼房相连。右阙下二人立，头戴斜顶高冠，身穿宽博大衣，手举笏，身朝楼房。两层楼檐之间有一只蟾蜍，头朝下，用后肢托住阙顶。蟾蜍左方一女子坐于阙檐上，手持三珠树枝，面向楼房女主人。蟾蜍右方一人立于阙檐上。阙顶上有两只猴。[①]此中的双阙、蟾蜍、仙人、朱雀、三珠树枝均是西王母仙界的象征。正中端坐的贵妇可能也是西王母，周边的侍从亦与凡人相异，应当为仙侍。而下面接受拜见的则可能是西王母仙界官吏，所以他是以尊者老者的面目出现的，是为了接引祠主升仙，祠主将在拜见此位神仙之后，往见西王母。武梁祠后壁画像楼阁拜谒图（见图4-39）中的楼上正中妇人亦应是西王母的造型。

因此，被称为"祠主受祭图"的祠堂后壁下层图像应当是"祠主拜见王母仙界官吏（使者）"图。明确楼阁拜谒图的升仙主题对于判断此类画像内容具有重要的意义。

类似的拜谒图还存于四川的"半开门探身人物"题材画像中，"汉吏引见夷人谒见进献图"的雅安高颐阙画像，实则表现仙人引导墓主拜见

---

① 朱锡禄：《武氏祠汉画像石》，济南：山东美术出版社1986年，第125页。

西王母①，其中的仙人肩生双翼，墓主行跪拜礼。

在南阳唐河针织厂出土有一块楼阁人物画像石（见图4-40），楼阁上层望亭中间持杖端坐者与厅堂内扶几端坐者似为仙界神人，望亭外飞舞的羽人，曲身垂首的长蛇状怪物，厅坡两侧的凤鸟无不衬托出仙界的气氛。厅堂内的侧身拱手跪拜者究竟是墓主还是仙人，目前尚不清楚。

陕西绥德黄家塔一墓室右竖石画像石的最上格是人物跪拜图（见图4-41），头戴胜者当为西王母，端坐于楼阁左侧，呈四分之三构图，其面前有一人跪拜并托物奉献。这种持物奉献西王母的画像在山东地区的西王母画像石中较为常见，但大多以昆仑仙界的方式呈现。而这幅画像

图4-39　武梁祠后壁画像下层楼阁拜谒图
（采自朱锡禄《武氏祠汉画像石》，山东美术出版社1986年，第17页）

图4-40　南阳唐河针织厂楼阁拜谒图
（采自南阳汉代画象石编辑委员会《南阳汉代画像石》，文物出版社1985年，图版15）

图4-41　黄家塔出土的墓室右竖石上格进见西王母图
（采自李贵龙、王建勤《绥德汉代画像石》，陕西人民美术出版社2001年，第174页）

---

① 盛磊：《四川"半开门中探身人物"题材初步研究》，《中国汉画学会第九届年会论文集》，北京：中国社会出版社2004年，第213～223页。

却在楼阁之中，仅有西王母与奉献者。这个奉献的人是什么身份，是墓主还是西王母的仙界侍从，则亦尚需进一步考究。

在我们所举的这几幅祠堂后壁的拜谒图像中，跪拜者大多是身体上部几乎与地面平行，头几乎至地，这显然是跪拜礼中的最重者——稽首拜的形象化表达。如第一章所述，稽首拜为臣对君之拜，是对最尊者的拜仪。这种拜仪在汉代社会中既是臣子对皇帝的最敬仪节，又被应用于祠堂后壁的拜谒图中，极有可能是对神仙的最敬畏的礼拜仪式。这一仪式与人的宗教信仰相关，是一套按照一定顺序完成的"庄严神圣的"象征性行为，其独特性功能在于"人们以敬畏的'询问式的'行为接近神圣性"[1]。另外两幅南阳唐河与陕西黄家塔的跪拜图像虽为上身较直立、稍前倾，但有可能是跪拜礼已经基本完成的状态。总之，跪拜礼被置入升仙仪式空间——祠堂后壁图像中，成为对神仙礼拜的最高仪式，跪拜礼从而具有了生死过渡仪式的意义。

三、祠堂后壁楼阁拜谒图在整个祠堂画像中的位置及其仪式功能

蒋英炬曾经对宋山小祠堂与武氏祠堂进行过成功的复原。通过其复原后的小祠堂东、西、北（或南）三壁连接起来的画像来看，其引魂升天的仪式功能更加明确。以宋山一号小祠堂（见图4-42）为例，我们可以看到祠主所在的后壁主体建筑是一个带阙的双层楼阁，阙在此处象征着昆仑天门，楼上所端坐者可能是西王母，楼下伏地跪拜的可能是祠主夫妇，而受拜的则是仙界官吏，后壁的"祠主受祭图"实为"仙界官吏

西壁（M1第二石）　　北壁（M2第十七石）　　东壁（M1第一石）

图4-42　宋山一号小祠堂三壁展开图像
（采自《考古》1983年第8期，第745页）

[1] 参见王霄冰：《仪式与信仰：当代文化人类学新视野》，北京：民族出版社2008年，第27页。

接引祠主灵魂升仙图"。东西壁内容相对比较确定，即以东王公、西王母为主导的上层仙界，东壁中间层为庖厨、宴饮，西壁中间层为周公辅成王和骊姬故事图。东壁可能是祠主一生遵守国家宗教祭祀体系的象征，而西壁的忠孝故事图则是祠主一生尽行忠孝义务的业绩表达，与道教的积善成仙说有着密切的关系。这个动态的过程可以从最下层的车骑行进路线看出，所有的车骑都自右而左，自东向西行进，朝着西王母的仙界进发。

这样的小祠堂共复原四个，三壁图像基本是一致的，尤其后壁均表现的是祠主夫妇跪拜西王母使者的仪式场景。为什么要将这样的仪式场景置在后壁上？"祠主受祭图"的观点注意到了这一点，认为后世子孙对祠主的祭祀是在祠堂外进行，他们正对着的就是祠堂后壁，因而祠主在后壁是为接受后世子孙的祭祀而设。笔者却认为，祠主在后壁，既能关照后世子孙，让他们能够感受到（看到）自己的存在，又身处东王公与西王母仙界的中间，甚至本人就到达了仙界天阙，象征着灵魂飞升入仙。因此祠堂三壁画像实为祠主灵魂升仙的全过程，并不像"祠主受祭"观点持有者所认为的与仙界毫无关系[1]，反而正是西王母仙界使者接引祠主灵魂升仙的生动表现。而对于有些学者认为祠主已进入楼阁到达仙界并享受妻妾、拜谒的说法[2]，笔者亦不能苟同。笔者认为跪拜者乃为祠主夫妇，而受拜者为仙界使者，楼上所居贵妇有可能是西王母。整个拜谒图实为祠主灵魂拜见仙界使者准备升仙的仪式过程，这只是一个过程而非结果。三壁画像的车骑始终在行进过程中，象征着祠主从现实生命向另一种生命形式的过渡，是一种生命转化的过渡仪式。

与宋山小祠堂相类似的还有武梁祠堂，从复原图（见图4-43）我们可以看到，与宋山小祠堂有所不同的是后壁楼阁图在下层，两侧配有人物车骑和历史故事，在后壁的中上层与东西壁的相同高度则均为历史故事，这样的构图模式更加说明了后壁楼阁图不可能是仙界的终点，而将其视为仙界官吏接引祠主灵魂比较合理，接引之后才真正进入升仙的过程，在这个过程中，祠主的忠孝善行依然是其能否最终进入仙界的道德考验。凭借一般的推测，升仙的尽头应该在西王母所处的昆仑仙界，而

---

① 参见信立祥：《汉代画像石综合研究》，北京：文物出版社2000年，第101页。
② 邵立：《东汉画像石的配置结构与意义——以宋山小祠堂和武梁祠为例》，《艺术百家》2006年第5期。

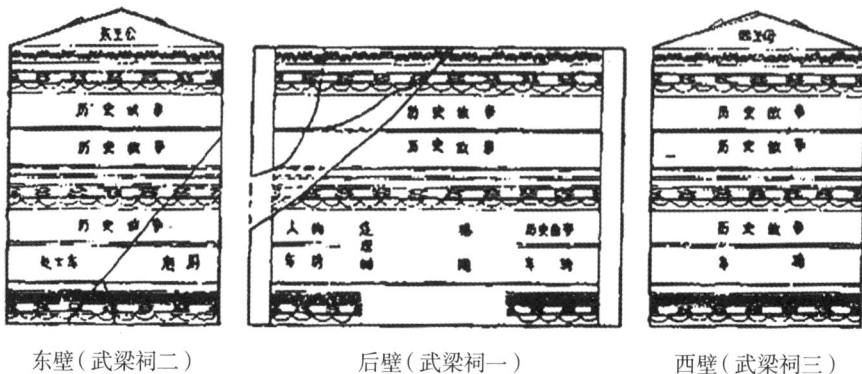

东壁（武梁祠二）　　　　　后壁（武梁祠一）　　　　　西壁（武梁祠三）

图4-43　武梁祠配置建筑图（面北）

（采自《考古学报》1981年第2期，第171页）

在祠堂画像中也确实有这样的画面，即墓主骑马或乘云车飞奔前去朝见西王母。如武梁祠后石室第二石第二层东王公西王母同坐一处，似正要接受乘车而来的墓主的拜见（见图4-44），其间祥云充斥着整个画面，就连羽人驾驭的车马亦是腾云驾雾般轻灵。另外四川地区车马临天门图（见图4-45）亦表达了墓主升仙朝见王母的意义，整个画面是一个正在进行的运动过程，奔马腾空飞跃，正在向前奔驰。

神仙信仰是汉代墓室、祠堂画像的内在灵魂，在这套神仙信仰话语体系中，墓（祠）主升仙是其不变的主题。所有的画像都指向这个目的：祠主离开人世，灵魂飞升成仙，往见西王母。在这样的宗教逻辑中，所有图像均是为了表达祠主升仙的仪式过程。

图4-44　武梁祠后石室第二石第二层东王公西王母与车马奔驰图

（采自朱锡禄《武氏祠汉画像石》，山东美术出版社1986年，第35页）

图4-45　四川合江县四号石棺的车马临天门图

（采自高文主编《中国画像石全集7：四川汉画像石》，河南美术出版社2000年，第144～145页）

第四节　汉代西王母坐姿图像的
升仙仪式意义小结

　　到汉代时，原始道教的神仙信仰传播甚广，无限曼妙的神仙信仰实际上将人神的距离无限地拉开了，人不可能再如商周时期的巫师那样在天地人神之间自由通达。神仙的本质是远离人间的，人对神仙境界的膜拜与憧憬实际上蕴含着人对自身有限性的深切关怀。在神仙信仰的感动与鼓舞之下，汉代人创造出了无比美好的仙界生活。通过考察丰富而又生动的汉代墓葬及祠堂画像，我们看到了商周时的坐仪如何被汉代人承续下来。比如汉画像中的西王母高高上坐，既是仙界的象征，又是坐而受祭的象征。只有坐而受祭，西王母才将天与人、祖先与子孙、前世今生、仙界与现实、彼岸与此岸联系起来，才能够帮助凡人实现灵魂升仙的终极愿望。仙界羽人的坐姿，则更体现了自由、飞升的意义，通常的表现形式是屈膝而坐，上身舒展上扬，表现出非同于凡人的仙人气质。而象征墓主升仙的跪拜图像则表达出世人对仙界无比虔诚与向往的宗教情感。在活着的时候，他们就无比憧憬美好的仙界生活，死之后则将这种憧憬化作升仙仪式陈列于墓葬图像之中，也就是说，人死之后要进入的天堂就是西王母所在的西方昆仑仙境。同时，西王母所居之处并非真正远离人间，而是人所能想象得到的最富庶最美好的琼楼玉宇，是最完美的生活状态。墓葬中所有的仪式其实亦是将现实生活中的礼仪搬入，比如表示最为尊贵的正坐就成为高高在上的西王母（后又有配神东王公）坐姿，而前来拜谒西王母仙界诸神的墓主（或祠主）则采取最重的跪拜礼。其中所体现的汉代尊老习俗与忠孝精神亦跃然图上。

本章所论述的西王母坐姿仪式图像以及祠主拜见西王母仙界神仙的观点基本依赖于汉代墓葬升仙的核心意义。汉代墓葬中非常明显的一个现象是存在大量的升仙仪式图像，这恰恰是两汉时期神仙信仰蓬勃突起的反映。将升仙仪式安排在墓葬整体仪式中，说明汉代人已经深怀并实践着死后升仙的神仙思想。而将人死之后的去向寄托于西王母等众神仙，则具有深厚的宗教救赎的意味。无论是西王母、东王公还是伏羲女娲等神灵，在墓葬的升仙仪式中都担任着接引死者灵魂升仙的重要任务。这说明，原始宗教信仰（神仙信仰）在汉代已经表现得非常成熟。在追求灵魂升仙的墓葬仪式中，商周时期巫术式的人驾驭神、人通神的"人"的能力已然被汉代宗教式的神灵救赎灵魂的"神"的能力所替代。当然，这仅仅就巫术向宗教过渡演变的整体过程而言。事实上，即使是在宗教信仰逐渐替代巫术的时代，巫术也不会消失，而是与宗教同时并存，只不过巫术可能仅仅成为隶属于宗教信仰的技术手段而已。在民间秘密宗教仪式中，巫术式的通神仪式一直都存在着，在这里面，既有人对神的沟通、召唤，又有神对人的救赎、控制，表现出更为复杂多变的情势。

汉代西王母正面坐像所表达的长生救赎意义是西王母神仙信仰中最重要的内容，她为芸芸众生营造了一个无限美满的彼岸世界。这种宗教性的救赎在本质上来说是以人的生命为中心而展开的，是在生命有限性的基础上对无限生命形式的期待。无论是坐于祠堂壁上最高正中间或是伏羲女娲陪护的西王母、天柱悬圃上的西王母还是龙虎座上的西王母，都代表着人生的终极点。人只有在此生结束之后，灵魂才会被拯救，从而进入西王母仙界。灵魂拯救与再生的意义始终是西王母信仰的核心。而西王母作为宇宙创生大神是由其组合式构图（与伏羲女娲或是龙虎）获得的更高意义。这或许是西王母信仰在其鼎盛时期向着更高阶段发展的准备——作为宗教信仰对包括人的生命在内的宇宙的阐释。

虽然汉代人创造出了美丽的西王母仙界，也为世人灵魂升仙设置了必备的条件（如积善成仙），但其升仙仪式实践却永远没有尽头，永远只是一个正在进行的过程。西王母与其神圣的不死药始终作为一个永恒的目标静静地等候在昆仑山上，给世人以无穷的想象，并引导一代又一代人做着升仙的不懈努力。这便是宗教式的体验，但这样一种宗教体验却为汉代人提供了超越生死有限性的终极性关怀，成为中国本土宗教产生和发展的不竭之源。虽然由于各种原因西王母信仰在汉代以后影响力渐趋减弱，但不可否认，西王母信仰最为重要的意义在于：它本身就是本土宗教道教的重要组成部分。[①]

---

① 姜生先生在《中国道教科技史》一书中认为，西汉至魏晋是道教发展史上的原始道教时期，道教基本处于民间状态。参见姜生、汤伟侠：《中国道教科学技术史》（汉魏两晋卷），北京：科学出版社2002年，第122页。笔者认为汉代社会流行的西王母信仰是民间道教的重要表现形态之一。

第五章　汉墓祠堂忠孝画像及其信仰意义

如果说商代的安坐神像、巫跽像姿势均为跪坐于地而很难严格区分，那么经过周代跪坐礼仪的长期积淀之后，到汉代时安坐的神像与人对神的祭拜姿势则随着跪拜礼的广泛化而变得比较容易分辨。在本章中，我们主要以汉墓祠堂画像石中的忠孝图像为研究对象，对忠孝伦理视角下的跪或拜画像及其升仙仪式意义进行分析。在西王母仙界这个升仙仪式系统中，将现实生活与仙界联系起来的中介是积善成仙学说，积善就意味着与现实生活和社会发生联系，所以汉墓画像中带有现实色彩的忠孝节义画像内容实际上都是墓主一生尽行忠孝之道，为成仙铺就善之阶梯的准备过程。

鉴于古人神圣与世俗、此世与彼世相融合的观念，汉代墓葬画像无不与现实题材有关。如忠孝历史故事被搬到祠堂画像中，并非为了表现死者的现实生活场景，标榜死者的善行，而是以此传达死者通过这样的善行而获得通往彼岸世界的神圣权利。

汉墓祠堂的画像并非在于表现一个单一的、静止的情景，而是一个多元的、动态的仪式过程。具体来说，画于最上部的可能是一个终极点，即死者要去的仙界，而画于下部、中部的多为现实题材，包括宴饮、歌舞、庖厨、车马出行等场面，这可能就是一个从现实生活开始走向仙界的过程。画像中的忠孝善行历史故事图像，则有可能是作为死者生前积功累德的象征而存在的，它们是死者由现实世界进入仙界的重要条件。这些历史故事与人物图像既是儒家礼制体系与道德理想的体现，同时亦是成就道教神仙信仰的重要内容。

"选择什么样的故事画面安置在祠堂的图像中，不是个人的纯粹的主观爱好，而是当时流行的意识形态的话语权的一种表现。"[1]汉代画像中频繁出现的善行故事场面极有可能与国家上层意识形态有关。到底是什么样的关系，则需要到汉代的国家与社会历史情境中去寻找。

---

[1]　朱存明：《汉画像的象征世界》，北京：人民文学出版社2005年，第152页。

第一节　汉代忠孝信仰简述

一、汉代礼制重建与忠孝伦理

中国社会中的"礼"源于祭祀。荀子曾论"礼"："礼有三本：天地者，生之本也；先祖者，类之本也；君师者，治之本也。无天地恶生？无先祖恶出？无君师恶治？三者偏亡焉，无安人。故礼上事天，下事地，尊先祖而隆君师，是礼之三本也。"①礼的内在意义是对于天地、先祖的最高尊奉与敬仰。《说文》："礼，履也，所以事神致福也。""仪，度也"，原指做事的准则、法度，后来引申为仪式。礼仪二字连起来表达中国古代社会的各种礼俗，是非常确切的。礼仪本身就表达了身体与神灵以及现实福祉的关系，具体来说，礼仪是以某种身体动作或姿势向神灵祈求而致福的仪式，它的现实功能在于借神之权威来为现实生活提供神圣性。自周公制礼作乐而形成的一套完备的礼仪制度，就是周代统治者明德慎行、敬天保民从而为其统治寻求神圣性与合法性的规范礼典。关于"礼"对于个人、事务与国家的重大意义，《荀子·修身》道："人无礼则不生，事无礼则不成，国家无礼则不宁。"②明确指出礼对于个人与国家存在的重要性。到汉代时，周代的礼仪制度基本被贯彻下来，而礼仪的核心精神即忠孝之道。

先秦时期的君臣之礼仪尚未有封建国家皇帝与群臣之间的那种尊卑之序，更多地体现出一种理想化的君子之交的意趣。比如诸侯国君与别国来见大夫士之间更多的是一种互相行礼的关系，《礼记·曲礼下》："大夫士见于国君，君若劳之，则还辟再拜稽首；君若迎拜，则还辟不敢答拜。"③就是说诸侯国君鉴于别国来拜见的大夫士道路之劳苦而对其行再拜稽首之礼，"还辟"有"逡巡不敢当"之意。拜与答的互相礼仪表达出诸侯国君对别国使臣大夫士的高级礼遇。若是国君率先迎拜，那么使臣大夫则逡巡不敢答拜，表达出身份上的差等与敬畏之意。尤其是在迎拜、答拜礼仪方面，国君与大夫士、士与士之间均有相应的礼仪规定，

---

① 〔清〕王先谦撰，沈啸寰、王星贤点校：《荀子集解》卷十三《礼论篇第十九》，北京：中华书局1988年，第349页。
② 〔清〕王先谦撰，沈啸寰、王星贤点校：《荀子集解》卷一《修身篇第二》，北京：中华书局1988年，第23页。
③ 〔清〕孙希旦撰，沈啸寰、王星贤点校：《礼记集解》卷五《曲礼下第二之一》，北京：中华书局1989年，第120页。

每一个人在重要场合下的行礼都是一丝不苟地按照这些规定行事。所谓"礼经三百，威仪三千，于是教化浃洽，民用和睦，灾害不生，祸乱不作，囹圄空虚，四十余年。孔子美之曰：'郁郁乎文哉，吾从周'"①就是描述西周时君臣各行其礼、生活和美的理想图景。

到春秋战国之际，天子地位式微，诸侯国君、大夫、士的地位都相应上升，尤其是大夫、士这一阶层，他们具有更多的政治权力诉求，所以出现了"礼乐崩坏"的混乱状况。秦始皇统一六国，虽然建立起了一统王朝，但由于其国祚短暂，各种礼仪制度尚未来得及梳理和确立，就走向了灭亡。此即《汉书》所言"诸侯逾越法度，恶礼制之害己，去其篇籍。遭秦灭学，遂以乱亡"②。

刘邦一统天下，建立汉朝，意识到秦朝短命的危机，"犹命叔孙通制礼仪，以正君臣之位"③。虽然刘邦高兴地感叹"吾乃今日知为天子之贵也"，但仪法"未尽备而通终"④，未完成制定仪法的重任。汉文帝时贾谊"废礼义，捐廉耻"而致发生"甚者杀父兄，盗者取庙器"⑤的混乱状态。至汉武帝即位后，"进用英隽，议立明堂，制礼服，以兴太平。会窦太后好黄老言，不说儒术，其事又废"。后又有董仲舒言"王者欲有所为，宜求其端于天"⑥，将国家政治中的德刑与阴阳五行相比附，认为德为阳，刑为阴，提出道德教化远比刑罚重要："王者承天意以从事，故务德教而省刑罚。刑罚不可任以治世，犹阴之不可任以成岁也。今废先王之德教，独用执法之吏治民，而欲德化被四海，故难成也。是故古之王者莫不以教化为大务，立大学以教于国，设庠序以化于邑。教化已明，习俗已成，天下尝无一人之狱矣。"⑦此论为汉代的以德治天下奠定了理论基础。董仲舒还运用"天人感应"论，为皇帝权威的神圣性寻找神学依据，夸大天

① 〔汉〕班固撰，〔唐〕颜师古注：《汉书》卷二十二《礼乐志》，北京：中华书局1962年，第1029页。
② 〔汉〕班固撰，〔唐〕颜师古注：《汉书》卷二十二《礼乐志》，北京：中华书局1962年，第1029页。
③ 〔汉〕班固撰，〔唐〕颜师古注：《汉书》卷二十二《礼乐志》，北京：中华书局1962年，第1030页。
④ 〔汉〕班固撰，〔唐〕颜师古注：《汉书》卷二十二《礼乐志》，北京：中华书局1962年，第1030页。
⑤ 〔汉〕班固撰，〔唐〕颜师古注：《汉书》卷二十二《礼乐志》，北京：中华书局1962年，第1030页。
⑥ 〔汉〕班固撰，〔唐〕颜师古注：《汉书》卷二十二《礼乐志》，北京：中华书局1962年，第1031页。
⑦ 〔汉〕班固撰，〔唐〕颜师古注：《汉书》卷二十二《礼乐志》，北京：中华书局1962年，第1031～1032页。

命。皇帝依然被称为"天子"，意为天父之儿子，是天下万民之所赖，认为："唯天子受命于天，天下受命于天子，一国则受命于君。君命顺，则民有顺命；君命逆，则民有逆命。故曰：'一人有庆，兆民赖之。'此之谓也。"①由于天子从天神那里受命，故"受命之君，天意之所予也。故号为天子者，宜视天如父，事天以孝道也"②。皇帝，被视为天子，其在人间的地位日益突显，至高无上，以至于出现了对皇帝的"至尊"之称号，赵翼《陔余丛考》中言："臣称君为至尊……则西汉已有此语。"③皇帝被视为至尊，实际上就是要求所有人对他忠心不二。自汉高祖至汉武帝，汉代国家逐渐形成了"以孝治天下"的政治目标与手段。

作为系统论述孝道的先秦典籍《孝经》，终汉一代几乎将其视为治国之法典。汉文帝时置《孝经》博士官，鼓励学者研究《孝经》，并给予优待。汉武帝时《孝经》成为太学的基础教科书，向太学生传播孝道理论。汉平帝时，王莽秉政，"序、庠置《孝经》师一人"④。《孝经》遂成为全国地方学校传播孝道的重要教材。除了加强孝道教育之外，汉代刑律对不孝者处极刑："不孝弃市。"⑤

伴随着全国上下对《孝经》的推崇，孝子亦得到更多的政治机遇。汉武帝元光元年（公元前134年）冬十一月"初令郡国举孝廉各一人"⑥。此后，孝廉几乎成为汉代官吏进身的正途，此即所谓"察举"，考察要入官职之人是否孝顺，孝顺则会推举他当官。东汉承袭西汉治世方式，更为看重《孝经》中的"忠孝"之道，将其列为六经之外的七经。在加强教化的同时，孝廉不仅依然是主要入仕之途，还被授予郡守、尚书郎等重要官职。由此来看，《孝经》在汉代实际上完成了自学堂经典到入仕必备的发展历程，孝亦从原初的道德品质发展为一种基本政治素质。而国家范畴的忠则完全是在家庭范畴的孝的基础上发展而来的。

忠孝之道是汉代国家用以统治民众、治理社会的统治术，"举孝廉"

---

① 〔清〕苏舆：《春秋繁露义证》卷十一《为人者天第四十一》，北京：中华书局1992年，第319页。

② 〔清〕苏舆：《春秋繁露义证》卷十《深察名号第三十五》，北京：中华书局1992年，第285～286页。

③ 〔清〕赵翼：《陔余丛考》卷三十六，北京：商务印书馆1957年，第781～782页。

④ 〔汉〕班固撰，〔唐〕颜师古注：《汉书》卷十二《平帝纪》，北京：中华书局1962年，第355页。

⑤ 江陵张家山汉简整理小组：《江陵张家山汉简〈奏谳书〉释文》（二），《文物》1995年第3期。

⑥ 〔汉〕班固撰，〔唐〕颜师古注：《汉书》卷六《武帝纪》，北京：中华书局1962年，第160页。

这样的选官用人制度甚至导致民间假孝子伪孝行为的出现。如《后汉书·陈蕃传》中载："民有赵宣葬亲而不闭埏隧，因居其中，行服二十余年，乡邑称孝，州郡数礼请之。郡内以荐蕃，蕃与相见，问及妻子，而宣五子皆服中所生。蕃大怒曰：'圣人制礼，贤者俯就，不肖企及。且祭不欲数，以其易黩故也。况及寝宿冢藏，而孕育其中，诳时惑众，诬污鬼神乎？'遂致其罪。"①其中所言赵宣借守孝之名而欲图举荐，却终因弄巧成拙，"诳时惑众，诬污鬼神"而获罪，此劣行足以说明汉代社会的孝已经背离初旨而将世人引向"非孝"，让我们不由不敬仰老子无为之孝的大智慧，感叹世风之日下。其实《礼记》中所言"祭不欲数，数则烦，烦则不敬"的意思很明显，祭祀并不追求多，多了会生烦，也就失去了应有的敬意。赵宣等人之作为实际上反映了汉代实行的以孝廉为道德基准的察举制缺乏最基本的人才选拔监督机制以及由此而生出的诸多弊端。

孝与忠最为强调的就是顺从，包括子对父、幼对长、下对上、臣对君的绝对的服从与忠诚。在这样的忠孝观念引导之下，汉代形成了统率君臣关系的威仪观："夫威仪，所以与君臣，序六亲也。若君亡君之威，臣亡臣之仪，上替下陵，此谓大乱。大乱作，则群生受其殃，可不慎哉！"②对于能够序君臣之位的各种礼仪，汉代国家倾其所能进行修订与完善，并将其视为经常修缮维护的"人事"："夫立君臣，等上下，使纲纪有序，六亲和睦，此非天之所为，人之所设也。人之所设，不为不立，不修则坏。"③在这样的政策主导下，汉代从帝王到大臣，从贵族到草民，都被囊括进"忠孝"礼仪范畴之中。

忠孝之道的最根本目的在于以父子君臣之伦理政治手段形成稳定有序的社会秩序，每个个体在整体的社会秩序中都能各归其位、各行其道。长幼、尊卑的礼仪秩序之神圣仅仅靠文本记述的宣传力度是远远不够的，汉代人亦认识到以图像进行劝善的实际效果是远远超过文本的，尤其是对于乡野民众。东汉晚期的大臣阳球在呈给汉灵帝的奏文中曰："臣闻图象之设，以昭劝戒，欲令人君动鉴得失。"④此奏文道出了图像之劝善戒

---

① 〔宋〕范晔撰，〔唐〕李贤等注：《后汉书》卷六十六，北京：中华书局1965年，第2159～2160页。
② 〔宋〕范晔撰，〔唐〕李贤等注：《后汉书》志第四《礼仪上》，北京：中华书局1965年，第3101页。
③ 〔汉〕班固撰，〔唐〕颜师古注：《汉书》卷二十二《礼乐志》，北京：中华书局1962年，第1030页。
④ 〔宋〕范晔撰，〔唐〕李贤等注：《后汉书》卷七十七，北京：中华书局1965年，第2499页。

恶以动鉴得失的现实教化意义。

以劝善惩恶为教化目的的汉画像之所以繁盛一时，主要是得益于汉代国家忠孝之治的政治伦理取向。可以认为，汉代国力的强大以及日益缜密的宗教系统①是汉画像得以繁荣的现实政治基础。在汉代国家，祭祀与国家政治几为一体，国家祭祀神灵是政治神化的表现，亦是国家宗教的特点。汉代的皇帝权威要寻求神的佑护，制造其权力的神圣性与至上性。汉画像中大量出现礼乐祭祀场面，无疑是表现、传播与强化帝王精神的需要。这实际上是十分有必要的国家伦理教化手段。

二、汉代国家忠孝政治伦理与民间信仰之间的交流互动

以孝为主，移孝作忠，是汉代国家重要的治世思想，也是汉代国家宗教的核心内容。在进行"孝"之常情的教化的同时，忠孝还承载着深重的宗教情怀。如天子对天之孝，天对天子赋以重任，实际上就是对君权的神化，是为了增强其在万民之中的神圣性与不可超越性。依此类推，子对父之孝，万民对天子之忠，都是在天道之下的道德要求，此即董仲舒所谓："为人者天也。人之人本于天，天亦人之曾祖父也。此人之所以乃上类天也。"②

荀子曾经对礼仪中的祭祀进行论析："祭者，志意思慕之情也，忠信爱敬之至矣，礼节文貌之盛矣。苟非圣人，莫之能知也。圣人明知之，士君子安行之，官人以为守，百姓以成俗。其在君子，以为人道也；其在百姓，以为鬼事也。"③他看到了祭祀活动对于圣人、君子、官人与百姓的不同意义：君子志在人道成圣，百姓则重于鬼事成俗。这其实表明了祭祀在国家与民间不同空间的发展理路。百姓所关注的是鬼事俗事，

---

① 汉代的国家政治始终带有着浓厚的宗教色彩，国家祭祀天地神灵、历代祖先，实为以宗教佑政治，极具宗教色彩的政治行为不可避免地带有入世与出世、世俗与神圣相互交叉融合的特点，所以各种国家祭祀礼仪其实都可以被称为"国家宗教"。国家宗教毫无疑问要服务于现实的政治，这与民间信仰有着极大的不同。同时，国家宗教之所以被称为宗教，就是因为它也具有出世的超越性意义，将现实的政治与出世的信仰联结在一起，这是国家宗教的最突出特征。这一点，在汉画像中有着极为鲜明的表现。而且，在中国的宗教发展历史上，始终存在着大型正统宗教与民间信仰之间的合流与共享，这在汉画像最高层的西王母仙界图像及多层次的生动而又丰富的忠孝善行历史故事与人物图像中有着突出的表现。关于国家宗教的说法，可参见汪小洋：《汉墓壁画宗教思想研究》，上海：上海古籍出版社2011年，第229～230页。

② 〔清〕苏舆：《春秋繁露义证》卷十一《为人者天第四十一》，北京：中华书局1992年，第318页。

③ 〔清〕王先谦撰，沈啸寰、王星贤点校：《荀子集解》卷十三《礼论》，北京：中华书局1988年，第376页。

其指向更多的是个人，而国家所倾注的更多的是如何进行人文教化，即对整个社会进行规制与约束。这样的发展理路在周代时的礼乐制度中体现得尤为明显，"礼不下庶人，刑不上大夫"就是将国家与民间不同的群体进行不同形式的管理。这句话是从政治管理的角度对不同的人施以不同的管理方式：庶人需要以刑罚治理，这是消极性的管理，贵族则需要礼制约束，这是积极性的管理。那么从宗教信仰的角度来说，国家精英阶层与民间乡野村夫之间是否也存有某些不同呢？信仰总是根植于人们的现实生活而指向一个未知的将来，国家空间与民间领域的群体由于现实生活情境的不同，自然会滋生出不同的信仰需求，进而形成不同的信仰体系。

汉代国家尤其强调"孝"治天下，孝甚至成为选拔官吏的重要依据。在这种孝伦理的导向之下，汉代国家的宗教信仰亦具有强烈的忠孝伦理色彩。忠孝伦理特别注重的是长幼、上下、尊卑的等级秩序，而且特别强调父权与夫权的至上。也就是说，在忠孝伦理思想控制之下，汉代国家的信仰亦是忠孝型的。那么在庞大复杂的汉代墓葬信仰体系里面，有没有一个忠孝的内核贯穿其中？事实是我们在汉代画像石、画像砖、壁画、随葬器物中可以寻求到大量的图像例证。

在汉代民间社会中，作为一种家庭伦理观念，孝伦理本身就在民众中具有深厚的影响力。传播的方式多以民众喜闻乐见的形式如说唱、绘画等进行，尤其是刻绘艺术几乎成为文本之外影响力最大的一种传播方式。在这里，国家宗教与民间信仰发生了交融。国家宗教与民间信仰作为两股不同的文化力量历来就不是完全重合的，亦不会完全分道扬镳，它们时而分流，时而聚合，时而渗透，时而争斗。在汉代墓葬文化中，我们看到大量的以忠孝伦理为内容的画像形式。这些画像一方面服务于国家宗教型政治体系，亦作为国家伦理教化的重要手段而存在；另一方面，是普通民众个体升仙信仰的体现。对于普通民众来说，其信仰需求往往不太含有政治的因素，可能更多的是人之作为人的信仰需求，如死后升仙这样的信仰需求对于上层国家的个体来讲亦会有着深深的吸引力。而国家层面的信仰亦不会仅仅依靠政治权力来推行，它同样在很大程度上建立于人的根本需要，只有这样才能从民众内心深处对其发挥作用。除了在极端的历史情境之下（比如民间反抗官府的斗争），国家宗教与民间信仰之间总会互相影响、共同发展。在国家与民间力量的双重推动下，忠孝劝善类画像成为墓葬信仰文化中仅次于仙界内容的一类画像，作为国家政治统治与民间神仙信仰共同的仪式性图像而存在着。

第二节　汉墓祠堂忠孝图像分类

《隶释》在记录武梁祠堂画像时说："所画者古帝王忠臣义士孝子贤妇，各以小字识其旁，有为之赞文者。其事则史记两汉史列女传诸书，合百六十有二人，有标题者八十七人，其十一人磨灭不可辨。"① 即认为祠堂画像大多为古圣先贤与忠孝节义之图像。纵观汉画像中的忠孝图像，以孝为主题的有丁兰刻木事亲、老莱子戏彩娱亲、曾母投杼、闵子骞失棰、邢渠哺父、魏汤故事、三州孝子、原谷孝孙故事，等等。宣扬尊长敬老的有二桃杀三士，倡导忠信的图像包括季札挂剑、管仲射小白、周公辅成王，提醒国君从谏的有桓公听劝释卫，劝导君主明辨是非勿听谗言、劝世人行善不作恶的有骊姬故事，宣扬天命不可违的有泗水起鼎等。

一、表现家庭生活孝子的仪式图像

在汉画像中，表现孝顺的题材最多。最突出的用来表现孝子行为与心理的身体姿势就是双膝着地呈跪或跪拜姿势，如武梁祠西壁画像第三层（见图5-1）曾母投杼、闵子骞失棰、老莱子娱亲、丁兰供木人的孝子故事中的曾子、闵子骞、老莱子、丁兰均跪于地，或听母教，或侍奉父母。

曾母投杼故事中曾母坐在织机上，左上方有榜题："曾子质孝，以通神明，贯感神祇，着号来方，后世凯式，□□呪纲。"曾母下方隔栏有题字："谗言三至，慈母投杼。"榜题下一子向曾母跪禀，应是曾参。闵子骞

图5-1　武梁祠西壁画像第三层　自右至左依次是曾母投杼、闵子骞失棰、老莱子娱亲、丁兰供木人的故事
（采自朱锡禄《武氏祠汉画像石》，山东美术出版社1986年，第13页）

---

① 武梁祠的画像说明及榜题可参见：〔宋〕洪适：《隶释》卷十六《武梁祠堂画像》，《文渊阁四库全书》第681册，上海：上海古籍出版社2003年，第619～622页；〔明〕梅鼎祚：《东汉文纪》卷二八《武梁祠堂画像》，《文渊阁四库全书》第1397册，上海：上海古籍出版社2003年，第582～583页；〔清〕倪涛：《六艺之一录》卷五十四《武梁祠堂画像》，《文渊阁四库全书》第831册，上海：上海古籍出版社2003年，第348～350页，后者将部分缺失字补上。

失棰故事中有一辆轺车面向右，一马伫立在辕中。闵子骞父和异母弟坐在车上。其弟在驾车，其父转身向后，用手摸跪在车后的闵子骞的衣服。马上方空处榜题为："闵子骞后母北，子骞父。"闵子骞上方的榜题则是："闵子骞与假母居，爱有偏移。子骞衣寒，御车失棰。"老莱子娱亲故事中左方莱子母、父坐在低矮有靠背的木榻上，莱子扑地刚刚坐起。莱子前方有一女子给莱子父母进食或给水浆，当为莱子妻。在莱子父母下方有榜题"莱子父""莱子母"。莱子上方榜题曰："老莱子，楚人也，事亲至孝，衣服斑连，婴儿之态，令亲有驩（欢），君子嘉之，孝莫大焉。"丁兰故事中，丁兰正跪在父亲的木偶前，他右上方一人是前来借物的邻居。木偶上方有榜题曰："丁兰二亲终殁，立木为父，邻人假物，报乃借与。"[1]丁兰供木人的故事还存于武梁祠左石室第八石上层（见图5-8）。

武梁祠东壁第三层（见图5-2）自右至左主要包括三州孝人、义浆羊公、魏汤、赵□□、孝孙故事。三州孝人图中有三人，当中跪的一人应是孝子，其前一人受其跪者，当为义父，其后面一人站立者，是孝子兄弟，榜题曰："三州孝人也。"

图5-2　武梁祠东壁第三层画像
（采自朱锡禄《武氏祠汉画像石》，山东美术出版社1986年，第15页）

魏汤故事中，汤父跪在中间，魏汤跪在父亲后面，汤父面前一人，身材高大，可能是殴挝魏汤父的恶少。汤父上空有飞鸟，魏汤身后有一株树，树上有鸟。榜题曰"汤父""魏汤""孝乌"，"孝乌"二字在树梢上空。魏汤故事记于《太平御览》所引《孝子传》中：

> 魏汤少，失其母，独与父居，邑养蒸蒸，尽于孝道。父有所服刀戟，市南少年欲得之。汤曰："此老父所爱，不敢相许。"于是少年殴挝汤父，汤叩头拜谢之，不止。行路书生牵止之，仅而得免。后父寿终，汤乃杀少年，断其头，以谢父墓焉。[2]

---

[1]　朱锡禄：《武氏祠汉画像石》，济南：山东美术出版社1986年，第103～104页。
[2]　〔宋〕李昉等：《太平御览》卷四八二"仇雠下"，北京：中华书局1960年，第2206页。

孝孙故事中刻有三个人和一副担架。孝孙祖父在左方坐着，面前横置着担架。孝孙右手握担架，回头看身后站着的父亲。榜题曰：孝孙、孝孙父、孝孙祖父。[①]孝孙即原谷，此故事亦在《太平御览》所引《孝子传》中：

> 原谷者，不知何许人。祖年老，父母厌患之，意欲弃之。谷年十五，涕泣苦谏，父母不从，乃作舆异弃之。谷乃随收舆归，父谓之曰："尔焉用此凶具？"谷云："后父老不能更作，得是以取之耳。"父感悟愧惧，乃载祖归，侍养，克己自责，更成纯孝，谷为纯孙。[②]

武梁祠后壁画像第二层（见图5-3）中有主要描绘子对父母至孝的故事。自右至左依次是韩柏榆被笞、邢渠哺父、董永卖身侍父[③]、金日磾见阏氏像的故事。

韩柏榆被笞画像中，韩柏榆面向左跪于地，他母亲站在面前，面向韩柏榆，手执拐棍，正准备打韩柏榆。上方有榜题两处"柏榆伤亲年老，气力稍衰，苔（笞）之不痛，心怀楚悲""榆母"。

邢渠哺父画像中，邢渠的父亲和邢渠都在一个双柱屋下。邢父坐于木几案上，邢渠则手

图5-3　武梁祠后壁画像及第二层韩柏榆被笞、邢渠哺父画像细部
（采自朱锡禄《武氏祠汉画像石》，山东美术出版社1986年，第17、18页）

[①] 其上对于各图像的描述均引自朱锡禄：《武氏祠汉画像石》，济南：山东美术出版社1986年，第105页。

[②] 〔宋〕李昉等：《太平御览》卷五一九"孙"，北京：中华书局1960年，第2360页。

[③] 董永侍父的孝子故事还出现在四川乐山崖墓画像中。罗二虎、宋丹：《东汉画像崖墓研究》，《考古学报》2020年第4期。

中高举双箸，正为父进食。上方有榜题"渠父""邢渠哺父"。此故事还存于武梁祠左石室第八石上层（见图5-8）。

金日磾见阏氏像中，金日磾的像只剩上半身。从洪适《隶续》可知，原来图中有休屠王阏氏像，骑都尉面向此像跪着。上有榜题二，曰"休屠像""骑都尉"。这是汉武帝把金日磾的母亲也就是原匈奴休屠王妻子的像画于甘泉宫，金日磾见像下跪哭泣。①此事记载于《汉书》中：

> 金日磾字翁叔，本匈奴休屠王太子也。武帝元狩中，票骑将军霍去病将兵击匈奴右地，多斩首，虏获休屠王祭天金人。其夏，票骑复西过居延，攻祁连山，大克获。于是单于怨昆邪、休屠居西方多为汉所破，召其王欲诛之。昆邪、休屠恐，谋降汉。休屠王后悔，昆邪王杀之，并将其众降汉。封昆邪王为列侯。日磾以父不降见杀，与母阏氏、弟伦俱没入官，输黄门养马，时年十四矣。
>
> 久之，武帝游宴见马，后宫满侧。日磾等数十人牵马过殿下，莫不窃视，至日磾独不敢。日磾长八尺二寸，容貌甚严，马又肥好，上异而问之，具以本状对。上奇焉，即日赐汤沐衣冠，拜为马监，迁侍中驸马都尉光禄大夫。日磾既亲近，未尝有过失，上甚信爱之，赏赐累千金，出则骖乘，入侍左右。贵戚多窃怨，曰："陛下妄得一胡儿，反贵重之！"上闻，愈厚焉。
>
> 日磾母教诲两子，甚有法度，上闻而嘉之。病死，诏图画于甘泉宫，署曰"休屠王阏氏"。日磾每见画常拜，乡之涕泣，然后乃去。②

这个故事一方面表现了汉武帝无论胡汉、任人唯贤的帝王气度，另一方面表现了阏氏教子有方之母德与金日磾的忠君孝母之品质。将阏氏画像挂于甘泉宫，是汉皇室用来教化天下的道德范本。这个孝自然是对父母之孝，而忠则是对汉室之忠。这个故事实际上还隐藏着忠孝之道中潜存的某种无法解决的矛盾，即"忠孝不能两全"。在汉武帝塑阏氏像及金日磾跪哭阏氏像的孝行当中，实际上亦存在着金日磾无法找到其孝行之源（即对其父之孝）的苦闷，也隐含着他对皇室之忠高于对家族之孝

---

① 以上对于各图像的描述均引自朱锡禄：《武氏祠汉画像石》，济南：山东美术出版社1986年，第107页。

② 〔汉〕班固撰，〔唐〕颜师古注：《汉书》卷六十八《霍光金日磾传》，北京：中华书局1962年，第2959～2960页。

的道德理想。这种大忠大孝的图像故事尤其值得宣扬，另外赵氏孤儿故事中的大忠，亦是超越一般意义上的忠孝之道。

二、表现国家政治体系忠君的画像

除了孝伦理，忠则是超越家庭的一种国家情感。在汉画像中忠君的画像亦占有很大比例，如李善保小主、周公辅成王、二桃杀三士、赵氏孤儿等。

武梁祠后壁画像第二层（见图5-3）中在金日磾像的右方刻有李善保小主的故事画像。李善站着侧身向左，手抚着一个躺在摇篮里的婴儿（李善的小主人李续），摇篮左边有一人跪着。据北宋洪适《隶续》模刻本，此跪着的人和摇篮及榜题"忠孝李善""李氏遗孤"在北宋时尚可见到，现已剥蚀。[①]李善抚幼主体现了李善对主人忠心不二，其故事见于《后汉书·独行列传》：

> 李善字次孙，南阳淯阳人。本同县李元苍头也。建武中疫疾，元家相继死没，唯孤儿续始生数旬，而赀财千万，诸奴婢私共计议，欲谋杀续，分其财产。善深伤李氏而力不能制，乃潜负续逃去，隐山阳瑕丘界中，亲自哺养，乳为生湩，推燥居湿，备尝艰勤。续虽在孩抱，奉之不异长君，有事辄长跪请白，然后行之。闾里感其行，皆相率修义。续年十岁，善与归本县，修理旧业。告奴婢于长吏，悉收杀之。时钟离意为瑕丘令，上书荐善行状。光武诏拜善及续并为太子舍人。……后京师之官，道经淯阳，过李元冢。未至一里，乃脱朝服，持锄去草。及拜墓，哭泣甚悲，身自炊爨，执鼎俎以修祭祀。[②]

嘉祥南武山画像第二石第二层（见图5-4）周公辅成王画像中，成王头戴山字形冠立在矮榻之上，其左方有三人，前面二人朝向成王跪，后一人躬身站立，手执板。右方前一人跪，给成王打伞盖，后三人执板，亦朝向成王跪。[③]此画像另见于宋山第二石第二层（见图4-9）。

---

① 朱锡禄：《武氏祠汉画像石》，济南：山东美术出版社1986年，第107页。
② 〔宋〕范晔撰，〔唐〕李贤等注：《后汉书》卷八十一，北京：中华书局1965年，第2679～2680页。
③ 朱锡禄：《嘉祥汉画像石》，济南：山东美术出版社1992年，第126页。

图5-4　嘉祥南武山画像第二石第二层周公辅成王图
（采自朱锡禄《嘉祥汉画像石》，山东美术出版社1992年，第62页）

二桃杀三士是一个从反面表现忠君尊长的图像故事。二桃杀三士的故事起因是，晏婴从三士身边走过，三士没有起身行礼，所以招致晏婴不满，便用二桃招三士争夺，引起三士先后殒命。这个故事主要标榜"君臣之义"与"长率之伦"，也是为了告诫世人恪守君臣上下之礼规。此故事记载于《晏子春秋》当中：

> 公孙接、田开疆、古冶子事景公，以勇力搏虎闻。晏子过而趋，三子者不起，晏子入见公曰："臣闻明君之蓄勇力之士也，上有君臣之义，下有长率之伦，内可以禁暴，外可以威敌，上利其功，下服其勇，故尊其位，重其禄。今君之蓄勇力之士也，上无君臣之义，下无长率之伦，内不以禁暴，外不可威敌，此危国之器也，不若去之。"①

在得到景公的许可之后，晏子用以功论赏的办法赐给三士两个桃子，三士由于争功而互不相让，后公孙接、田开疆认为"吾勇不子若，功不子逮，取桃不让，是贪也；然而不死，无勇也"，所以"皆反其桃，挈领而死"。二士死后，古冶子为自己的夸功感到羞愧："二子死之，冶独生之，不仁；耻人以言，而夸其声，不义；恨乎所行，不死，无勇。""亦反其桃，挈领而死。"②

从文献记载看，晏子过而趋，是一个行进中的动作，那么原先坐着的三士应当起立行礼，是源于"授立不跪，授坐不立"，即若是尊者立，那么卑者可以站立行礼，而不必跪拜，是为了不烦劳尊者跪地行礼。若是尊者坐，那么卑者应当跪拜，亦是为了不烦劳尊者起立。那么对照晏

---

① 吴则虞：《晏子春秋集释》卷二《谏下》，北京：中华书局1982年，第164页。
② 吴则虞：《晏子春秋集释》卷二《谏下》，北京：中华书局1982年，第165页。

婴过而遇三士的情况，三士应当起立而不烦晏婴跪拜。但是三士未如此行礼，所以招致晏婴的不满。从故事的发展来看，晏婴主要是从国家君臣上下的礼仪来说服景公而设计杀死三士的。

此类故事图像存在于武梁祠左石室第七石第二层、宋山画像第三石第三层、陕西绥德四十铺墓门横额下石中层等。（见图5-5、图5-6、图5-7）

图5-5　武梁祠左石室第七石第二层二桃杀三士故事
（采自朱锡禄《武氏祠汉画像石》，山东美术出版社1986年，第56页）

图5-6　宋山画像第三石第三层二桃杀三士故事
（采自朱锡禄《嘉祥汉画像石》，山东美术出版社1992年，第38页）

图5-7　陕西绥德四十铺墓门横额下石中层二桃杀三士故事
（采自李贵龙、王建勤《绥德汉代画像石》，陕西人民美术出版社2000年，第114～115页）

　　表现忠义的季札挂剑故事亦在武梁祠画像中有所表现，如左石室第八石上层（见图5-8），季札挂剑位于最左侧，季札跪拜于徐君墓前以完成他将剑送与徐君的心愿。季札出使齐国与鲁国途经徐国拜见徐君的故事记于《史记·吴太伯世家》：

> 　　季札之初使，北过徐君。徐君好季札剑，口弗敢言。季札心知之，为使上国，未献。还至徐，徐君已死，于是乃解其宝剑，系之徐君冢树而去。从者曰："徐君已死，尚谁予乎？"季子曰："不然，始吾心已许之，岂以死倍吾心哉？"[①]

图5-8　武梁祠左石室第八石上层自左至右：季札挂剑、邢渠哺父、丁兰供木人
（采自朱锡禄《武氏祠汉画像石》，山东美术出版社1986年，第58页）

　　此画像另见宋山画像第三石第二层（见图5-9）。

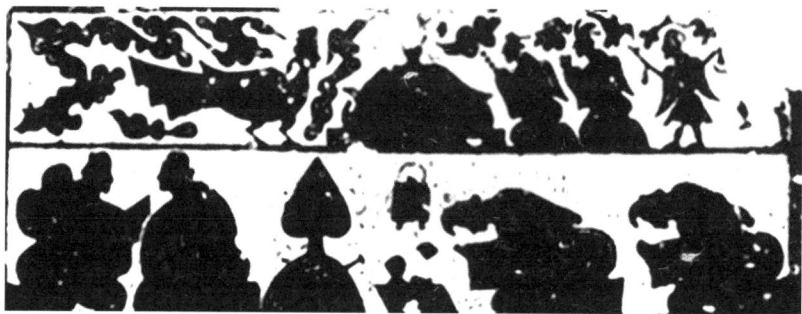

图5-9　宋山画像第三石第二层季札挂剑画像
（采自朱锡禄《嘉祥汉画像石》，山东美术出版社1992年，第38页）

　　武梁祠左石室第四石下层有祥云、伏羲女娲组成的天界图像。而上与中层则刻有管仲射小白与荆轲刺秦王的故事（见图5-10）。其寓意亦在于强调国家政治体系中上下一体、君臣同心的礼仪秩序。

---

① 〔汉〕司马迁撰，〔宋〕裴骃集解，〔唐〕司马贞索隐，张守节正义：《史记》卷三十一《吴太伯世家》，北京：中华书局1959年，第1459页。

图5-10　武梁祠左石室第四石
（采自朱锡禄《武氏祠汉画像石》，山东美术出版社1986年，第50页）

图5-11　沂南北寨村汉墓中室南壁西侧上层齐桓公释卫画像石
（采自中国画像石全集编辑委员会《中国画像石全集1：山东汉画像石》，山东美术出版社、河南美术出版社2000年，第160页）

荆轲刺秦王的故事画像还见于四川乐山麻浩一号崖墓前堂。①类似的表达忠孝伦理与国家君臣一心共图大业的画像还有很多，如赵氏孤儿、完璧归赵、曹子劫桓、专诸刺吴王、卫姬谏齐桓公，等等。在沂南北寨村汉墓中室南壁西侧上层就刻有卫姬谏齐桓公的故事（见图5-11）。右侧齐桓公头戴三角冠，佩长剑侧身站立。齐桓公的左上方有榜题"齐桓公"。左侧一女子长跪于地，头发蓬乱，未带发饰，向其谢罪。上方榜题"卫姬"，是齐桓公的夫人。卫姬后有一侍者。②《吕氏春秋·审应览》中记有此故事：

> 齐桓公合诸侯，卫人后至。公朝而与管仲谋伐卫。退朝而入，卫姬望见君，下堂再拜，请卫君之罪。公曰："吾于卫无故，子曷为请？"对曰："妾望君之入也，足高气强，有伐国之志也；见妾而有动色，伐卫也。"明日，君朝，揖管仲而进之。管仲曰："君舍卫乎？"公曰："仲父安识之？"管仲曰："君之揖朝也恭，而言也徐，

---

① 罗二虎、宋丹：《东汉画像崖墓研究》，《考古学报》2020年第4期。

② 中国画像石全集编辑委员会：《中国画像石全集1：山东汉画像石》，济南：山东美术出版社，郑州：河南美术出版社2000年，第160页。

见臣而有惭色，臣是以知之。"君曰："善！仲父治外，夫人治内，寡人知终不为诸侯笑矣。"①

图5-12　宋山第二批画像第一石
（采自朱锡禄《嘉祥汉画像石》，山东美术出版社1992年，第44页）

此故事在表现齐桓公知错就改、从善听劝的霸主作风的同时，亦能反映出卫姬随机应变、化险为夷的聪明智慧，值得后人称道。

反面的教材则来自骊姬害申生的故事。如宋山第二批画像第一石第三层就刻有骊姬故事（见图5-12）。中间刻一躺在地上的死犬。右方刻二人，一跪坐，一站立在后，可能是晋献公及骊姬。左方刻三人立，大约就是晋献公之子申生、奚齐、卓子（小者）三人。②骊姬故事中，骊姬为让自己的儿子奚齐被立为晋君，驾祸太子申生，将毒药置于申生送给晋献公的祭肉中，并当面阻止晋献公食肉，喂狗而死。申生受晋献公责怪，无以辩解而自杀。奚齐虽被立为晋君，但不久被杀。告诫为君者勿信谗言，为妇者勿害人害己。但从申生出于献公失去骊姬居不安食不饱的考虑、自愿背负恶名而自杀来看，这个故事其实亦从侧面表达了申生之孝，在惩治恶行的同时宣扬了孝行，可谓一举两得。其故事记于《左传》中：

> 太子祭于曲沃，归胙于公。公田，姬置诸宫六日。公至，毒而献之。公祭诸地，地坟；与犬，犬毙；与小臣，小臣亦毙。姬泣曰：

---

① 〔战国〕吕不韦编著，〔汉〕高诱注：《吕氏春秋》卷十八《精谕》，上海：上海书店1986年，第223页。
② 朱锡禄：《嘉祥汉画像石》，济南：山东美术出版社1992年，第120～121页。

"贼由太子。"太子奔新城。公杀其傅杜原款。或谓太子："子辞，君必辩焉。"太子曰："君非姬氏，居不安，食不饱。我辞，姬必有罪。君老矣，吾又不乐。"曰："子其行乎？"太子曰："君实不察其罪，被此名也以出，人谁纳我？"十二月戊申，缢于新城。[①]

三、妇女守贞持节故事画像

武梁祠东壁画像第二层都是妇女节义之画像（见图5-13），自右至左包括梁节姑姊、齐义继母、京师节女。齐义继母故事中，地上正躺着一具尸体，右边是乘马的追吏。死者上方一人向右跪，左一人右向拱手立，可能是齐义继母的两个儿子，齐义继母在左边，一手抬起。有榜题曰"追吏""死人""后母子""前母子""齐义继母"[②]。

图5-13 武梁祠东壁画像第二层
（采自朱锡禄《武氏祠汉画像石》，山东美术出版社1986年，第15页）

齐义继母赞扬的是继母之公义，其故事记于刘向的《列女传》中：

齐义继母者，齐二子之母也。当宣王时，有人斗死于道者。吏讯之被一创二子兄弟立其傍。吏问之，兄曰：我杀之。弟曰：非兄也，乃我杀之。期年，吏不能决，言之于相，相不能决，言之于王，王曰：今皆赦之，是纵有罪也。皆杀之，是诛无辜也。寡人度其母能知子善恶，试问其母，听其所欲杀活。相召其母，问之曰：母之子杀人，兄弟欲相代死。吏不能决，言之于王，王有仁惠，故问母何所欲杀活。其母泣而对曰：杀其少者。相受其言，因而问之曰：夫少子者，人之所爱也。今欲杀之，何也？其母对曰：少者，妾之子也。长者，前妻之子也。其父疾且死之时，属之于妾曰：善养视之。妾曰：诺。今既受人之托，许人以诺，岂可以忘人之托，而不信其

---

① 〔清〕洪亮吉撰，李解民点校：《春秋左传诂》卷七僖公四年，北京：中华书局1987年，第276页。

② 朱锡禄：《武氏祠汉画像石》，济南：山东美术出版社1986年，第105页。

诺耶？且杀兄活弟是以私爱废公义也。背言忘信是欺死者也。夫言不约束已诺不分，何以居于世哉？子虽痛乎，独谓行何，泣下沾襟。相入言于王，王美其义，高其行，皆赦不杀，而尊其母号曰义母。①

梁节姑姊故事中有榜题："姑姊……赴火如亡，示其诚也。"②此故事亦反映了姑姊为救其兄之子而表现出的大义。京师节女则是妻子为夫代死的节女大义。

武梁祠后壁画像第一层（见图5-14）主要是女子守贞取义的著名故事。自右至左为梁高行拒、鲁秋胡戏妻、鲁义姑舍儿、楚昭贞姜待符的故事。

梁高行头戴饰，面向左，坐在垂帷之下。她左手持匕首、右手持铜镜，正用刀割自己的鼻子，以免梁王来选她做妃。她后面一侍者，面向梁高行站立，手持便面。梁高行前面，一个奉金者跪着，双手向梁高行递上一盘金子。奉金者身后，一个使者面梁高行站立，肩上有一旄节。使者身后有一辆双马拉的带四维的轩车，是梁王派来迎接梁高行入宫的。有三榜题，曰"梁高行""奉金者""使者"③。

楚昭贞姜头戴饰，坐在有屋顶和柱子的建筑物内。这是故事发生的地点渐台。她坐于木榻上，身后有两个侍者手执便面。她不顾江水猛涨，正在耐心等待楚昭王的使者接她离开这里，使者却忘记带楚王的信物"符"，最后她甘愿被江水淹没。榜题一处："楚昭贞姜。"④其故事记于《列女传》：

图5-14 武梁祠后壁画像第一层梁高行拒、楚昭贞姜待符画像细部
（采自朱锡禄《武氏祠汉画像石》，山东美术出版社1986年，第18、17页）

---

① 〔汉〕刘向：《古列女传》卷五《齐义继母》，《文渊阁四库全书》第448册，上海：上海古籍出版社2003年，第48页。
② 朱锡禄：《武氏祠汉画像石》，济南：山东美术出版社1986年，第105页。
③ 朱锡禄：《武氏祠汉画像石》，济南：山东美术出版社1986年，第106页。
④ 朱锡禄：《武氏祠汉画像石》，济南：山东美术出版社1986年，第107页。

　　贞姜者，齐侯之女，楚昭王之夫人也。王出游，留夫人渐台之上而去。王闻江水大至，使使者迎夫人，忘持其符，使者至，请夫人出。夫人曰：王与宫人约令，召宫人必以符，今使者不持符，妾不敢从使者行。使者曰：今水方大，至还而取符则恐后矣。夫人曰：妾闻之贞女之义不犯约，勇者不畏死，守一节而已，妾知从使者必生，留必死，然弃约越义而求生，不若留而死耳。于是使者取符，则水大至台崩，夫人流而死。王曰：嗟夫，守义死节不为苟生，处约持信以成其贞。乃号曰贞姜。[①]

　　在画像中，梁高行与贞姜均呈坐姿，朱锡禄认为她们头戴五梁冠[②]。笔者对此不能认同。因为汉代妇女一般戴花钗而非戴冠。古制士冠庶人巾，说明戴冠是贵族男子的专权，所以男子的成年礼为冠礼，女子则称为笄礼。沈从文先生认为："史志虽说梁冠常以梁数多少定等级尊卑，但画刻反映，则一梁为常见，或中分作一线道，即近似二梁，或正中一梁旁附二小梁便易为三梁。除上三式，此外即少见。"[③]仔细看这幅画像中的梁高行与贞姜头饰，并非五梁冠，而是东汉妇女常用的大髻。无盐丑女钟离春说齐王故事画像（见图5-15）中，男子梁冠与妇女大髻的对比是较为明显的。钟离春头饰为大髻，齐王所戴为梁冠。依此来看，梁高行与贞姜的头饰极像大髻，而非五梁冠。即使非梁冠，大髻实际上亦是上层贵族妇女才能有的头饰，因为需假发衬托，断非普通妇女所能做到。大髻，又称"四起大髻"，从正面看应是头髻向上向外四面蓬松张开，好似盛开的花朵。这种贵族常用的头饰在东汉时期的画像中亦被用于

图5-15　齐王所戴之梁冠与钟离春之大髻
（采自沈从文《中国古代服饰研究》，北岳文艺出版社，第153页）

---

① 〔汉〕刘向：《古列女传》卷四《楚昭贞姜》，《文渊阁四库全书》第448册，上海：上海古籍出版社2003年，第40页。
② 朱锡禄：《武氏祠汉画像石》，济南：山东美术出版社1986年，第106～107页。
③ 沈从文：《中国古代服饰研究》，太原：北岳文艺出版社2002年，第154页。

西王母头饰造型（有关四起大髻参见第四章第二节相关图像及其论述）。

"从一而终"的守节观念在汉代社会成为一种女性崇高的理想而被标榜。墓葬画像中的妇女守贞故事反映了现实社会中夫权的强化以及对于女性思想的教化。虽然汉代社会妇女的离婚与再嫁比起后来的元明清时代要宽松得多，但经过董仲舒、刘向等人的系统化理论构建之后，守贞渐趋成为妇女生活的一种价值导向。汉墓祠堂中的这些妇女守节图像与《列女传》文本记载相辅相成，对于中国传统贞节观有着极为重要的宣传促进作用。这些图像作为妇女善行的标准而督促着现实生活中的妇女坚守贞操。

第三节　教化之上的来世信仰

具有宗教意义的忠孝之道在汉代文化系统中得到广泛的重视。汉代忠孝图像主要具有两个方面的意义：一为国家教化，二为终极关怀。教化即国家主流意识形态——忠孝礼制系统之内的礼仪教化；终极关怀即促成以神仙信仰为基础的灵魂升仙。通常这两个功能是相辅相成的，也就是说，礼仪教化是向生者传播忠孝之道的有效途径，同时亦是一个人终其一生的善行清单，只有在此忠孝之道的基础上，人的灵魂升仙才可能实现。

汉画像石具有劝善教化的现实意义，这一点在杨爱国的《山东汉画像石》一书中被称为"教育世人"，分为明君贤相、儒道圣贤、义士刺客与孝子烈女等四种类型[1]，对历史人物画像的劝善教化意义论说详细。

汉墓祠堂中的忠孝节义图像将国家"忠孝"伦理意识形态进行生动表达的同时，亦传达了汉代人对跪与拜的时代性认识。从我们所举的画像内容，跪拜的画像基本存在于子对父（或母）、臣（或姬妾）对君，或人对神。联系前面我们所说的汉代皇权的至高无上，我们认为，在汉代的国家政治系统里，君的权威越来越大，君臣的人格相对平等关系越来越淡化，而所谓的君臣同心、上下一体全然建立在皇权至高无上的基础上。忠孝图像重在表达这种政治权威。忠孝图像中跪或拜的姿势虽然无法让我们窥见其行礼的全部过程，但有些跪拜明显属于臣对君、子对父的跪拜，与文献记载中的稽首拜极为相似，这种跪拜在周代本是大夫、士对诸侯与天子的至敬之礼，是最重最高的礼仪，虽然亦有君臣之礼的

---

① 参见杨爱国：《山东汉画像石》，济南：山东文艺出版社2004年，第84～113页。

成分，但更具有君臣一体的性质，是周代贵族政治的体现。秦汉时期建立起皇帝制度以来，贵族君臣一体的性质渐趋减弱，而君臣尊卑之关系日益突出，表现在跪拜礼仪上，跪拜逐渐失去了君臣互拜的"礼无不敬""礼无不答"的相对平等性质，而成为臣对君的单方面行礼规范。[①]如汉画像中的周公辅成王图，重在表现周公等臣对成王这一君主的尊敬与忠诚，尤其是嘉祥南武山第二石中跪拜的群臣与立着的成王更是形成鲜明的尊卑地位对比。另外如季札跪拜于徐君墓前，表达的则是季札之义，即使徐君人已死，但义不可忘，终究还是将剑赠予了徐君。这基本可以看作汉代国家宗教系统在墓葬体系中的渗透，在这个仪式过程中，最为直接也最重要的一个目的就是通过对死者所居的装饰，来传递各种忠孝伦理的信息，表达"恶以戒世，善以劝后"[②]的愿望，不断地训练生者的身体与思想，强化忠孝伦理，达到"以孝治天下"的目的，成功地建立起汉代的身体政治。这种类型的画像在各个阶层中具有很强的包容性与适应性，几乎所有民众对其都有着强烈的心理认同。在目前所发现的汉画像中，山东地区的忠孝伦理类故事画像是最为普遍，数量也是最多的。

除却"垂示后嗣，万世不亡"[③]的强化国家统治以及道德教化目的之外，这些画像还有更为深刻的宗教意义。这些关于忠孝节义伦理的画像被安置于墓葬或是祠堂里，其意义不仅仅是为了劝善教化、强化现实皇权，更与来世信仰有关，应当是汉代升仙仪式的重要组成部分。虽然画像本身描绘的内容取自现实社会，但是其指向却是彼岸世界，所以其宗教意义不可忽视。正如汪小洋在谈到汉墓画像的宗教价值时所指出的："现实的情景必然要出现在画面中，画面内容的可信性也必须通过现实情景的描绘而获得。所以，现实题材表现的还是终极关怀……"[④]一方面，汉代人根据现实生活中的忠孝伦理而想象彼岸的生活伦理，所以将现实中的忠孝图像安置到祠堂中，象征着现实的生活逻辑被带入到墓葬中，以此种方式实现长生成仙的目的。另一方面，在积善成仙的学说影响下，忠孝之善既是生者的生活依据，又是死者成仙的善行保障，所以那些表达善行的画像实则是死者成仙的阶梯。只有通过这些象征性的善行画像，

---

① 李为香：《中国古代跪拜礼仪的基本形式与内涵演变》，《中南大学学报（社会科学版）》2014年第5期。
② 〔元〕脱脱：《宋史》卷二百八十一《列传四十》，北京：中华书局1985年，第9519页。
③ 〔宋〕洪适：《隶释》卷六《从事武梁碑》，《文渊阁四库全书》第681册，上海：上海古籍出版社2003年，第515页。
④ 汪小洋：《汉墓壁画宗教思想研究》，上海：上海古籍出版社2011年，第121页。

彼世之仙界才能够向死者开放，死者才能够获得进入仙班的通行证。如此，身体、国家、社会、此世、彼世就在这些宏伟而缜密的墓葬仪式中被融合在一起，从而建立起汉代的国家、社会与宗教仪式。

大致说来，这些画像极有可能是墓主死后升仙的一个重要保障，或者说是其成仙的一个重要仪式。它象征着墓主在人世间尽行忠孝信诚之道，可以顺利取得升仙资格而得以进见仙界女神西王母。在汉代的长生成仙信仰视野之下，我们认为，这些忠孝伦理的图像亦与成仙信仰有重大关系。在汉画像石中，类似于忠孝五常伦理的图像大致均被放置于西王母顶层画像和孔子见老子画像之下，如宋山一号小祠堂①（见图4-42）与武梁祠东西两壁图像②（见图4-43）等，这样的布局绝对不是随意为之，而具有某种重要的仪式象征意义。它隐含着一个重要的信息，即墓主在生命过程中必须先行人世间忠孝之道，方可获得灵魂升仙的资格。这里面包含着一个重要的宗教仪式逻辑，即为了实现生命永恒的终极目标，就必须进行某种生命过渡的仪式，"经过宗教的'过渡'……死后都可超越俗世之时间逻辑与空间秩序的局限，而进入同一时空的神灵世界"③。在汉代人那里，这种过渡实为一个漫长的无休止的过程，它既包括终其一生的积功累德，更表现为人对神仙世界的不可接近以及由此而带来的无限憧憬。正是这种"无限"以及永远无法实现的"理想"，不可避免地转化为对个体现实生命过程的无形指导与控制，这便是由人自己创造出来的信仰的无穷魅力，这种终极性和超越性才是人类生生不息的重要源泉。

汉代社会是皇权专制政治与神仙信仰都大大发展的时期，政治与宗教、神圣与世俗、神界与人界的相互融合与互动又呈现出新的特征。对比巫神时代的商周时期，汉代社会更放射出"人"的光芒。这突出表现在汉代以孝治天下的治国理想与神仙信仰的美好蓝图设计中。神仙信仰在文献与墓葬图像体系中均呈现出繁荣与蓬勃的气势。神仙信仰已经在普通民众中提供了终极关怀的方式与途径。因此汉代的政治、社会与宗教都不可避免地被赋予了神仙的理想色彩。个人德行、政治太平、社会和谐无不与神仙信仰密切相关。在大量的汉画像石中，西王母、东王公高高上坐，他们是联结天与人的中介，是生死空间转换、死者灵魂升仙

① 蒋英炬：《汉代的小祠堂——嘉祥宋山汉画像石的建筑复原》，《考古》1983年第8期。
② 蒋英炬、吴文祺：《武氏祠画象石建筑配置考》，《考古学报》1981年第2期。
③ 姜生：《汉帝国的遗产：汉鬼考》，北京：科学出版社2016年，第214页。

的标志性符号。他们的坐姿是安坐，极尽安详与高贵。汉代祠堂三壁图像、墓室中的图像大多都是以祠主（或墓主）升仙为主题。仙界使者接引死者升天、西王母（东王公）等候死者拜见成为西王母仙界画像的基本内容布局。在这个生死过渡仪式中，死者对于仙界的态度显然是万分神往与恭敬倍至的。

综上所述，笔者认为，忠孝是汉代的主流意识形态与信仰内核，关系着国家的文化统一与民众的终极关怀，画像石也成为教化与信仰的统一体继而成为汉代祠堂文化中的一朵奇葩，承担着教育世人与灵魂安顿的双重功能。在这里，国家的教化通过民众的信仰而获得某种神圣性和超越性，信仰则通过教化而真正地走进民众的生命与生活。如此，神圣与世俗、出世与入世亦获得了融合与统一，这也正是余英时先生在谈到中国传统文化的特征时所指出的，中国的此世与彼世（即世俗领域与神圣领域，笔者加）"这两个世界之间的关系是不即不离的"[1]。也正如冯友兰先生所言："这种境界是最高底，但又是不离乎人伦日用底。这种境界，就是即世间而出世间底。"[2]墓葬图像承载着汉代人的来世信仰，也延续着他们的人伦日用，这两者一端是来世与出世，另一端是现世与入世，两端相连而不可分。在某种意义上，信仰是解读传统的终极密码，它也使得我们在对待传统时持有尊重、仰望与敬畏的态度，值得我们不断去探索、接近和拥有。

---

① 余英时：《中国近世宗教伦理与商人精神》，台北：联经出版事业有限公司1987年，第57页。
② 冯友兰：《中国哲学之精神》绪论，北京：中国青年出版社2005年，第2页。

第六章　中国传统信仰精神

本章旨在讨论中国文化根本精神问题以及中国传统信仰精神——孝信仰。

综合以上所有关于仪式及其内在信仰的讨论，笔者认为，孝信仰确为中华民族的瑰宝，其中内涵的天人关系、祖先崇拜、生命信仰、家国情怀、忠孝升仙等重要思想成为中国人的信仰根基。沧海桑田，时代变幻，这个根基却始终牢固树立，坚定地承载与书写着中国人的信仰历史。原始粗犷的生殖崇拜及其仪式是中国传统社会信仰中最初始的部分，因为，只有生命存续，"孝"才有其意义依据。巫师通神仪式深刻体现着古代巫王对天人关系的理解与把握，始终做着与天人沟通对话的不懈努力，为人问天，替天行事。汉代西王母信仰及其美轮美奂的墓葬升仙图像则是汉代人尊老敬老以及灵魂飞升成仙的宗教化表达，穿透时空，悠悠吟唱着汉代人的"忠孝"信仰精神。

汉代社会结构的成熟，皇权国家政治体系的基本确立以及民众信仰体系的渐趋完备，几乎成为此后中华民族这一肌体成长的不竭源泉。基于汉代暨以前坐姿仪式及其信仰意义的探讨，大致可以认为，在汉代社会，中国传统信仰精神（孝）已经形成。这个精神，自古至今，有多人论及，亦曾被称为中国文化根本精神。笔者认为，之所以被称为信仰精神，是因为，它与我们中国人的终极信仰有关，传承至今而绵延不绝，始终滋养着中华民族，生生不息。

第一节　关于中国文化根本精神的讨论

中国传统社会有多种思想流派，信仰更是表现出纷繁复杂的态势。如先秦时期的儒道法墨阴阳等各种思想流派，汉代的原始道教，西王母信仰，自印度传入的佛教，魏晋时期儒道融合而生的玄学，唐代以后渐趋中国化的佛教禅宗，道教分化后的正一道、全真道，还有各种各样的民间信仰如妈祖、白莲教、罗教，等等，真可谓形形色色，包罗万象。

这些共存于中国传统文化之中的信仰，到底有没有一个基本的，或核心的可以统摄所有信仰于一体的精神？历来有不少学者研究过这一问题，而且形成了不少的学说或观点。如讨论各种学说信仰关系的儒学中心说、儒释道三教融合说、道教中心说，还有儒释道以及民间信仰共存说。如冯友兰在《中国哲学简史》中引用德克·布德（Derk Bodde）的观点："中国文化的精神基础是伦理（特别是儒家伦理）不是宗教（至少不是正规的、有组织的那一类宗教）。"①梁漱溟亦认为中国文化"不以宗教为中心"，而是表现为"取代了宗教的中国传统教化"，"从本质上说，它（儒家）不是宗教，而是人生实践之学"。②林语堂认为中国文化的精神"便是人道主义的精神"③。另有钱穆、张岱年、许倬云等近现代学者都曾有关于中国文化精神的著作，大都关注到"人本主义"与"天人合一"的中国文化精神特质。④牟钟鉴提出"一、二、三、多"的两千年思想文化动态基本结构，认为一是"儒家主导"，二是"儒道互补"，三是儒道佛合流，多则是包纳其他各种宗教与文化（包括外来宗教），并称之为"多元通和"模式。⑤

　　讨论中国传统文化根本精神的，也有不少旧说新论，如楼宇烈提炼出"以人为本"的中国文化根本精神⑥，牟钟鉴《走近中国精神》自序中说道："中华民族长存不亡，衰而复兴，在多灾多难中始终奋进不息，其秘密在于文化，在于这种文化所包含的生生不息、刚毅诚信、博厚悠远、仁爱通和精神。正是这种文化的精神支撑着、凝聚着整个民族，培育着它的人民和精英，造就了它的灿烂的过去，并且正在造就着它的伟大的现在和未来。"⑦牟钟鉴《中国文化的当下精神》一书提出"中华文明的核心价值"在于"仁恕通和刚毅之道"，将孔子视为"中华民族的精神导师"，而且认为中国最大的宗教是"宗法性传统宗教"，并概括出中华文化"人本主义、道在万物、家国本位、天下一家、天人一体"等八

---

① 冯友兰：《中国哲学简史》，涂又光译，北京：北京大学出版社1996年，第3页。
② 梁漱溟：《今天我们应该如何评价孔子》，《梁漱溟全集》第七卷，济南：山东人民出版社2005年，第296、303页。
③ 林语堂：《中国文化精神》，上海：国风书店1941年，第5页。
④ 钱穆：《中国文化精神》，北京：九州出版社2017年；张岱年：《中国文化精神》，北京：北京大学出版社2015年；许倬云：《中国文化的精神》，北京：九州出版社2018年；李威熊：《中国文化精神的探索》，台北：黎明文化事业股份有限公司1985年；郭齐勇：《中国文化精神的特质》，北京：生活·读书·新知三联书店2018年；李明军：《天人合一与中国文化精神》，济南：山东人民出版社2015年。
⑤ 牟钟鉴：《儒道佛三教关系简明通史》，北京：人民出版社2018年。
⑥ 楼宇烈：《中国文化的根本精神》，北京：中华书局2016年，第46页。
⑦ 牟钟鉴：《走近中国精神》，北京：华文出版社1999年，自序第1页。

大主要特征。①邵汉明主编的《中国文化精神》则就道家、儒家、法家、墨家、兵家、道教、佛教以及现代新儒家中的文化精神分别进行论述，并总结出中国文化基本精神在于人本精神、和谐意识、道德意识、理想主义、实践品格、宽容品格和整体思维等七个方面。②通过这些论著，我们发现在讨论中国文化精神问题时，学者们的眼光大都是向下向人看的，发现"人"并重视"人"确实是中国文化的特质，但仅仅关注现实社会层面的"人"对于考察一个民族的延续发展是远远不够的，仅仅关注人也就在某种意义上淡化或者有意忽视了根植于人类内心深处的宗教情结，也就很难触及根本层面的信仰精神问题。有学者在谈到中华伦理根本精神与中华民族核心凝聚力时指出："孝是中华文化与中华伦理精神的核心与根本，孝是中华传统伦理体系的起点与诸德之首。"还指出"孝意识是中华民族凝聚力的核心"③。这一点笔者极为赞同，并认为在伦理层面之上还可以继续追溯，上升至信仰精神的高度。

要讨论中国传统信仰的根本精神，作为中国文化基本依托的儒家思想是重中之重。《文史哲》曾在20世纪末刊出一组讨论儒学儒教的笔谈文章，发出几问：儒学是学还是教？若是教，是教化之教还是宗教之教？若是宗教，是一种人生态度还是终极关切的信仰？一石激起千层浪，关于儒学儒教以及中国宗教信仰的问题曾经在学术圈引起广泛的关注与讨论。张岱年认为孔子学说"具有宗教的功用"，是"以人为终极关怀的宗教"。④季羡林认为"从'儒学'到'儒教'是一个历史演变的过程"，暗示了儒学与儒教不可分割的关系。⑤蔡尚思认为孔学根本没有"他界与未来世"，所以"断定儒学不是宗教，却起了比某些宗教还要大的作用"。⑥李申认为讨论儒学儒教，主要是看教化"是否在神的名义下进行"，相信神的存在"并把自己的言行置于它的权威之下，由此所进行的活动就是宗教的活动"。依此而论，"儒者之行政治，行教化，乃是承天之命……这样的教化，就是作为宗教的儒教的教育"，儒教之教，既是"教化之教"，也是"宗教之教"。⑦郭齐勇认为儒者的"人文理想和

①　牟钟鉴：《中国文化的当下精神》，北京：中华书局2016年，第37、2、119、150～184页。
②　邵汉明：《中国文化精神》，北京：商务印书馆2000年，第2～7页。
③　肖群忠：《论"百善孝为先"——孝在传统伦理文化中的地位及其与诸德之关系》，《甘肃社会科学》1997年第3期。
④　张岱年：《儒学与儒教》，《文史哲》1998年第3期。
⑤　季羡林：《儒学？儒教？》，《文史哲》1998年第3期。
⑥　蔡尚思：《儒学非宗教而起了宗教的作用》，《文史哲》1998年第3期。
⑦　李申：《教化之教就是宗教之教》，《文史哲》1998年第3期。

价值世界与敬天、法祖，上帝、皇天崇拜，对天与天命、天道的敬畏、信仰，有密不可分的联系。儒家道德、伦理及儒者生活中间有深刻的终极根据，有超越的形上的关怀。其'杀身成仁''舍生取义''救民于水火''即世间即出世'的神圣感、使命感、责任感、担当精神、忧患意识和力行实践的行为方式，特别是信仰上的终极承担，与宗教徒无异。但儒者又生活在伦常之中，不离日用常行……它是入世的，人文的，又具有宗教性的品格。……它虽有终极关怀，但又是世俗伦理。它毕竟不是宗教，也无需宗教化"①。

　　更有学者主张从终极关切的意义上理解儒教。张立文认为宗教"是对超自然力量的尊崇和信仰"，从形态上分为"体制化的宗教"和"精神化的宗教"，从"终极关切"的意义上说，"中国古代就存在着宗教的传统，并且营造了一个多元宗教共存、共处的格局"。儒学"有着深厚的天命的宗教根基，又具有终极关切和灵魂救济的内在超越的品格和功能，儒学自身已具备精神化宗教的性质"。②同样依据终极关怀来讨论宗教的台湾学者林安梧论及中国宗教问题时，显得更加彻底与坦然，秉持着中国文化本位的态度，认为儒教的正当性无须讨论，它在中国是一个天道性命相贯通的宗教。③他在《中国宗教与意义治疗》一书中认为"宗教其实是人类的一个'终极关怀'"④，并认为在考察中国的宗教问题时，应当避免西方文化中心论，直言儒、道均为宗教，而且儒家的宗教精神及其成圣之道在于肉身成道，是一种"不离于生活世界的终极关怀"⑤。儒家的重要精神"孝悌"即生活世界里的道德实践，但绝不仅仅局限于此，孝首先是对生命根源的崇敬，具有宇宙造化之源的意义，"谈到天理，谈到天道，谈到天命，那是一个宇宙造化之源的奥秘，是一个神秘的力量"。儒学安顿生命的层次从家庭到社会再到宇宙造化之源。通过这三个层次，个人、家庭、社会与宇宙联结为一个整体，尤其是个人内在心性与宇宙造化之间有一种同一性（内省与冥契）。⑥关乎宇宙造化之源的天道论显然为儒学赋予了超越性的气质。

<hr />

①　郭齐勇：《儒学：入世的人文的又具有宗教品格的精神形态》，《文史哲》1998年第3期。

②　张立文：《关于儒学是"学"还是"教"的思考》，《文史哲》1998年第3期。

③　林安梧：《儒教的正当性无须讨论》，《社会科学报》2006年2月23日第6版。

④　林安梧：《中国宗教与意义治疗》，台北：明文书局2001年，第23页。

⑤　林安梧：《中国宗教与意义治疗》，台北：明文书局2001年，第21页。

⑥　林安梧：《儒释道心性道德思想与意义治疗》，《道德与文明》2002年第5期。

上述这些关于儒学儒教的讨论各抒己见，均字字中肯，句句灼见。各位学者或从中外比较或从中国自身传统或联系近代以来中国命运来论及儒学儒教，展现中国现代知识分子在认识中国自身传统、孔子、儒学、宗教方面逐渐走出西方的影响阴霾，真正站在中国大地上书写我们自己的文章。

穷其一生致力于寻求复兴中华文化与民族精神之路的梁漱溟先生在讨论中国的现代化问题时曾尖锐地批判近代以来抛弃自己民族根本精神而盲目追随其他国家现代化道路的做法："一民族真生命之所寄，寄于其根本精神，抛开了自家根本精神，便断送了自家前途。……如再不赶紧回头，认取自家精神，寻取自家的路走，则真不知颠倒扰乱到何时为止矣！"①其谈到的民族根本精神、自家精神，不在城市，而在乡村，"中国原为乡村国家，以乡村为根基，以乡村为主体，发育蔚成高度的乡村文明"，他所追求与希望建设的是基于乡村的"正常形态的人类文明"，"因为乡村是本，都市是末，乡村原来是人类的家"。②因此他指出中国的现代化建设必然始于乡村而终于乡村，目的是保护人类的家园。那么维系乡村的根本精神又是什么呢？梁漱溟称之为"老道理""民族精神"，"中国之政治问题经济问题，天然的不能外于其固有文化所演成之社会事实，所陶养之民族精神"③；"创造新文化要以乡村为根，要以中国的老道理为根"；"乡村组织要以中国的老道理为根本精神"。④这老道理主要有两点："一是互以对方为重的伦理情谊，一是改过迁善的人生向上。"⑤梁漱溟认为"中国古人谆切地以孝、悌、慈为教"⑥，孝悌是中国传统文化

---

① 梁漱溟：《中国民族之自救运动之最后觉悟》，《梁漱溟全集》第五卷，济南：山东人民出版社2005年，第109~110页。
② 梁漱溟：《乡村建设理论》，《梁漱溟全集》第二卷，济南：山东人民出版社2005年，第317页。关于中国人的乡土情谊，韦政通在他的《论中国文化的十大特征》中亦深情地指出："在宗教信仰上，与土的关系更深，中国人不但崇拜天，也崇拜地……神与人之间距离最近的，也是'土地'。'土地'的亲切、慈祥，管着乡间的一切闲事，已是十足人性化的神。这一事实，充分证明中国人对乡土的深厚情谊。"〔韦政通：《论中国文化的十大特征》，《文化危机与展望：台湾学者论中国文化》（下），北京：中国青年出版社1989年，第41页〕
③ 梁漱溟：《中国民族之自救运动之最后觉悟》，《梁漱溟全集》第五卷，济南：山东人民出版社2005年，第116页。
④ 梁漱溟：《乡村建设大意》，《梁漱溟全集》第一卷，济南：山东人民出版社2005年，第653页。
⑤ 梁漱溟：《乡村建设大意》，《梁漱溟全集》第一卷，济南：山东人民出版社2005年，第659页。
⑥ 梁漱溟：《今天我们应该如何评价孔子》，《梁漱溟全集》第七卷，济南：山东人民出版社2005年，第291页。

所植根的最主要的"伦理情谊"①。

梁漱溟先生所言极是，这个以孝悌为核心的伦理情谊是中国乡村文化之根脉，也是中国民族精神之体现。梁先生在寻求中国文化现代转型时力倡以道德代宗教，无疑受到当时新文化运动提倡新道德反对旧道德的影响，重塑中国现代化的新道德，无论怎么求新，还是以老根、老道理为根基的。事实上，这个孝悌伦理作为中国文化之根是儒道等基本文化类型都推崇的，其核心还是在于"孝"，这一点梁先生看得特别清楚，虽然他也说过"从本质上说，它（儒家）不是宗教，而是人生实践之学"②，但同时在《东西文化及其哲学》中谈到孔子之宗教时说："一是孝弟的提倡，一是礼乐的实施；二者合起来就是他的宗教。孝弟实在是孔教惟一重要的提倡。"③礼乐是外在仪式，孝弟（悌）则是内在的精神，是礼乐之根。对于这一内在的民族精神，丁山亦言："假使新史学派允许我检讨中华民族所以屡次亡国至今犹能健立于世界而未遭灭种之难者，我敢明白指出就是'移孝作忠'传统的民族精神。"④

中国人自有其绵延流长的终极关怀理念与方式，这种传统是深植于我们的文明血脉中的，直到今天依然继续书写着中国人自身的终极关怀。终极关怀，实为人类之作为生物界最高存在所共有的一种情怀，也应该成为我们审视考察不同民族、国家、地域信仰形态与特点的起点与归处。

第二节　中国传统信仰精神：孝信仰

在世界不同国家和民族的发展过程中，形成了千姿百态的信仰形式，在认识信仰的本质问题时，"终极关怀"可以说是所有信仰的核心与本质。如何处理人的生命死亡与转化，不同信仰有着不同的方式。通过不同的终极关怀方式，可以精准地把握不同地域、种群、民族的内在信仰精神。中国古人的信仰与他们最重要的祖先崇拜有关，《说文

---

① 梁漱溟：《今天我们应该如何评价孔子》，《梁漱溟全集》第七卷，济南：山东人民出版社2005年，第289页。

② 梁漱溟：《今天我们应该如何评价孔子》，《梁漱溟全集》第七卷，济南：山东人民出版社2005年，第297页。

③ 梁漱溟：《东西文化及其哲学》，《梁漱溟全集》第一卷，济南：山东人民出版社2005年，第467页。

④ 丁山：《古代神话与民族》，北京：商务印书馆2005年，自序第7页。

解字》释宗："宗，尊祖庙也。"段玉裁注曰："宗从宀从示，示谓神也。"①释示："天垂象，见吉凶，所以示人也，从二。三垂，日月星也，观乎天文以察时变，示神事也。"②尊，即敬与供养是对待祖先的态度，亦称之为孝。可以说，孝是中国古代信仰的根本精神，是中国人特有的终极关怀方式，无论是从教化之教还是宗教之教而言，都是如此。"孝"自商周以来就备受关注，无论是为国家政治服务还是为推行社会教化，孝都为历代帝王贵族、文人学者甚至普通百姓所推崇与重视。《左传·文公二年》曰："孝，礼之始也。"③《孝经·开宗明义章》说："夫孝，德之本也，教之所由生也。"④直到今天，清明节、中秋节、春节等亦成为中国人祭拜天地、追忆祖先、家族团聚、教育后人的节日。孝信仰内化到老百姓的日用生活、生老病死的实实在在的生活之中，并且关乎死后的灵魂归处。

一、学界已有的相关研究与讨论

自近代以来，就有不少学者讨论孝文化及其精神的问题，谢幼伟著有《孝与中国文化》，谈到孝在中国文化中的重要地位："中国文化在某一意义上，可谓为'孝的文化'。孝在中国文化上作用至大，地位至高；谈中国文化而忽视孝，即非于中国文化真有所知。"⑤钱穆也认为中国文化为"孝的文化"⑥。韦政通认为："儒家的孝道，有其历史上的根据，这根据，是在殷商时代就已盛行的崇拜祖先的宗教。上古的祖先教，演变出儒家的孝道；在秦汉以后的两千年，儒家的孝道，又维系了这个古老的宗教。"⑦

直到今天，孝文化依旧被学者们所讨论，叶舒宪的《孝与中国文化

① 〔汉〕许慎撰，〔清〕段玉裁注：《说文解字注》七篇下宀部，上海：上海古籍出版社1988年，第342页。
② 〔汉〕许慎撰，〔清〕段玉裁注：《说文解字注》一篇上示部，上海：上海古籍出版社1988年，第2页。
③ 〔清〕洪亮吉撰，李解民点校：《春秋左传诂》，北京：中华书局1987年，第355页。
④ 〔唐〕李隆基注，〔宋〕邢昺疏：《孝经注疏》卷第一《开宗明义章第一》，上海：上海古籍出版社2009年，第3页。
⑤ 梁漱溟：《中国文化要义》，《梁漱溟全集》第三卷，济南：山东人民出版社2005年，第28～29页。
⑥ 梁漱溟：《中国文化要义》，《梁漱溟全集》第三卷，济南：山东人民出版社2005年，第28页。
⑦ 韦政通：《论中国文化的十大特征》，《文化危机与展望：台湾学者论中国文化》（下），北京：中国青年出版社1989年，第51～52页。

的精神分析》一文亦认为孝体现了中国文化的精神，是中国文化的核心范畴，是中国人面对生命与死亡以及生命的延续与超越时的解决之道。他认为："孝，作为中国文化中特有的核心范畴……在中国传统思想中发挥着至关重要的作用。""中国文化的'人伦'核心由于以孝为本，实际上的功能正是一种宗教功能。在孝的信仰的熏陶之下培育出来的孝行孝绩，往往也表现为一种宗教狂热行为。"①

对于叶先生关于"孝"的宗教观点，笔者完全认同。但叶先生在文中基本还是将孝作为儒家的核心思想来论述。事实上，在中国传统文化的大家庭中，不仅仅是儒家，道教、佛教以及形形色色的民间宗教大都以孝作为其核心信仰来推崇，也正是因为这一核心，儒释道以及其他信仰之间才具备了可以互通共融的基础，所以我们看到，中国传统文化各体系之间是可以互相借鉴学习共进的，这也成就了中华传统文化的整体性与融合性。

所以看待孝，要将它放置于中国传统文化核心精神或信仰的高度去审视。这样一来，很多的问题都可以迎刃而解。比如历来被诟病的愚忠愚孝问题，尤其二十四孝中骇人听闻、感动天地的孝子故事如鬻儿救父、割股疗亲、卧冰求鲤、郭巨埋儿、孟宗哭笋等，还有被斥为违背天性的古代女性贞节问题，反映女性贞节的汉画像石，各地标榜的贞节牌坊等，若是以宗教信仰的视角加以审视与分析，就不难看出这些或虚或实、非理性的宗教行为背后支撑的是根深蒂固的宗教情感与心理。

这种宗教心理显然已经远远超越了人心道德所能及的范畴。曾振宇认为，原生儒家孝论注重自然亲情，追求人格独立与平等，自秦汉以降则走向自身的反面，形成愚忠与愚孝，强调子女对父母尊长绝对无条件的顺从是秦汉之后孝论最大的特点。为什么会出现愚孝愚忠？该文认为其与建构国家意识形态的需要有关，即政治伦理。②笔者认为，政治的因素固然有，但秦汉以降的忠孝伦理之所以能在社会上被推行而且愈演愈烈，仅仅有人伦的、道德的、政治的因素是不够的，什么力量能让人对忠孝全盘接受、完全臣服？除了信仰之外无他。曾先生在文中也提到孟子的仁爱是一种"宗教情怀"。因此讨论孝与忠的本质，还是要从宗教情怀或精神信仰的层面去挖掘。

邓立光根据柏拉图的理型论分析中国文化中的孝，认为孝既作为中

---

① 叶舒宪：《孝与中国文化的精神分析》，《文艺研究》1996年第1期。
② 曾振宇：《儒家孝论的发生及其变异》，《文史哲》2002年第6期。

国文化中的最高理型（即纯粹的道德价值），是中国传统文化体系的价值根源，同时又作为次级理型关联具体的文化内容而具有不同的向度，在这个层面上，孝敬连用，体现出敬的特质，具体孝行则是第三层面（行为）。如此，孝兼具形上形下，既有形而上的崇高道德理想，又不失形而下的具体孝行，孝就是崇高理想与身体力行的有机融合，这种融合是理想与现实的融合，其实也是中国传统文化中特有的出世与入世的融合。此文建立在道德与实践层面上对《孝经》与中国文化精神的解读很深入，但尚未引入宗教学的视角，未能从信仰意义上来解读引领中国传统文化走向的"孝"精神，尤其没有涉及古人的终极关怀与生死关照，因此并没有从最深层的意义上揭示"孝"的根本精神。但文中提到的最高理型（天道、天理）显然已接近终极关怀这一本质。①朱岚的《传统孝道的宗教意蕴及现代孝道的重建》②重点从生命安顿、内在情感、孝道教化、祭祀仪轨以及佛教孝亲观等方面探讨孝道的宗教内涵，不仅有助于我们从宗教层面深入理解孝道，还为现代孝道重建提供了一剂良药。陈丛兰的《〈礼记〉的居住方式与孝道观探赜》谈到人神共居的居住方式显示了中国古人独有的灵魂观，这种居住方式反映了中国人特有的宗教信仰，即祖先崇拜，这是为孝的一个重要层面："以孝敬滋养祖先的神灵。"③此文也对我们更深入地理解传统孝道具有很好的借鉴意义。

二、中国文化中的孝信仰

（一）作为天地宇宙最高秩序的孝

"天"对于了解中国文化有着至关重要的意义。天人合一是中国文化中的一个最基本观念，也是"孝"信仰的思想基础。钱穆就曾说过："中国思想极重天人合一。……因人自天来，故天即在人身上表现。……中国人心中之天，乃是一最高不可知境界，而实隐隐做为此一切现实可知界之最后主宰。……不能为人类知识所能知者，中国乃谓此为天意或天命。"④天，或天命，实际上是指人类能力所未及的不可知的最高境界与最终主宰。但是这个天又不是不可触摸无法企及的，而是作为最完美最

① 邓立光：《从〈孝经〉说中国传统文化的精神》，《中国文化研究》2006年第1期。
② 朱岚：《传统孝道的宗教意蕴及现代孝道的重建》，《西北师大学报（社会科学版）》2014年第3期。
③ 陈丛兰：《〈礼记〉的居住方式与孝道观探赜》，《西北师大学报（社会科学版）》2014年第3期。
④ 钱穆：《中国文化与科学》，刘志琴编：《文化危机与展望：台湾学者论中国文化》（上），北京：中国青年出版社1989年，第19页。

高的示范指导着人类的行为。在天人关系上，"中国人以天、地、人为三才。……人要能赞天地之化育，达到中国文化中之最高理想，即所谓天人合一。但绝不是要反抗自然，战胜自然。亦不是要取消世俗，蔑弃世俗。我们所要，乃是要了解自然，发展自然，利用自然，而使世俗亦在自然中走上一条恰好的道路"①。如此，理想境界与世俗生活完美结合成为一体："人与天一也。"②这一点后来被陆王心学发挥到了极致，如陆九渊"宇宙便是吾心，吾心即是宇宙"，王阳明"心即是天"，"吾人与天地万物实为一体。而由此印证，即见此心此性，同时即通于天。于是人能尽心知性则知天，人之存心养性亦即所以事天。而人性即天性，人德即天德，人之尽性成德之事，皆所以赞天地之化育。所以宋明儒由此而有性理即天理，人之本心即宇宙心，人之良知之灵明，即天地万物之灵明，人之良知良能，即乾知坤能等思想，亦即所谓天人合一思想"③。"中国传统的天人合一观念，讲的是宇宙（自然）与人（自然人）的和谐共处。天与人合一而不对立。自然对人而言，永远是完美无缺的，是人类一切行为的楷模。人的行为不是改造自然以适应自己或迎合神谕，而是修养自己以适应自然之道。"④对于"天"及天人合一观念所蕴含的超越性的宗教精神，牟宗三、徐复观、张君劢、唐君毅的《为中国文化敬告世界人士宣言》中有极为精辟的论述与忠告：

> 在中国人生道德思想中，大家无论如何不能忽视由古至今中国思想家所重视之天人合德，天人合一，天人不二，天人同体之观念。……在孔孟老庄思想中之天之意义，虽各有不同，然无论如何，我们不能否认他们所谓天之观念之所指，初为超越现实的个人自我与现实之人与人关系的。而真正研究中国学术文化者，其真问题所在，当在问中国古代人对天之宗教信仰，如何贯注于后来思想家之对于人的思想中，而成天人合一一类之思想，及中国古代文化之宗教的方面，如何融和于后来之人生伦理道德方面，及中国文化之其

---

① 钱穆：《中国文化与科学》，刘志琴编：《文化危机与展望：台湾学者论中国文化》（上），北京：中国青年出版社1989年，第19页。

② 〔清〕郭庆藩撰，王孝鱼点校：《庄子集释》卷七上《山木第二十》，北京：中华书局1961年，第690页。

③ 刘志琴编：《文化危机与展望：台湾学者论中国文化》（上），北京：中国青年出版社1989年，第64～65页。

④ 〔日〕安居香山、中村璋八：《纬书集成》，石家庄：河北人民出版社1994年，前言第7页。

他方面。如果这样去研究，则不是中国思想中有无上帝或天，有无宗教之问题，而其所导向之结论，亦不是一简单的中国文化中无神、无上帝、无宗教，而是中国文化能使天人交贯，一方使天由上彻下以内在于人，一方亦使人由下升上而上通于天……①

这种上下交贯相通的天人合一精神，奠定了中国文化的信仰精神，即代表神灵的无论是天、上帝还是祖宗、圣贤，他们都与人有着深刻的情感交流，他们是要永远关照人间世俗生活而不是远离的。前文中涉及的生殖崇拜、巫师通神仪式还有西王母升仙仪式都是天人合一这一信仰精神的体现。

人与天下万物都是由天（指不为而自然）而来："有人，天也；有天，亦天也。"②而反过来，对人来说，是不能生出天来的，"人之不能有天"③。因此只能是由道（自然）生出人，而不能由人生出道（自然）。天地自然乃为孕育人类之父母。人对于天地的敬畏即"孝"，这一品质在中国文化传统中之所以重要，不仅是因为它被看作依据良心说来"应该"的道德要求，而且因为它符合天地宇宙的秩序，这一观念实际上将孝的意义上升至"天意"或"天命"的高度。《周易》就以乾、坤象征天、地，以天、地象征男、女，《说卦传》："乾为天……为父""坤为地，为母。"④又云："乾天也，故称乎父。坤地也，故称乎母。"⑤对于人间所有礼仪伦理秩序的渊源更是追溯到天地："有天地然后有万物，有万物然后有男女，有男女然后有夫妇，有夫妇然后有父子，有父子然后有君臣，有君臣然后有上下，有上下然后礼义有所错。"⑥在论述天地方面，老子的道论显然更进一步。《老子》明确指出："天地尚不能久，而况于人乎？"（二十三章）⑦从而在天地之上提出道论："有物混成，先天地生。寂兮寥兮，独立而不改，周行而不殆，可

---

① 刘志琴编：《文化危机与展望：台湾学者论中国文化》（上），北京：中国青年出版社1989年，第59～60页。
② 〔清〕郭庆藩撰，王孝鱼点校：《庄子集释》卷七上《山木第二十》，北京：中华书局1961年，第694页。
③ 〔清〕郭庆藩撰，王孝鱼点校：《庄子集释》卷七上《山木第二十》，北京：中华书局1961年，第694页。
④ 〔清〕张尔岐：《周易说略》，济南：齐鲁书社1993年，第361～362页。
⑤ 〔清〕张尔岐：《周易说略》，济南：齐鲁书社1993年，第360页。
⑥ 〔清〕张尔岐：《周易说略》，济南：齐鲁书社1993年，第371页。
⑦ 〔清〕张尔岐：《老子说略》，济南：齐鲁书社1993年，第20页。

以为天下母。吾不知其名，字之曰道，强为之名曰大。大曰逝，逝曰远，远曰反。故道大、天大、地大、人亦大。域中有四大，而人居其一焉。人法地，地法天，天法道，道法自然。"（二十五章）道、自然是超越人和天地的，张尔岐言："道本自然，法道者亦法其自然而已。"[①]遵循自然之道，不加入任何人为因素，这是老子对待包括人事在内的所有事物的基本态度。《庄子》亦以天地为万物之父母："天地者，万物之父母也……"[②]认为"天"就是自然的本来的样子，"人"则是违反天意的人为，此即所谓"天在内，人在外"[③]。又说："牛马四足，是谓天；落马首，穿牛鼻，是谓人。"[④]因此"无以人灭天"[⑤]，"不开人之天，而开天之天"[⑥]，"以天合天"[⑦]。这里的天，亦是指道和自然，开天，就是开启自然本性，随遇而安以获得生存。《管子·五行》亦言："以天为父，以地为母，以开乎万物。"[⑧]被誉为"绝代奇书"（胡适语）的汉人著述"第一流"（梁启超语）[⑨]的《淮南子》中言："圣人法天顺情……以天为父，以地为母……万物失之者死，法之者生。"[⑩]父母同于天地，对父母的核心情感（孝）与对天地自然之道顺应服从的意义是完全一致的。等同于天（宇宙）的"孝"亦属自然之道，对于人来说也是一种完美而神圣的存在。这种天人合一的观念"不仅是精英文化的基础，也是大众信仰的共识"[⑪]。以此来观照"孝"，在中国文化中，几乎所有的

---

① 〔清〕张尔岐：《老子说略》，济南：齐鲁书社1993年，第21页。
② 〔清〕郭庆藩撰，王孝鱼点校：《庄子集释》卷七上《达生第十九》，北京：中华书局1961年，第632页。
③ 〔清〕郭庆藩撰，王孝鱼点校：《庄子集释》卷六下《秋水第十七》，北京：中华书局1961年，第588页。
④ 〔清〕郭庆藩撰，王孝鱼点校：《庄子集释》卷六下《秋水第十七》，北京：中华书局1961年，第590页。
⑤ 〔清〕郭庆藩撰，王孝鱼点校：《庄子集释》卷六下《秋水第十七》，北京：中华书局1961年，第590～591页。
⑥ 〔清〕郭庆藩撰，王孝鱼点校：《庄子集释》卷七上《达生第十九》，北京：中华书局1961年，第638页。
⑦ 〔清〕郭庆藩撰，王孝鱼点校：《庄子集释》卷七上《达生第十九》，北京：中华书局1961年，第659页。
⑧ 〔唐〕房玄龄注，刘绩增注：《管子》第十四卷，上海：上海古籍出版社1989年，第139页。
⑨ 〔汉〕刘安著，〔汉〕许慎注，陈广忠校点：《淮南子》，上海：上海古籍出版社2016年，前言第2页。
⑩ 〔汉〕刘安著，〔汉〕许慎注，陈广忠校点：《淮南子》卷七《精神训》，上海：上海古籍出版社2016年，第152页。
⑪ 〔日〕安居香山、中村璋八：《纬书集成》，石家庄：河北人民出版社1994年，前言第8页。

思想派系均将"孝"作为自身存在与发展的最基本法则，对其遵守、膜拜、神秘化，实在是因为孝的天性（宇宙性）所致，这也是人所能想象到的最高存在秩序。

"夫孝，天之经也，地之义也，民之行也"①这句经典之语表达出"孝"为天常地义、百行之首、人之常德的意义。汉代董仲舒的《春秋繁露》将之与五行四季相生相承之理相对应："是故父之所生，其子长之，父之所长，其子养之，父之所养，其子成之。诸父所为，其子皆奉承而续行之，不敢不致如父之意，尽为人之道也。故五行者，五行也。由此观之，父授之，子受之，乃天之道也。"②孝乃为天之道，自然之理。汉代《孝经援神契》指出："天子行孝，四夷和平。元气混沌，孝在其中。天子孝，天龙负图，地龟出书，妖孽消灭，景云出游。"③也就是说，孝源于生出万有存在的混沌元气，经由元气而作用于天地万物。在这个意义上，孝几乎等同于万物之神（类似于造物主）。事实上，经过汉代谶纬学说的演绎，《孝经》的宗教神秘成分确实增添了许多。"王者孝及于天，甘露降，泽及地，醴泉涌"④的瑞应之象，都是将天与人间的孝联系起来，从而将孝延伸至超越人间之外的宇宙天象，孝具备了人所不能及的神秘力量与功能。孝的最高境界，是超越人事，而通达于神明。《孝经·应感章第十六》："子曰：昔者明王事父孝，故事天明；事母孝，故事地察；长幼顺，故上下治；天地明察，神明彰矣。"⑤"故虽天子，必有尊也，言有父也；必有先也，言有兄也。宗庙致敬，不忘亲也；修身慎行，恐辱先也。宗庙致敬，鬼神著矣，孝悌之至，通于神明，光于四海，无所不通。"⑥其注曰："父为诸父，兄谓诸兄，皆祖考之胤也。礼，君宴族人，与父兄齿也。言能敬事宗庙则不敢忘其亲也。天子虽无上于天下，犹修持其身，谨慎其行，恐辱先祖

---

① 〔唐〕李隆基注，〔宋〕邢昺疏：《孝经注疏》卷第三《三才章第七》，上海：上海古籍出版社2009年，第28页。

② 〔汉〕董仲舒：《春秋繁露》第十卷《五行对》，上海：上海古籍出版社1989年，第63～64页。

③ 〔日〕安居香山、中村璋八：《纬书集成》，石家庄：河北人民出版社1994年，第971页。

④ 〔日〕安居香山、中村璋八：《纬书集成》，石家庄：河北人民出版社1994年，第977页。

⑤ 〔唐〕李隆基注，〔宋〕邢昺疏：《孝经注疏》卷第八《应感章第十六》，上海：上海古籍出版社2009年，第77页。

⑥ 〔唐〕李隆基注，〔宋〕邢昺疏：《孝经注疏》卷第八《应感章第十六》，上海：上海古籍出版社2009年，第78页。

而毁盛业也。事宗庙能尽敬则祖考来格，享于克诚，故曰著也。能敬宗庙、顺长幼，以极孝悌之心，则至性通于神明，光于四海，故曰无所不通。"①其中的敬事宗庙、恐辱先祖、通于神明等说法都彰显了孝的宗教性。

日本学者吉川忠夫认为，《孝经》在汉代经过董仲舒的神学化之后，被特别赋予了宗教性，被称为"孝经信仰"②。但他在之后又讲道："在孝经中，不只讲天子、诸侯、卿大夫、士、庶人有各自的孝的方式，因为原本在《孝经》当中，孝是被提高到'天之经，地之义，民之行'的贯通三才的宇宙性原理的程度的（《三才章》）；而且，还讲道：'宗庙致敬，鬼神著矣，孝悌之至，通于神明，光于四海，无所不通。'（《感应章》）"③从这些论述可以看到，其实吉川忠夫前后表达存在一定的矛盾，他反复提到的天经地义民行以及孝悌之至说明孝不仅仅是现实中实践的伦理要求，更是通于神明的宗教信仰和仪式。孝的精神从一开始就很有可能带有宗教的意味，与天地神明相通达，并非到了汉代才具有信仰的特征。但是有一点吉川忠夫注意到了，而且很有道理，即到六朝时，佛典（《小品般若经》《法华经》）加上《孝经》《老子》，其中所蕴含的宗教性巫术性的灵验力，正成为三教融合论者的一般心态了。④也就是说，代表佛教精神的《小品般若经》《法华经》，与代表道教精神的《老子》，代表儒家精神的《孝经》，本都具备宗教性的力量，三者的互相吸收互相补充亦是基于其共同的宗教精神，这种精神即孝精神。这种孝的宗教精神在道教经典中更是被无限地发挥，以至于到了无所不入、无所不能的地步，如《元始洞真慈善孝子报恩成道经》中言：

> 孝治天下，不劳法令；孝治其身，志性坚正；孝治百病，天为医之；孝治万物，众毒不害；孝治山川，草木不枯；孝营生业，田蚕万倍。孝至于天，风雨以时；孝至于地，万类安静，神芝灵术，

① 〔唐〕李隆基注，〔宋〕邢昺疏：《孝经注疏》卷第八《应感章第十六》，上海：上海古籍出版社2009年，第78页。
② 〔日〕吉川忠夫：《六朝精神史研究》，王启发译，南京：江苏人民出版社2010年，第433、430页。
③ 〔日〕吉川忠夫：《六朝精神史研究》，王启发译，南京：江苏人民出版社2010年，第433～434页。
④ 〔日〕吉川忠夫：《六朝精神史研究》，王启发译，南京：江苏人民出版社2010年，第430～432页。

处处呈瑞；孝至禽兽，龙麟鸾凤，翔集境内；孝至渊泽，河侯献珠，鱼龙踊跃，静息波浪。①

作为天地宇宙秩序的孝，经由明代李贽的论述变得更为系统而明确。对此，赵轶峰曾有过精辟的论述："李贽就曾经把孝解释为一种规定了一切自然和人伦秩序的宇宙间的普遍法则。在他看来，宇宙间的任何事物都是由另外的事物产生出来的，而任何受生的事物都低于和从属于所由生的事物，这种关系就是作为宇宙秩序的孝。"②李贽的《全孝图说》论孝如下：

> 孝字从老省，从子，子在老傍，抗而不顺，非孝也。老在子下，逆而不顺，非孝也。老上子下，斯象形矣。规者太虚也，规中者其孕也，约以从老从子之象，太虚为老，能孳萌为子，太虚为老，三才万物为子，乾为老，坤顺承为子，乾坤为老，六子为子，乾坤为老，日月五行民物为子，日为老，月受光为子，日月为老，五行民物为子。五行生我为老，我生为子，山祖脉为老，胎育为子，川源为老，委为子，五行为老，浑敦氏为子，浑敦氏为老，人为子。二氏父母为老，二氏为子，兆人父母为老，兆人为子。四夷父母为老，四夷为子，五等之贵为老，贱者为子。禽兽草木，各有牝牡雌雄，虽胎化不同，而生者为老，受生者为子。以老孚子，以子承老，无物非孝也。援神契曰：孝在混沌之中。曾子曰：夫孝推之后世，而无朝夕无时非孝也。无物不有，无时暂停，以应规也。人言释老超出太虚，不拜父母，太虚无外，复何可超？即与同体，能不孳萌而为孝乎？③

子孙对父母的孝，完全是因为父母赐生命之恩德同于天地施恩于万物："天地施恩于万物，而不望万物之报，吾是以知天地之大；父母施恩于子孙，而不望子孙之报，吾是以知父母之大。天为严父，地为慈

---

① 《道藏》第2册，北京：文物出版社，上海：上海书店，天津：天津古籍出版社1988年，第32页。
② 赵轶峰：《儒家思想与17世纪中国北方下层社会的家庭伦理实践》，《明代的变迁》，上海：上海三联书店2008年，第142～143页。
③ 〔明〕李贽撰，魏连科点校：《戒庵老人漫笔》卷八《全孝图说》，北京：中华书局1982年，346～347页。

母，少极吾宗，太极吾祖，巍巍乎其功德，荡荡乎其难名哉！"①"无论父母兄弟，即天地万物，皆一体耳，何物非我，于此信得及，则心体廓然矣。"②父同天，母同地，后世子孙对父母的无条件的孝顺实等同于对天地之承顺。如此，孝就绝不仅仅是人世间的伦理规范，而是超越人世、上达祖先、天地宇宙秩序之高度，实为任何人都必须无条件遵守的宇宙天地法则，甚至所有合道之行为都可以被称为孝："夫孝者，天下之大经也。夫孝，置之而塞于天地，衡之而衡于四海，施诸后世，而无朝夕，推而放诸东海而准，推而放诸西海而准，推而放诸南海而准，推而放诸北海而准。"③成语"放之四海而皆准"便可能源于此。孝等同于天下之大经，也就是天下所有存在物的最高原则。所谓"大孝不匮"，"博施备物，可谓不匮矣"，如孟子所言："以天下养，养之至也。"④以此观照，"故居处不庄，非孝也；事君不忠，非孝也；莅官不敬，非孝也；朋友不信，非孝也；战阵无勇，非孝也"⑤，甚至"伐一木，杀一兽，不以其时，非孝也"⑥。这种"孝"显然已经远非指子对父对祖先之感情，而是包容天下所有事物的秩序安排。

（二）作为祖先崇拜的孝

除了以上天人视域中的孝，从人和人的关系上来说，孝信仰在向上的方向上表现为祖先崇拜。祖先崇拜在中国古代信仰中占有重要的地位。由于华夏先民所生所长主要在东亚大陆东部这一片非常封闭的区域，靠近黄河长江等水源富足之地，以原始农业手工业为主，而且由于生产工具的落后，先民们只能依据四时节气"靠天吃饭"，靠山吃山，靠海吃海，基本上是一种安稳被动的生活方式。这样的生活方式与古希腊商业冒险的生活方式截然不同，也就形成了华夏先民独有的天人合一观念和原始信仰。祖先崇拜是对天信仰的补充或者说是将天与人相连接的一种

① 〔明〕田艺衡：《玉笑零音》，秦望龙编著：《清言小品菁华》，兰州：甘肃人民出版社2013年，第25页。
② 〔清〕金缨：《格言联璧》，秦望龙编著：《清言小品菁华》，兰州：甘肃人民出版社2013年，第307页。
③ 〔清〕王聘珍撰，王文锦点校：《大戴礼记解诂》卷四《曾子大孝第五十二》，北京：中华书局1983年，第84页。
④ 〔清〕王聘珍撰，王文锦点校：《大戴礼记解诂》卷四《曾子大孝第五十二》，北京：中华书局1983年，第84页。
⑤ 〔清〕王聘珍撰，王文锦点校：《大戴礼记解诂》卷四《曾子大孝第五十二》，北京：中华书局1983年，第83页。
⑥ 〔清〕王聘珍撰，王文锦点校：《大戴礼记解诂》卷四《曾子大孝第五十二》，北京：中华书局1983年，第85页。

信仰，成为流传至今绵延不绝的信仰形态。

本杰明·史华兹（Benjamin Schwartz）认为祖先崇拜"作为一种广泛的宗教取向"①，对中国文明的整个发展至关重要。"祖先崇拜，连同它的所有祭祀仪式、所有由礼仪器皿组成的精致的宗教用具，以及其他象征着神圣王家权力的器具，都被当做王家氏族崇拜对待。"②祖先崇拜"能够持久地把持着中国民间的宗教生活"③，"对于中国宗教发展乃至'哲学'发展来说，祖先崇拜的另外一层可能的潜在含义涉及神灵的一超自然的领域和人类世界之间的关系问题。祖先的鬼神居住于神灵的或超自然的世界"④。他们具有超自然的能力，可以与神灵世界进行交流沟通，并且能够解决人类困难的能力。祖先崇拜的目的与本质是凝聚氏族、维护族权，"以祖宗之心为心，天下无不和之族人"⑤。"睦于父母之党，可谓孝矣。故君子因睦以合族。"⑥祖先之作为神灵，其最主要的特征并不只是高居人类生活之外，而是"继续与他们活着的后代保持着有机的联系。作为跨越生死阻隔的家族共同体的一位成员，他们在那个共同体之中继续扮演着家庭成员的角色，并在氏族中仍然保持着原有的重要地位"⑦。孔迈隆（Myron Cohen）也认为祖先崇拜是中国人家族联系的"宗教标志"⑧，他"明确地将中国'大众宗教'认定为是被中国绝大多数人遵从的共同信仰"⑨。丁山认为："'以孝治天下'……将宗教上的神祇转变到祖先崇拜……尊祖敬宗的新宗教掌握着家族组织……孝道思想也该

① 〔美〕本杰明·史华兹：《古代中国的思想世界》，程钢译，南京：江苏人民出版社2008年，第30页。

② 〔美〕本杰明·史华兹：《古代中国的思想世界》，程钢译，南京：江苏人民出版社2008年，第27页。

③ 〔美〕本杰明·史华兹：《古代中国的思想世界》，程钢译，南京：江苏人民出版社2008年，第28页。

④ 〔美〕本杰明·史华兹：《古代中国的思想世界》，程钢译，南京：江苏人民出版社2008年，第33页。

⑤ 〔清〕金缨：《格言联璧》，秦望龙编著：《清言小品菁华》，兰州：甘肃人民出版社2013年，第323页。

⑥ 〔清〕孙希旦撰，沈啸寰、王星贤点校：《礼记集解》卷五十《坊记第三十》，北京：中华书局1989年，第1288页。

⑦ 〔美〕本杰明·史华兹：《古代中国的思想世界》，程钢译，南京：江苏人民出版社2008年，第28页。

⑧ 〔美〕孔迈隆：《共有的信仰：清代台湾南部的会所、社区与宗教》，〔美〕韦思谛（Stephen C. Averill）编：《中国大众宗教》，陈仲丹译，南京：江苏人民出版社2006年，第209页。

⑨ 〔美〕韦思谛编：《中国大众宗教》，陈仲丹译，南京：江苏人民出版社2006年，序言第10页。

负其最大的责任。"①牟钟鉴认为："按照孔子的看法，万物源于天地，子生于父母，那么人之敬天祭祖实属一种忠孝之道。"②如此，"修宗庙，敬祀事，教民追孝也"③。"愚忠愚孝，实能维天地纲常"④。所以，对天对祖的敬祭本质实为孝，孝精神将遥远深邃的天地宇宙、远离人世的先祖与现实的人生联系在了一起。

从文字本身及其意义来看，"孝"源于祖先祭祀，祭祀祖先的文字记载最早可追溯到商代卜辞，有岁祭、拜祭、御祭等。卜筮的骨片上包含了祭祀先王先妣、先公旧臣之许多记载，其目的亦包括祈年求福、求雨求子、消灾除祸，等等。⑤这明显揭示出商代人"坚信人死后个人之延续"⑥。刘兴隆《甲骨文集句简释》中收有卜辞"孝"字，并释为"孝为子随老人状，以示孝意"⑦。但侯外庐在《中国思想通史》中论及孝时说："孝字在卜辞中未曾见到……周人才把德孝并称，德以对天，孝以对祖。"⑧这种看似相左的学术现象恰好说明了自近代发现甲骨卜辞以来，对于卜辞的研究不断有新的成果取代已有成果，限于资料的缺乏与辨认之困难，直至今日依然有很多未解之谜等待学人去破解，随着研究的不断深入与学者队伍的扩大，新的研究成果会不断地取代已有的成果而为世人所认识与接受。侯先生所言的"孝以对祖"，其意义亦指向祖先崇拜，是为了尊祖敬宗。如前引韦政通所认为儒家孝道的历史根据"是在殷商时代就已盛行的崇拜祖先的宗教"⑨，丁山亦认为孝应该发

---

① 丁山：《中国古代宗教与神话考》，上海：上海书店出版社2011，第567页。

② 牟钟鉴：《探索宗教》，北京：宗教文化出版社2008年，第284页。

③ 〔清〕孙希旦撰，沈啸寰、王星贤点校：《礼记集解》卷五十《坊记第三十》，北京：中华书局1989年，第1289页。

④ 〔清〕金缨：《格言联璧》，秦望龙编著：《清言小品菁华》，兰州：甘肃人民出版社2013年，第312页。

⑤ 连邵名：《商代岁祭考》，《考古学报》2007年第2期。连邵名：《商代的拜祭与御祭》，《考古学报》2011年第1期。

⑥ 陈荣捷：《中国宗教中之个人》，刘志琴编：《文化危机与展望：台湾学者论中国文化》（上），北京：中国青年出版社1989年，第282页。

⑦ 刘兴隆：《甲骨文集句简释》，郑州：中州古籍出版社1986年，第113页。

⑧ 侯外庐：《中国思想通史》第一卷，北京：人民出版社1962年，第92页。

⑨ 韦政通：《论中国文化的十大特征》，刘志琴编：《文化危机与展望：台湾学者论中国文化》（下），北京：中国青年出版社1989年，第51页。郭沫若认为，在商代中期以前还是以游牧为主，农业在当时尚未十分发达。"自中叶以后已由牧畜时代渐渐转入农业时代。"关于商代渔猎、游牧及农业生产生活方式的演变，可参见郭沫若：《郭沫若全集》历史编第一卷《中国古代社会研究》，北京：人民出版社1982年，第19、196～212页。虽然学术界对此有诸多认识，农业生活生产方式也未必到商后期才形成，或许还要往前推亦有可能，但是，商代中晚期（大致盘庚迁殷之后）（转下页注）

生于商之盛世。①联系商盛世时的生产方式变化以及祖先祭祀的兴盛，丁山所言亦依据于此。另根据丁山的考证，宗周晚期，有孝作考或者考作孝的铭文，孝与考几乎没有显著的区别。②在甲骨文和金文中，考与老等同，形似一老人举杖，为年老之义，亦常用于指父亲，特指死去的父亲，如"百姓如丧考妣"，后泛指祖先，如"纂乃祖考，见忝乃旧"，考终连用则为善终之意，如考终命为五福之一。③老，除了年老、老人、晚年之意，尚有去世、寿终之意。④也就是说，考、老均与生命终结有关，其使用的场合可能也就与死亡、信仰有关联。孝除了尽心奉养、绝对服从父母之意，还有居丧守孝、祭祀之意，如"致孝于鬼神"（《史记·夏本纪》）⑤。丁山所讲"孝""考"二字混用的现象恰好说明祭祀祖先之灵的孝与代表父亲或祖先的考之间有着密不可分的联系，以至于将二者等同。其他学者亦发现商周青铜器的铭文中出现的"孝"字大多与祖先祭祀有关。⑥

作为祖先崇拜的"孝"，其最根本的特点在于一个"敬"字，所以通常"孝""敬"连用。"孝敬被当作神圣原则来实行。"⑦赫伯特·芬格莱特（Herbert Fingarette）称之为"终极的神圣性"："一般的社会礼仪，包括父子关系、兄弟关系、君臣关系、朋友关系和夫妻关系，这些人们以及他们之间的关系，根据他们在礼仪活动中所处的地位，都被视为具有终极的神圣性。"⑧最为著名的师生对话记载于《论语·为政》："子游问孝。子曰：'今之孝者，是谓能养。至于犬马，皆能有养；不敬，何

（接上页注）商人逐渐从游牧转向定居，农业的形成与发展是一个重要的经济基础，由此才得以形成比较固定而鲜明的祖先祭祀传统，可以认为，商代末年已经有了比较成熟的祖先崇拜与仪式系统，这也是诸多学者认为"孝"源于商代的一个重要原因。郭沫若亦指出："商人尊崇先妣，常常专为先妣特祭。"并认为商代尚未完全脱离母系中心社会。（《中国古代社会研究》，第20页）先妣特祭即祭祀女性祖先，虽然后来以父系血统为主，父性祖先崇拜也渐渐占了主流，但不可否认，女性祖先或神灵祭祀作为重要的一支传统在中国社会中始终存在，尤其在道教与民间宗教信仰中更为明显，如前文中我们讨论的汉代西王母神仙信仰。

① 丁山：《中国古代宗教与神话考》，上海：上海书店出版社2011年，第565页。
② 丁山：《中国古代宗教与神话考》，上海：上海书店出版社2011年，第566页。
③ 《古代汉语词典》编组：《古代汉语词典》，北京：商务印书馆1998年，第869～870页。
④ 《古代汉语词典》编组：《古代汉语词典》，北京：商务印书馆1998年，第943页。
⑤ 《古代汉语词典》编组：《古代汉语词典》，北京：商务印书馆1998年，第1726页。
⑥ 查昌国：《西周"孝"义试探》，《中国史研究》1993年第2期。李裕民：《殷周金文中的"孝"和孔丘"孝道"的反动本质》，《考古学报》1974年第2期。
⑦ 〔德〕鲍吾刚（Wolfgang Bauer）：《中国人的幸福观》，严蓓雯等译，南京：江苏人民出版社2010年，第61页。
⑧ 〔美〕赫伯特·芬格莱特：《孔子：即凡而圣》，彭国翔、张华译，南京：江苏人民出版社2002年，第65页。

以别乎？'"①一个"敬"字，把孝的本质表达无余。"生事爱敬，死事哀戚，生民之本尽矣，死生之义备矣，孝子之事亲终矣。"注曰："爱敬、哀戚，孝行之始终也。备陈死生之义，以尽孝子之情。"②"孝有三：大孝尊亲，其次不辱，其下能养。"（曾子语）"孝子之至，莫大乎尊亲。"③（孟子语）《吕氏春秋》曰："身者非其私有也，严亲之遗躬也。民之本教曰孝，其行孝曰养。养可能也，敬为难。敬可能也，安为难。安可能也，卒为难。父母既没，敬行其身，无遗父母恶名，可谓能终矣。"④孝，所有的意义都来自"敬"，不敬的后果很严重，对生者最直接的影响是"五者（居处、事君、为官、交友、上战场，笔者注）不遂，灾及乎身，敢不敬乎？"⑤所以鲍吾刚的那句"儒家比其他所有人都更敬畏先人"⑥把儒家祖先崇拜的宗教情怀表达得再清楚不过。这个敬实为孝之本，是居于心中的态度，不仅仅是对父母在世时的态度，更是在其没（死）后敬其神灵，爱护自己，敬对自身，以扬家族美名⑦，并将其承续于后世子孙，这俨然是一种家族精神的传承，实际上就是孝的有始有终，让每个人都能向上找到生命来时的路，并沿着这条路继续走。

对先人（祖先）的敬畏与现实生活中的尊敬、敬重不同，这种敬畏的情感发生在人、神（祖先神灵）、天地之间，已经超越了现实人间的性质。祖先祭祀仪式当中集中体现孝敬之意。"是故孝子之事亲也，有三道焉：生则养，没则丧，丧毕则祭。养则观其顺也，丧则观其哀也，祭则观其敬而时也。尽此三道者，孝子之行也。"⑧又说："身致其诚信，诚信

① 〔宋〕朱熹：《论语集注》，济南：齐鲁书社1992年，第12页。
② 〔唐〕李隆基注，〔宋〕邢昺疏：《孝经注疏》卷第九《丧亲章第十八》，上海：上海古籍出版社2009年，第90页。
③ 〔清〕王聘珍撰，王文锦点校：《大戴礼记解诂》卷四《曾子大孝第五十二》，北京：中华书局1983年，第82页。
④ 〔战国〕吕不韦编著，〔汉〕高诱注：《吕氏春秋》卷十四《孝行览》，上海：上海书店1986年，第139页。
⑤ 〔清〕王聘珍撰，王文锦点校：《大戴礼记解诂》卷四《曾子大孝第五十二》，北京：中华书局1983年，第83页。
⑥ 〔德〕鲍吾刚：《中国人的幸福观》，严蓓雯等译，南京：江苏人民出版社2010年，第1页。
⑦ 《孝经》曰："身体发肤，受之父母，不敢毁伤，孝之始也。立身行道，扬名于后世，以显父母，孝之终也。"（《孝经注疏》卷第一）"曾子曰：身者，父母之遗体也，行父母之遗体，敢不敬乎？""父母全而生之，子全而归之，不亏其身，不损其形，可谓孝矣。"（参见〔战国〕吕不韦编著，〔汉〕高诱注：《吕氏春秋》卷十四《孝行览》，上海：上海书店1986年，第137、138页）
⑧ 〔清〕孙希旦撰，沈啸寰、王星贤点校：《礼记集解》卷四十七《祭统第二十五》，北京：中华书局1989年，第1237～1238页。

之谓尽，尽之谓敬，敬尽然后可以事神明。此祭之道也。"①《荀子》中对事生送死之敬以及何为忠孝之极的认识不可谓不深刻：

> 礼者，谨于治生死者也。生，人之始也；死，人之终也；终始俱善，人道毕矣。故君子敬始而慎终。终始如一，是君子之道，礼义之文也。夫厚其生而薄其死，是敬其有知而慢其无知也，是奸人之道而倍叛之心也。君子以倍叛之心接臧谷，犹且羞之，而况以事其所隆亲乎！故死之为道也，一而不可得再复也，臣之所以致重其君，子之所以致重其亲，于是尽矣。故事生不忠厚、不敬文谓之野，送死不忠厚、不敬文谓之瘠。君子贱野而羞瘠，故天子棺椁十重，诸侯五重，大夫三重，士再重，然后皆有衣衾多少厚薄之数，皆有翣菨文章之等以敬饰之，使生死终始若一，一足以为人愿，是先王之道，忠臣孝子之极也。②

其中谈到丧礼与祭祀："故丧礼者，无它焉，明死生之义，送以哀敬而终周藏也。故葬埋，敬藏其形也；祭祀，敬事其神也；其铭、诔、系世，敬传其名也。事生，饰始也；送死，饰终也。终始具而孝子之事毕，圣人之道备矣。"③"祭者，志意思慕之情也，忠信爱敬之至矣，礼节文貌之盛矣，苟非圣人，莫之能知也。圣人明知之，士君子安行之，官人以为守，百姓以成俗。"④丧礼祭祀之仪讲求哀敬，是要表达生者对已逝祖先神灵的思慕之心、追念之情，定当保持仪表之端庄以及内心无上之敬意。

自商周时期最高统治者就标榜孝行，商时武丁之子生时有孝行，死后庙号孝己。⑤周公制礼作乐，强调德行，将"孝"作为治国之要，此后许多国君、皇帝也都好以孝字为庙号，如秦孝公、赵孝文王、汉孝文帝、汉孝武帝等。⑥还有孝惠、孝景、孝昭、孝宣、孝元、孝成、孝哀、孝

---

① 〔清〕孙希旦撰，沈啸寰、王星贤点校：《礼记集解》卷四十七《祭统第二十五》，北京：中华书局1989年，第1238~1239页。
② 〔清〕王先谦撰，沈啸寰、王星贤点校：《荀子集解》卷十三《礼论》，北京：中华书局1988年，第358~360页。
③ 〔清〕王先谦撰，沈啸寰、王星贤点校：《荀子集解》卷十三《礼论》，北京：中华书局1988年，第371页。
④ 〔清〕王先谦撰，沈啸寰、王星贤点校：《荀子集解》卷十三《礼论》，北京：中华书局1988年，第376页。
⑤ 丁山：《中国古代宗教与神话考》，上海：上海书店出版社2011年，第565页。
⑥ 丁山：《中国古代宗教与神话考》，上海：上海书店出版社2011年，第566页。

平，汉代除了汉高祖刘邦和光武帝刘秀之外的所有皇帝死后的谥号中都冠以孝字。自此后历代皇帝的谥号中几乎都带有孝字，成一传统。此外，历代皇后谥号中亦多有加孝字的，如宋太祖三位皇后谥称为孝惠、孝明、孝章。明清时期皇后死后亦多被冠以孝谥，如明朝皇后仁孝、诚孝、孝渊、孝成、孝静、慈孝、孝洁、孝元、孝哀、孝节、孝哲、孝毅、孝刚，等等。清朝皇后孝慈、孝端、孝庄、孝惠、孝康、孝诚、孝昭、孝懿、孝恭、孝敬、孝慎、孝贞，等等。

历代帝王如此崇尚孝，甚至死后将其列入谥号之首，实为将孝的品德延伸至另外一个世界。庙堂、祠堂，实为供奉祖先神灵之处，祖先死后灵魂进入庙堂、祠堂，便具有了通天通灵通神通后世子孙的意味，此处之孝显然不是对其生时的褒奖或颂扬，而是具有了崇高而神圣的宗教意味。所谓"君子有终身之丧，忌日是也；君子有百世之养，丘墓是也"①，此中的忌日与丘墓都是生者与去世的祖先神灵之间进行沟通交流、百世奉养的宗教圣日与圣地。孝将人类的情感从现实世界的子女亲情延伸到了彼岸世界的灵魂安顿，这个灵魂安顿是如何实现的呢？这里面真的是大有学问。当家族中诞生一个男孩的时候，我们将之称为"延续香火"，这个香火是从祖先灵魂那里延续而来的，祖先灵魂在哪里呢？常言道"落叶归根""入土为安"，祖先灵魂被安置在墓葬与祠堂里。子孙只要站在祖先的墓碑前或者祠堂的祖先灵位前，就是在和祖先灵魂进行对话了。子孙死后其灵魂也要进入坟墓或祠堂。祠堂中高悬的"慎终追远"匾额以及"宗功祖德流芳远，子孝孙贤世泽长"的对联就很鲜明地表达出中国人追孝、思孝、孝以立世传家的神圣信仰。还有汉代祠堂中美轮美奂、栩栩如生的各种忠孝人物故事画像（详见第四章、第五章相关图像）亦在默默而坚定地书写着中华民族先民的信仰精神。"祠堂是国人灵魂的栖息地"②，笔者深以为然。当孝超越了个体情感而上升为一种家族（国家）群体情感，它也就成为一种群体性的宗教了，具有至高的神圣性。

（三）作为道德与法律的孝

具有强烈宗教意味的孝落实到人间的社会与政治中，必然会形成以孝为中心的一系列道德、法律规定。百善孝为先，就是对孝道德的最好诠释，罪莫重于不孝，则是对孝在法律层面的严格规定。对于曾子"敢

---

① 〔清〕金缨：《格言联璧》，秦望龙编著：《清言小品菁华》，兰州：甘肃人民出版社2013年，第323页。
② 周伟：《祠堂是国人灵魂的栖息地》，《人民日报》2016年9月5日第24版。

问圣人之德，无以加于孝乎"的仰询，孔子从最高道德境界（比于天地之性）的高度予以解答："天地之性人为贵。人之行莫大于孝……"①孔子认为孝为君子道德之本："君子务本，本立而道生。孝弟也者，其为仁之本与！"②《吕氏春秋·孝行览》："凡为天下，治国家，必务本而后末。……务本莫贵于孝。"高诱注曰："孝为行之本也，行于孝者，故圣人贵之。"③正如近代吴虞所论："详考孔子之学说，既认孝为百行之本，故其立教，莫不以孝为起点，所以'教'字从孝。"④

"商书曰：'刑三百，罪莫重于不孝。'高诱注：'商汤所制法也。'"⑤据此，丁山认为，殷商王朝的法律以"不孝"为首恶。周人因袭商代刑书精神，亦以"不孝"之罪为首恶。⑥汉代秦，在皇帝及其臣属的努力下，力行孝治，将系统论述孝道的先秦典籍《孝经》奉为道德标本，《孝经》中所谓："人之行莫大于孝，孝莫大于严父，严父莫大于配天，则周公其人也。昔者周公郊祀后稷以配天，宗祀文王于明堂以配上帝，是以四海之内各以其职来（助）祭。夫圣人之德又何以加以孝乎？"⑦这样的道德教化其实是生长于中国固有的家族观念与族系结构这一文化土壤之中的，祖先祭祀、灵魂安置的来世关照与儿孙满堂、父父子子君君臣臣的现实安排相一致相融合。如前所述，《孝经》在终汉一代及其后世几乎成为治国之法典及全国与地方学校传播孝道的重要教材。国家除了在积极方面加强孝道教育之外，还强化刑罚惩治，《孝经》认为："五刑之属三千，而罪莫大于不孝。要君者无上，非圣人者无法，非孝者无亲，此大乱之道也。"⑧宋邢昺疏："孝者百行之本，事亲为先，今乃非之，是无心爱其亲也。卉木无识尚感君政，禽兽无礼尚知恋亲，况在人灵，而敢要君，不孝也，逆乱之道此为大焉，故曰'此大乱之道

---

① 〔唐〕李隆基注，〔宋〕邢昺疏：《孝经注疏》卷第五《圣治章第九》，上海：上海古籍出版社2009年，第43页。
② 〔宋〕朱熹：《论语集注》，济南：齐鲁书社1992年，第2页。
③ 〔战国〕吕不韦编著，〔汉〕高诱注：《吕氏春秋》卷十四《孝行览》，上海：上海书店1986年，第137页。
④ 吴虞：《家族制度为专制主义之根据论》，《新青年》1917年第2卷第6号。
⑤ 〔战国〕吕不韦编著，〔汉〕高诱注：《吕氏春秋》卷十四《孝行览》，上海：上海书店1986年，第138页。
⑥ 丁山：《中国古代宗教与神话考》，上海：上海书店出版社2011年，第565页。
⑦ 〔唐〕李隆基注，〔宋〕邢昺疏：《孝经注疏》卷第五《圣治章第九》，上海：上海古籍出版社2009年，第43～44页。
⑧ 〔唐〕李隆基注，〔宋〕邢昺疏：《孝经注疏》卷第六《五刑章第十一》，上海：上海古籍出版社2009年，第60页。

也'。"①汉代刑律将不孝入律，对不孝者处以"弃市"极刑。

至帝制社会后期，孝更发展成妇孺皆知的社会伦理规范，"常存仁孝心，则天下凡不可为者，皆不忍为，所以孝居百行之先；一起邪淫念，则生平极不欲为者，皆不难为，所以淫是万恶之首"②。"百善孝为先，凡有孝行者，必是端正人士或为奇特英豪。万恶淫为首，心贪淫欲，皆邪辟之流，终必无恶不为，丧身败德，历观不爽。"③罪莫大于不孝在某些善书中也被表述为"罪莫大于亵天"④。"孝子"亦被冠以最高尚的品质而广为传颂，"天下第一种可敬人，忠臣孝子"，"孝子百世之宗"。⑤

至此，"百善孝为先，万恶淫为首"几乎成为传统社会伦理的精准概括，成为人人恪守的治身规范。因此到近代社会种种困境窘境出现之时，无论是思想启蒙还是政治社会的变革，几乎都拿传统家族、礼制及其思想开刀，"百善孝为先，万恶淫为首"这句被传颂千古之言亦被时代性地加以批判讨伐，甚至一度演化成"万恶孝为首，百善淫为先"的谣言并引起广泛争辩演说，其间不乏各派系为一己之利而任意附会、借题发挥、精心策划之举。⑥中国传统伦理曾在近代遭遇的这样一种命运逆转乍一看似乎令人震撼，事实上，近代社会对忠孝传统伦理精神的批判，也确实反映了时人对传统社会信仰的认知是明确而又深刻的，谣言本身的出现与流行一时证明了当时反传统道德思潮的激烈程度，而将"孝"贴上落后愚昧无知甚至"万恶之首"的标签，无论出于何种目的受何种境况所迫，都显得既激愤又幼稚，是违背社会历史规律的不合理的批判。冯友兰在《新理学》中就说过："在中国数十年前所行之社会制度中，就男人说，作忠臣是一最大底道德行为，就女人说，作节妇是一最大底道德行为。但在民国初年，许多人以为作忠臣是为一姓作奴隶，作节妇是为一人作牺牲，皆是不道德底，至少亦是非道德底。用这种看法，遂以为以前之忠臣节妇之忠节，亦是不道

① 〔唐〕李隆基注，〔宋〕邢昺疏：《孝经注疏》卷第六《五刑章第十一》，上海：上海古籍出版社2009年，第60页。
② 〔清〕王永彬：《围炉夜话》，秦望龙编著：《清言小品菁华》，兰州：甘肃人民出版社2013年，第274页。
③ 〔清〕王永彬：《先正格言》，秦望龙编著：《清言小品菁华》，兰州：甘肃人民出版社2013年，第281页。
④ 〔清〕金缨：《格言联璧》，秦望龙编著：《清言小品菁华》，兰州：甘肃人民出版社2013年，第337页。
⑤ 〔清〕金缨：《格言联璧》，秦望龙编著：《清言小品菁华》，兰州：甘肃人民出版社2013年，第331页。
⑥ 瞿骏：《陈独秀与"万恶孝为首"谣言考论》，《中共党史研究》2019年第4期。

德底或非道德底。这一班人对于忠节之看法，是否不错，我们现不论，不过他们用一种社会之理所规定之规律为标准，以批评另一种社会的分子之行为；这种看法是不对底。一种社会的分子之行为，只可以其社会之理所规定之规律为标准而批评之。"① 又在他的《原忠孝》一文中指出："民初人要打倒'孔家店'，打倒'吃人的礼教'，对于孝特别攻击。有人将'万恶淫为首'改为万恶孝为首……但若当成一种思想看，民初人此种见解，是极错误底。"② 继而认为："一种社会中底人的行为，只可以其社会的道德标准批评之。如其行为，照其社会的道德标准，是道德底，则即永远是道德底。"③

近代以来对家族制度及维系传统社会制度的忠孝伦理讨论批判之程度越是热烈，越反映出此种精神于中华民族之根深蒂固。事实上，激昂慷慨之后，回归日常生活，谁又能真正背叛自己的父母亲人，完全消灭自己的家族血脉意识呢？改革者的呼声之高昂，确实在一定程度上起到了激发个性、追求自由、突破家族、参与革命的作用，一大批青年志士冲破家族的束缚走向社会投身革命事业保卫国家与民族。但这仅仅是从政治与社会变革的层面上看，如果从个体心理与信仰的层面看，大概没有人可以绝对超越父母亲情，抛弃父母家人。其实这种矛盾自忠孝产生之时就已经存在，"忠孝不能两全"亦始终体现了中国人的家国情怀。从这个意义上说，近代社会的仁人志士为了国家与民族而奔波劳碌，救国救民于水火，不正是传统意义上的大忠吗？从某种意义上，也是大孝。这实为中国传统移孝作忠的至孝与至忠。移孝作忠是对忠孝矛盾作出的最好诠释和解决路径。丁山先生那句"'移孝作忠'传统的民族精神"④ 实为在深度综合考量传统忠孝文化之后所发出的振聋发聩之声，与近代社会特殊政治与社会环境下的声音有着截然不同的旨趣。

（四）移孝作忠，忠孝一体

作为宇宙秩序和祖先崇拜的孝如何在现实社会中发挥其作用？这就是宗教如何作用于现实社会的问题。现实社会的道德法律最初大概是一些宗教道德或者是戒律。孝与现实政治、道德、法律发生一定的关系，也证明了这一点。中国传统社会或政治本质上是一个家族式的社会或政治。与西方的城邦民主政治打破血缘关系重建生人关系不同，中国古代

---

① 谢遐龄：《阐旧邦以辅新命——冯友兰文选》，上海：远东出版社1994年，第83页。
② 冯友兰：《新事论》，上海：商务印书馆1947年，第88～89页。
③ 冯友兰：《新事论》，上海：商务印书馆1947年，第93页。
④ 丁山：《古代神话与民族》，北京：商务印书馆2005年，自序第7页。

国家是在家族血缘关系的基础上产生的，以父子关系为基础的家族伦理成为国家政治伦理的基本要素与构成部分。

近代以来，很多学者关注到中国文化与制度的家族性质。钱穆认为："'家族'是中国文化一个最主要的柱石，我们几乎可以说，中国文化，全部都从家族观念上筑起，先有家族观念乃有人道观念，先有人道观念乃有其他的一切。"[①]梁漱溟在讨论中国文化时认为："中国的家族制度在其全部文化中所处地位之重要，及其根深蒂固，亦是世界闻名的。"[②]冯友兰指出："旧日所谓国者，实则还是家。皇帝之皇家，即是国，国即是皇帝之皇家，所谓家天下者是也。"[③]陈顾远从法制的角度认为"家族本位为中国社会特色之一"，"明认家为组织单位"。[④]卢作孚从生活的角度认为："家庭生活是中国人第一重的社会生活……实则中国人除了家庭，没有社会。……人从降生到老死的时候，脱离不了家庭生活，尤其脱离不了家庭的相互依赖。……家庭生活的依赖关系这样强有力，有了它常常可以破坏其他社会关系，至少是中间一层障壁。"[⑤]日本学者稻叶君山从民族性上清楚地看到："保护中国民族的唯一障壁，是其家族制度。这制度支持力之坚固，恐怕万里长城也比不上。"[⑥]由此，韦政通指出："与西方社会相比较，中国社会最大的特色，是以家族为社会活动的中心。在传统的中国，简直可以说，除了家族外，就没有社会生活。"[⑦]李安宅亦认为："总括来说，中国社会只有两种正式而确定的组织，那就是国与家——即国也不过是家的扩大，家的主是父，国的主是君。忠孝是人的大节，大节有亏，其他都是不值一提的。"[⑧]家是国之源，国是家的扩展，二者在结构上是统一的。以忠孝治天下的治国伦理与中国社会结构是相

① 钱穆：《中国文化史导论》，北京：九州出版社2011年，第48页。
② 梁漱溟：《中国文化要义》，《梁漱溟全集》第三卷，济南：山东人民出版社2005年，第19页。
③ 冯友兰：《新事论》，上海：商务印书馆1947年，第68页。
④ 陈顾远：《中国法制史》，北京：商务印书馆，第63、74页。转引自《梁漱溟全集》第三卷，济南：山东人民出版社2005年，第19～20页。
⑤ 卢作孚：《中国的建设问题与人的训练》，转引自《梁漱溟全集》第三卷，济南：山东人民出版社2005年，第20～21页。
⑥ 梁漱溟：《中国文化要义》，《梁漱溟全集》第三卷，济南：山东人民出版社2005年，第42页。
⑦ 此大致为梁漱溟所论，韦政通加以发挥。韦政通：《论中国文化的十大特征》，刘志琴编：《文化危机与展望：台湾学者论中国文化》（下），北京：中国青年出版社1989年，第48页。
⑧ 李安宅：《〈仪礼〉与〈礼记〉之社会学的研究》，上海：上海人民出版社2005年，第55页。

辅相成的。家庭父子之孝扩大而成为国家君臣之忠。忠孝同源，"曾子曰：忠（忠，敬也，《说文》）者，其孝之本与！"①亦显示出中国社会的伦理特质，即忠孝一体。也就是说，作为家族伦理（可以视为宗教伦理）的孝演变成国家政治伦理的孝，实际上并不需要费太大的周折，反而是一个自然而然的扩展与延伸，其区别仅仅在于范围的大小，前者是在家族之内，后者是在家族之外，但其伦理实质是一致的，就是一个"孝"字。汉代及其之后的国家政治伦理构建便是以此为基准。

《孝经》中言："资于事父以事母而爱同；资于事父以事君而敬同，故母取其爱而君取其敬，兼之者父也。故以孝事君则忠，以敬事长则顺。忠顺不失，以事其上，然后能保其禄位而守其祭祀，盖士之孝也。"②"子曰：君子之事亲孝，故忠可移于君；事兄悌，故顺可移于长；居家理，故治可移于官。是以行成于内，而名立于后世矣。"李隆基注曰"以孝事君则忠""以敬事长则顺""君子所居则化，故可移于官也""修上三德于内，名自传于后代"。③对于这段集中表达移孝作忠的论述，应以整体视角来看，孝、顺、敬、治，这是整个社会伦理秩序的体现，绝不仅仅是统治者本人或者某一个人站在自己的角度进行的解读。这一点孔子看得明白，唐明皇李隆基深谙此道，宋朝的邢昺亦深明其中之理："言君子之事亲能孝者，故资孝为忠，可移孝行以事君也；事兄能悌者，故资悌为顺，可移悌行以事长也；居家能理者，故资治为政，可移治续以施于官也。是以君子居若能以此善行成之于内，则令名立于身没之后也。"④邢昺还言道："凡为人子，当须遵承圣教，以孝事亲、以忠事君。"⑤《礼记·祭统》对孝与忠的关系更是说得明白："忠臣以事其君，孝子以事其亲，其本一也。"⑥《曾子立孝》："是故未有君而忠臣可知者，孝子之谓也。……故曰孝子善事君，弟弟善事长。君子一孝一弟，可谓知终

---

① 〔清〕王聘珍撰，王文锦点校：《大戴礼记解诂》卷四《曾子本孝第五十》，北京：中华书局1983年，第79页。

② 〔唐〕李隆基注，〔宋〕邢昺疏：《孝经注疏》卷第二《士章第五》，上海：上海古籍出版社2009年，第19～20页。

③ 〔唐〕李隆基注，〔宋〕邢昺疏：《孝经注疏》卷第七《广扬名章第十四》，上海：上海古籍出版社2009年，第69页。

④ 〔唐〕李隆基注，〔宋〕邢昺疏：《孝经注疏》卷第七《广扬名章第十四》，上海：上海古籍出版社2009年，第69页。

⑤ 〔唐〕李隆基注，〔宋〕邢昺疏：《孝经注疏》卷第六《五刑章第十一》，上海：上海古籍出版社2009年，第60页。

⑥ 〔清〕孙希旦撰，沈啸寰、王星贤点校：《礼记集解》卷四十七《祭统第二十五》，北京：中华书局1989年，第1237页。

矣。"①《曾子立事》："事父可以事君，事兄可以事师长；使子犹使臣也，使弟犹使承嗣也；能取朋友者，亦能取所予从政者矣。"又《大学》："君子不出家而成教于国。孝者所以事君也，弟者所以事长也，慈者所以使众也。"②近代吴虞亦指出："夫孝之义不立，则忠之说无所附。"③

由孝子事亲而发展出一套忠臣事君之说，如："天下皆以孝悌忠顺之道为是也，而莫知察孝悌忠顺之道而审行之，是以天下乱。"④"故人臣……尽力守法，专心于事主者为忠臣。"⑤"臣闻不知而言不智，知而不言不忠，为人臣不忠当死。"⑥臣对君不忠与子对父不孝一样，都属于当死之大罪。董仲舒的《春秋繁露》更是将臣对君之忠发挥到极致："臣不忠而君灭亡。"⑦"臣不可以不忠。"⑧"心止于一中者，谓之忠；持二中者，谓之患。患，人之中不一者也。不一者，故患之所由生也。是故君子贱二而贵一。"⑨"故下事上，如地事天也，可谓大忠矣。"⑩

移孝作忠的观念曾经导致汉代产生以孝为准的选官制度。举孝廉就是以推举孝子为官的制度。东汉时韦彪"孝行纯正，父母卒，哀毁三年，不出庐寝。服竟，羸瘠骨立异形，医疗数年乃起。好学洽闻，雅称儒宗。建武末，举孝廉，除郎中，以病免，复归教授。安贫乐道，恬于进趣，三辅诸儒莫不慕仰之"⑪。后来韦彪上议："夫国以简贤为务，贤以孝行为

① 〔清〕王聘珍撰，王文锦点校：《大戴礼记解诂》卷四《曾子立孝第五十一》，北京：中华书局1983年，第82页。
② 〔清〕王聘珍撰，王文锦点校：《大戴礼记解诂》卷四《曾子立事第四十九》，北京：中华书局1983年，第78页。
③ 吴虞：《家族制度为专制主义之根据论》，《新青年》1917年第2卷第6号。
④ 〔战国〕韩非：《韩非子》第二十卷《忠孝第五十一》，上海：上海古籍出版社1989年，第161页。
⑤ 〔战国〕韩非：《韩非子》第二十卷《忠孝第五十一》，上海：上海古籍出版社1989年，第162页。
⑥ 〔战国〕韩非：《韩非子》第一卷《初见秦第一》，上海：上海古籍出版社1989年，第5页。
⑦ 〔汉〕董仲舒：《春秋繁露》第十七卷《天地之行》，上海：上海古籍出版社1989年，第95页。
⑧ 〔汉〕董仲舒：《春秋繁露》第十七卷《天地之行》，上海：上海古籍出版社1989年，第95～96页。
⑨ 〔汉〕董仲舒：《春秋繁露》第十二卷《天道无二》，上海：上海古籍出版社1989年，第72页。
⑩ 〔汉〕董仲舒：《春秋繁露》第十卷《五行对》，上海：上海古籍出版社1989年，第64页。
⑪ 〔宋〕范晔撰，〔唐〕李贤等注：《后汉书》卷二十六，北京：中华书局1965年，第917页。

首。孔子曰：'事亲孝故忠可移于君，是以求忠臣必于孝子之门。'"①

忠孝一体，孝即是忠，忠即是孝。以至于忠孝大多情况下在一起使用，成为衡量品德的重要标志。如《韩诗外传》中有："孝子之事亲也，尽力致诚，不义之物，不入于馆。为人臣不忠，是为人子不孝也。"②再如"忠孝吾家之宝"③，"忠孝齐家之本"④，"以忠孝遗子孙者昌，以智术遗子孙者亡"⑤，"知其不可为而犹竭力图之者，忠臣孝子之心也"⑥。

以上这种忠都是臣对君、下对上的政治伦理情感，在本质上与子对父的孝一脉相承。除此之外，父子之孝还被顺势扩展推演为官民之间的关系法则。黎民百姓被称为子民，官员则被美誉为父母官。臣对皇帝而言是臣子，对皇帝之忠自不待言。臣对民而言则是父母，对民要宽仁慈爱，民对官则为子，对官要尊敬顺从，一如子对父之孝。宋代的程朱理学对《论语》中的孝与仁的关系进一步注解发挥，其中就表达了亲亲与仁民之间的逻辑关系："程子曰：'孝弟，顺德也……孝弟行于家，而后仁爱及于物，所谓亲亲而仁民也。故为仁以孝弟为本。'"⑦孝起初是行于家族之中的伦理，而后延伸至家族之外，成为一种由"孝亲"发展而来的"仁民"社会政治伦理。王阳明的心学亦从"天理之心"的角度论述"无私欲"之孝忠，可以事父、事君、交友、治民："心即理也，此心无私欲之蔽，即是天理，不须外面添一分。以此纯乎天理之心，发之事父便是孝，发之事君便是忠，发之交友、治民便是信与仁。只在此心去人欲、存天理上用功便是。"⑧这样，君使臣、官治民都与父子之孝成为一个有机统一的伦理体系。如教化之言："眼前百姓即儿孙，莫谓百姓可欺，且留下儿孙地步；

---

① 〔宋〕范晔撰，〔唐〕李贤等注：《后汉书》卷二十六，北京：中华书局1965年，第917～918页。
② 〔汉〕韩婴撰，许维遹校释：《韩诗外传集释》卷九，北京：中华书局1980年，第307页。
③ 〔明〕陈继儒：《小窗幽记》，秦望龙编著：《清言小品菁华》，兰州：甘肃人民出版社2013年，第47页。
④ 〔清〕金缨：《格言联璧》，秦望龙编著：《清言小品菁华》，兰州：甘肃人民出版社2013年，第323页。
⑤ 〔清〕王永彬：《先正格言》，秦望龙编著：《清言小品菁华》，兰州：甘肃人民出版社2013年，第283页。
⑥ 〔清〕金缨：《格言联璧》，秦望龙编著：《清言小品菁华》，兰州：甘肃人民出版社2013年，第312页。
⑦ 〔宋〕朱熹：《论语集注》，济南：齐鲁书社1992年，第2页。
⑧ 〔明〕王阳明撰，邓艾民注：《传习录注疏》，上海：上海古籍出版社2012年，第8页。

堂上一官称父母，漫道一官好做，须尽些父母恩情。"① "善体黎庶情，此谓民之父母；广行阴骘事，以能保我子孙。"② "刑罚当宽处即宽，黎庶皆上天儿女。"③ "以父母之心为心，天下无不友之兄弟。"④ 如此，家族、国家、社会都在忠孝伦理结构之中运作循环，父子兄弟君臣朋友官民的关系都可以归结到父子关系上，并且与遵循天地运行之道相对应，这样就为整个社会秩序找到了一个绝佳的安置之处。所有符合忠孝的观念与行为都是被支持被扬颂的，反之，所有违背忠孝的观念和行为都是被贬斥被处罚的，大忠大孝为顺应天地之道，不忠不孝为大逆不道。

三、道教与佛教关于"孝"的信仰

实际上，对孝的认可与诠释不仅仅限于儒家，"孝"作为中国文化之根，其他宗教对其也有着各自的解释与践行。

《老子》的最基本法则是道法自然，一切人为的干预都会将孝导向一种名利、虚伪。对儒家津津乐道的孝，《老子》也是秉承自然之道，其中谈论孝的内容有两处，《十八章》："大道废，有仁义；智慧出，有大伪；六亲不和，有孝慈；国家昏乱，有忠臣。"⑤《十九章》："绝仁弃义，民复孝慈……见素抱朴，少私寡欲。"后面张尔岐先生的解释为："以仁义为美，则人惊于名，而孝慈之实衰；绝仁弃义，民复孝慈矣。……惟见其质，抱其朴，少所私，寡所欲，以庶几于无为之治焉。"⑥由此看出，老子的最根本思想是无为，守素抱朴，他主张并歌颂的是最朴素的无为的孝慈，而非求名得利的孝慈。实际上，我们联系汉代将"孝"作为一种美德加以褒扬甚至"举孝廉"选官政策导致出现欺世盗名的"伪孝"，由此更知老子思想的真知灼见。庄子对其有更深入的理解与阐释："是以夫事其亲者，不择地而安之，孝之至也；夫事其君者，不择事而安之，忠之盛也。"⑦

① 〔清〕金缨：《格言联璧》，秦望龙编著《清言小品菁华》，兰州：甘肃人民出版社2013年，第325页。
② 〔清〕金缨：《格言联璧》，秦望龙编著《清言小品菁华》，兰州：甘肃人民出版社2013年，第325页。
③ 〔清〕金缨：《格言联璧》，秦望龙编著《清言小品菁华》，兰州：甘肃人民出版社2013年，第326页。
④ 〔清〕金缨：《格言联璧》，秦望龙编著《清言小品菁华》，兰州：甘肃人民出版社2013年，第323页。
⑤ 〔清〕张尔岐：《老子说略》，济南：齐鲁书社1993年，第16页。
⑥ 〔清〕张尔岐：《老子说略》，济南：齐鲁书社1993年，第17页。
⑦ 〔清〕郭庆藩撰，王孝鱼点校：《庄子集释》卷二中《人间世第四》，北京：中华书局1961年，第155页。

其后还有更为精辟的论述："孝子不谀其亲，忠臣不谄其君，臣子之盛也。"①从前面的"不择"我们看到庄子对于孝的态度是无条件顺从的，这是一个根本的原则性问题；而后面的"不谀不谄"（即不伪不欺），则是为臣为子尽忠尽孝的极致，就是说凡事要顺其自然，不能过分，太过分则反失其真，成为奉承与谄媚，离真正的自然之孝远矣。这也很鲜明地反映了道家无欲无为的基本立场："古之畜天下者，无欲而天下足，无为而万物化，渊静而百姓定。""无为为之之谓天。"②无欲无为即为天道、自然之道。

道教在基本理论与观念上继承了先秦道家的"道""自然""无为"之说，并以《老子》为基本经典将其加以宗教化诠释，对中国文化根本精神的"孝"亦赋予其鲜明而独特的宗教含义。道教中最重要的一个学说是"积善成仙"，其中的忠孝之善被认为是首要之善。如早期道教经典《太平经》中论及孝："孝者，与天地同力也。……孝者，下承顺其上，与地同声。"③五斗米道张衡十分重视行忠孝之善，曰："……诚敬忠孝为本……嗣吾教者非诚无以得道，非敬无以立德，非忠无以事君，非孝无以事亲，汝其递相传授，世承人伦，世遵成训。"④东晋葛洪《抱朴子内篇》曰："欲求仙者，要当以忠孝和顺仁信为本，若德行不修，但务方术，皆不得长生也。"⑤"不忠不孝，罪之大恶。"⑥南北朝《正一法文天师教戒科经》认为要想奉道成仙，"不可不敬事亲，不可不孝事君"⑦。唐初《虚皇天尊初真十戒文》的第一戒是："不得不忠不孝，不仁不信……"其后按语："《传》曰：仙经万卷，忠孝为先。……故忠孝为诸戒之首，百行之源，学者之先务也。"⑧上述类似的"不……不……"

① 〔清〕郭庆藩撰，王孝鱼点校：《庄子集释》卷五上《天地第十二》，北京：中华书局1961年，第447页。
② 〔清〕郭庆藩撰，王孝鱼点校：《庄子集释》卷五上《天地第十二》，北京：中华书局1961年，第404、406页。
③ 王明编：《太平经合校》，北京：中华书局1960年，第310页。
④ 《汉天师世家》卷二，《道藏》第34册，北京：文物出版社，上海：上海书店，天津：天津古籍出版社1988年，第822页。
⑤ 国学整理社：《诸子集成》八《抱朴子内篇》对俗卷第三，北京：中华书局1954年，第12页。
⑥ 国学整理社：《诸子集成》八《抱朴子内篇》道意卷第九，北京：中华书局1954年，第38页。
⑦ 《道藏》第18册，北京：文物出版社，上海：上海书店，天津：天津古籍出版社1988年，第232页。
⑧ 《道藏》第3册，北京：文物出版社，上海：上海书店，天津：天津古籍出版社1988年，第403页。

双重否定语言风格更加强了修道成仙的严苛性，忠孝被道中人视为成仙之必备首要资格与条件。另如隋唐间产生[1]的《太上老君说报父母恩重经》几乎是《孝经》之笺注。[2]有可能在唐代出现的《太上真一报父母恩重经》[3]说："大慈无上尊，众生真父母，能说报恩经，闻者皆开悟，有人精受持，不久登仙路，略赞一毫端，稽首天尊去。"[4]另外，还有《元始洞真慈善孝子报恩成道经》："无上大道说此教戒，为下世明王孝治天下，为诸孝子报父母恩，轨则家国，使天下太平，八表归一，咸遵至孝。有得之者，晨夕诵持，不拣男女，无论贵贱，皆令习诵，以答二亲元元大恩。"[5]

宋代以后，儒释道三教更是相融相通相互吸收，此间道教的忠孝成仙论更为世人所称道并接受。南宋产生的净明道，又称为净明忠孝道，提倡以忠孝为本，养忠孝之心即可与道相通，得道成仙："孝弟道之本，固非强而为。得孝弟而推之忠，故积而成行。行备而道日充，是以尚士学道，忠孝以立本也，本立而道日生矣。……学道以致仙，仙非难也，忠孝者先之。不忠不孝，而求乎道，而冀乎仙，未之有也。……忠孝之道，非必长生，而长生之性存，死而不昧，列于仙班，谓之长生。……吾为弟子说忠孝为本，立本以成仙，则天下之仙举可数矣。未有不忠不孝而参天庭奉宸极也。""忠孝则无罪戾，去祸远矣。"[6]明朝开国皇帝朱元璋对"特为孝子慈亲之设，益人伦，厚风俗，其功大矣哉"[7]的正一道情有独钟，对其进行大力扶持，亲自为《大明玄教立成斋醮仪范》撰写序文。明初道士所造的《玄天上帝说报父母恩重经》[8]秉承"仙经万卷，忠孝为先"之旨，论说父母恩，祝愿父母"福寿增延"，"早得超生"[9]；明初的王道渊《道玄篇》认为忠孝即天之道："善忠者必善于孝，

① 任继愈：《道藏提要》，北京：中国社会科学出版社1995年，第472页。
② 潘雨庭：《道藏书目提要》，上海：上海古籍出版社2003年，第136页。
③ 任继愈认为此经或为仿唐代以前出现的佛经《父母恩重经》而作，但具体年代不详。任继愈：《道藏提要》，北京：中国社会科学出版社1995年，第52页。
④ 《道藏》第2册，北京：文物出版社，上海：上海书店，天津：天津古籍出版社1988年，第31页。
⑤ 《道藏》第2册，北京：文物出版社，上海：上海书店，天津：天津古籍出版社1988年，第33页。
⑥ 《太上灵宝首入净明四规明鉴经》，《道藏》第24册，北京：文物出版社，上海：上海书店，天津：天津古籍出版社1988年，第614页。
⑦ 《大明玄教立成斋醮仪范》，《道藏》第9册，北京：文物出版社，上海：上海书店，天津：天津古籍出版社1988年，第1页。
⑧ 任继愈：《道藏提要》，北京：中国社会科学出版社1995年，第472～473页。
⑨ 《道藏》第11册，北京：文物出版社，上海：上海书店，天津：天津古籍出版社1988年，第473～474页。

善孝者必善于忠，入则移忠孝于亲，为子之道尽矣；出则移忠孝于君，为臣之道尽矣。是故君与亲一而已，忠与孝亦一而已，其善忠善孝者，天之道也。"① 伍守阳更认为孝亲忠君五伦之事既是人道，亦是有仙道者所传之事："君当忠而忠，亲当孝而孝，兄长当顺而顺，朋友当信而信。"② 《吕祖全书》中有《忠诰》《孝诰》："《春秋》，忠也，《孝经》，孝也，可知圣贤以忠孝为本矣。""故吕祖言无不忠孝之神仙，无不忠孝之佛祖，离忠离孝，非佛非仙，呜呼，尽之矣。"③ 亦强调身体力行积功累德成为圣贤，修身养性以离凡世而成仙。过去学者在讨论道教对忠孝伦理的态度时，往往偏向于道与儒的关系，如姜生先生就曾提出道教对儒家伦理的弥补与延伸之说。④ 道教在儒家所未能及的信仰领域更向前一步。之前笔者基本认同这种观点。但现在再来思考"孝"精神对于各大宗教（包括儒教）的意义时，孝实为中国各大宗教的核心信仰，也就是说，无论何种宗教，只要是在中国文化这块土壤中（产生或是外来），就必然与孝发生联系，以孝为根本。

自唐宋至明清盛行于民间，宣扬"诸恶莫作，众善奉行"⑤ "善恶到头终有报，只争来早与来迟"⑥ 的劝善书更是将孝精神神秘化，规劝世人行善积功累德，承诺"近报则在自己，远报则在儿孙"⑦。形形色色的劝善书中对"孝"的理解与诠释更接近民众心理与情感，在很大程度上也更加强化了孝作为宗教道德戒律的神秘性与神圣性。如"天即理也，循理则知天而安命矣。……'不听父母命为不孝，不听君命为不敬，其或不听天命者独无责耶？'"⑧ 直接将孝与天理相比肩。还有《关圣帝君觉世宝训》中称："人生在世，贵尽忠孝节义等事，方于人道无愧，可立身于天地之间。若不尽忠孝节义等事，身虽在世，其心已死……"⑨

---

① 《道藏》第24册，北京：文物出版社，上海：上海书店，天津：天津古籍出版社1988年，第126页。

② 《天仙正理浅说》，《藏外道书》第5册，成都：巴蜀书社1994年，第854页。

③ 《吕祖全书》卷七序，《藏外道书》第7册，成都：巴蜀书社1994年，第173页。

④ 参见姜生四篇关于论述道教伦理对儒家伦理的弥补功能的文章，《论道教伦理对儒家纲常伦理的弥补功能》，《再论道教伦理对儒家纲常伦理的弥补功能》，《三论道教伦理对儒家纲常伦理的弥补功能》，《四论道教伦理对儒家纲常伦理的弥补功能》，《宗教学研究》1996年第1、2期，1997年第1、3期。

⑤ 《文昌帝君阴骘文注》，《藏外道书》第12册，成都：巴蜀书社1994年，第426页。

⑥ 〔明〕天然痴叟著，王鸿芦校点：《石点头》，郑州：中州古籍出版社1985年，第207页。

⑦ 《文昌帝君阴骘文注》，《藏外道书》第12册，成都：巴蜀书社1994年，第426页。

⑧ 《文昌帝君阴骘文注》，《藏外道书》第12册，成都：巴蜀书社1994年，第425页。

⑨ 《藏外道书》第4册，成都：巴蜀书社1994年，第120页。

《玉历至宝钞》劝世文称："一曰孝，二曰敬，三曰忠……"其下的释文是："孝行之首，天地所钦，居处日用，宜体亲心"；"敬则无肆，每事兢兢，如承大祭，如履薄冰"；"忠以报国，炳著乾坤，关侯武穆，不朽精魂"。①《西王母女修正途》中对女子修道最基本的要求便是"孝敬柔和"②。《灵宝天尊说洪恩灵济真君妙经》更是将是否行忠孝与善恶福祸、祖先灵魂超度以及家族安宁相联系，"以忠孝仁义而立身，内可以增福延年，外可以消灾度厄，上可以使祖祢之魂神超度，下可以使家宅之眷属乂宁"③，宣扬"忠孝仁义，永为身宝……一切善恶，皆由心造，为善者福，为恶者祸"④。另外还有将善恶之行与功过累积相对应的功过格，如《十戒功过格》《警世功过格》《石音天功过格》，《警世功过格》中言："举念之间，无非忠信，上焉可以入道成真而证果，下焉亦长保其福禄而荫及子孙矣！"将功格分为意善五十六则，语善三十九则，行善七十二则，将过格分成意恶五十九则，语恶五十七则，行恶一百二十一则，而且"凡诸过恶而能改行迁善者其功十倍"。意善中有"心不忘亲常存敬爱一日十功""听父母教诲诚心欢喜敬凛奉持一日一事一功"，行善中有"为孤儿娶妇二百功""为人立嗣继绝百功"。意恶当中则有"慢天千过""欺君千过""轻亵祖宗先灵千过""事亲劳而怨骄而怠致亲怒贻亲忧一事五百过""故薄亲心所厚之人五百过""因财产而憎兄弟五百过"，语恶中有"诋触父母一言千过""怨怼言父母过五百过"。⑤由此可见，关系到孝的善恶功过都是最高最重的，而且过格远远要比功格多，如十功一功，千过百过，也就是说作恶所得到的惩罚远比行善得到的奖赏力度要大很多，其恶惩薄奖的钳制意味非常明显。

人间善恶会时刻受到上天神灵的关注，如《了凡四训》中的"举头三尺，决有神明"，"使天地鬼神时时怜我，方有受福之基"⑥。《石点头》中说得更加明了："话说人当以孝道为根本，余下来都是小节。所以

---

①　《藏外道书》第12册，成都：巴蜀书社1994年，第801页。

②　《西王母女修正途十则》，《藏外道书》第10册，成都：巴蜀书社1994年，第534页。

③　《道藏》第5册，北京：文物出版社，上海：上海书店，天津：天津古籍出版社1988年，第842页。

④　《道藏》第5册，北京：文物出版社，上海：上海书店，天津：天津古籍出版社1988年，第842～843页。

⑤　《藏外道书》第12册，成都：巴蜀书社1994年，第72、73、75、77、79页。

⑥　〔明〕袁黄：《袁了凡先生家庭四训》，台北：台湾财团法人佛陀教育基金会印行本。

古昔圣贤，首先讲个孝字。"①还说道："孝心感格神天助，好与人间做样看。"②"只缘至孝通天地，赢得螽斯至子孙。"③孝通天地、孝得神助，这些广泛流传于民众市井的劝善书显然已经将孝与超人间力量相结合，更加强化了孝的宗教神秘性，正如清代善书《围炉夜话》中所说："积善之家必有余庆，积不善之家必有余殃，可知积善以遗子孙，其谋甚远也。"④"作善降祥，不善降殃，可见尘世之间，已分天堂地狱。"⑤"孝子忠臣，是天地正气所钟，鬼神亦为之呵护。"⑥"忠有愚忠，孝有愚孝，可知'忠、孝'二字不是伶俐人做得来。"⑦"一日行善，福虽未至，祸自远矣；一日行恶，祸虽未至，福自远矣。行善之人，如春园之草，不见其长，日有所增；行恶之人，如磨刀之石，不见其亏，日有所损。损人益己，切宜戒之。""现在之福，积自祖宗，不可不惜；将来之福，贻之子孙，不可不培。现在之福如点灯，随点则随竭；将来之福如添油，越添则越久。"⑧"千经万典，孝义为先；天上人间，方便第一。""终身行善，善犹不足；一日行恶，恶自有余。"⑨"孝莫辞劳，转眼便为人父母；善因望报，回头便看尔儿孙。"⑩有一些劝孝之语极其浅显易懂，如"父母年老之时，乃与人子相聚之时短，昼夜孝养不足，奈何漠视置之哉？为人子者当反复而深思也"⑪，"常思终天抱恨，自不得不尽孝心"⑫。普通人看到或听到这样的言论时，若再联想到自己的父母年老多病，自当尽力孝

① 〔明〕天然痴叟著，王鸿芦校点：《石点头》，郑州：中州古籍出版社1985年，第42页。
② 〔明〕天然痴叟著，王鸿芦校点：《石点头》，郑州：中州古籍出版社1985年，第43页。
③ 〔明〕天然痴叟著，王鸿芦校点：《石点头》，郑州：中州古籍出版社1985年，第66页。
④ 〔清〕王永彬：《围炉夜话》，秦望龙编著《清言小品菁华》，兰州：甘肃人民出版社2013年，第271页。
⑤ 〔清〕王永彬：《围炉夜话》，秦望龙编著《清言小品菁华》，兰州：甘肃人民出版社2013年，第277页。
⑥ 〔清〕王永彬：《围炉夜话》，秦望龙编著《清言小品菁华》，兰州：甘肃人民出版社2013年，第272页。
⑦ 〔清〕王永彬：《围炉夜话》，秦望龙编著《清言小品菁华》，兰州：甘肃人民出版社2013年，第273页。
⑧ 〔清〕王永彬：《先正格言》，秦望龙编著《清言小品菁华》，兰州：甘肃人民出版社2013年，第282页。
⑨ 〔清〕王永彬：《先正格言》，秦望龙编著《清言小品菁华》，兰州：甘肃人民出版社2013年，第284页。
⑩ 〔清〕金缨：《格言联璧》，秦望龙编著《清言小品菁华》，兰州：甘肃人民出版社2013年，第323页。
⑪ 〔清〕王永彬：《先正格言》，秦望龙编著《清言小品菁华》，兰州：甘肃人民出版社2013年，第286页。
⑫ 〔清〕金缨：《格言联璧》，秦望龙编著《清言小品菁华》，兰州：甘肃人民出版社2013年，第308页。

养。类似的劝善积功、通于鬼神之语充斥于形形色色的书籍之中，流于市井，深入民间，起到很重要的思想教化与道德钳制作用。

道教中的西王母信仰（亦称"王母娘娘"）在民间有着非常大的影响力，其中深刻体现着孝的信仰精神。在《汉武帝内传》的记载中，"孝武帝好长生之术，常祭名山大泽以求神仙"。西王母则是"美丽非常"，"天姿庵霭，云颜绝世"，并掌管着绝世仙物蟠桃，"此桃三千岁一生实耳"，可使人长生不老。[①]在民间，农历三月三是庆祝西王母寿诞的节日，道教中亦举行"蟠桃盛会"来纪念西王母。道教的积善成仙宗教学说与西王母的再生神功能被巧妙地安置进墓葬升仙仪式当中，西王母居于中央，高高上坐，墓主人经过一生的道德实践与功过考核，千里迢迢来拜见这一最高神，接受最后的飞升检验。人生在世的忠孝之善与死后的灵魂升仙为后人描画出生动有趣而又意义深远的生命转世画面。

道教之外，我们再看佛教。东汉安世高所译《父母恩重难报经》被称为"佛教之第一部孝经"。东汉末年苍梧太守牟子博《牟子理惑论》对"不孝莫过于无后"、沙门弃妻捐财、终身不娶、剃发等违背"孝"伦理的佛教教义进行了论辩。[②]此中列举很多历史人物的极端做法（如父掉入水中子揪其发将其救出，泰伯短发文身等）以映衬佛家人剃发并非不孝。此中论辩不乏牵强附会之嫌，这种诡辩实际上已经暴露出印度佛教在中土的困境。西晋时竺法护译《佛说盂兰盆经》，是为佛教孝经之一，据此出现佛教节日盂兰盆节（亦称"报父母恩日"）："年年七月十五日，常以孝慈、忆所生父母，为作盂兰盆、施佛及僧，以报父母、长养慈爱之恩。"[③]

东晋孙绰《喻道论》中以问答论辩的形式对孝道进行诠释，问难者道："周孔之教，以孝为首。孝德之至，百行之本；本立道生，通于神明。故子之事亲，生则致其养，没则奉其祀。三千之责，莫大无后；体之父母，不敢夷毁……而沙门之道，委离所生（父母），弃亲即疏；刑剔须发，残其天貌；生废色养，终绝血食。骨肉之亲，等之行路。背理伤情，莫此之甚。"[④]其中对孝的理解不可谓不深刻恰切，答者亦直言："故孝之为贵，

---

① 《汉武帝内传》，《道藏》第5册，北京：文物出版社，上海：上海书店，天津：天津古籍出版社1988年，第47～48页。

② 〔梁〕僧祐编撰，刘立夫、胡勇译注：《弘明集》，北京：中华书局2011年，第24～28页。

③ 释昌莲：《佛说盂兰盆经与佛教孝慈之道》，北京：宗教文化出版社2008年，第118页。

④ 〔梁〕僧祐编撰，刘立夫、胡勇译注：《弘明集》，北京：中华书局2011年，第82页。

贵能立身行道，永光厥亲。"① "佛有十二部经，其四部专以劝孝为事。"②

东晋末年又发生了比较著名的"沙门不敬王者"的大讨论，慧远与桓玄的争论基本反映了佛教进入中国之后存续发展的方式与空间。虽然说六朝数百年间沙门不敬王者的传统基本得以维持，但这一争执本身就反映了中土僧人和士大夫对佛教在中国发展的深度思考与命运安排。虽然论争激烈，表面佛教僧人获胜，但实际上却促成了佛教的中国化演变，即与中国传统伦理秩序的妥协与调和，慧远提出佛教与儒家"内外之道可合而明矣"，又说："常以为道法之与名教，如来之与尧孔，发致虽殊，潜相影响；出处诚异，终期则同。详而辩之，指归可见。"③北魏高僧法果更是视帝王为如来佛祖："法果每言，太祖明睿好道，即是当今如来，沙门宜应尽礼，遂常致拜。谓人曰：'能鸿道者人主也，我非拜天子，乃是礼佛耳。'"④这正说明了佛教在中国的命运必须与父母君臣、与孝敬之理结合起来，才有其发展空间。

历经隋唐、宋元，佛教以其最有效的纳"孝"入教的高姿态与行动力发展成为中国境内信徒最多、影响最广的宗教。北宋高僧契嵩著《孝论》，《孝论》成为佛教中系统全面论述"孝"的经典，其中说："生我父母也，育我父母也！吾母又成我之道也！昊天罔极，何以报其大德。"⑤陈寅恪曾指出：元代以后"礼拜君主"已经成为国家法令和佛教清规，成为印度佛教彻底中国化的标志。⑥梁启超亦曾对中国佛教做评论说："佛教乃智信而非迷信；乃入世而非厌世；乃积极而非消极；乃兼善而非独善。"⑦正是这兼善与入世的特征使得佛教在中国土地上受到欢迎而滋养众生。

佛教中的《佛说盂兰盆经》、《地藏三经》（《地藏菩萨本愿经》《大乘大集地藏十轮经》《占察善恶业报经》）、《报恩三经》（《大方便佛报恩经》《佛说父母恩重难报经》《佛说父母恩难报经》）被称为"佛教孝

---

① 〔梁〕僧祐编撰，刘立夫、胡勇译注：《弘明集》，北京：中华书局2011年，第82页。
② 〔梁〕僧祐编撰，刘立夫、胡勇译注：《弘明集》，北京：中华书局2011年，第87页。
③ 〔梁〕僧祐编撰，刘立夫、胡勇译注：《弘明集》，北京：中华书局2011年，第326页。
④ 〔北齐〕魏收撰：《魏书》卷一百一十四《释老志》，中华书局1974年，第3031页。
⑤ 骆明：《历代孝行类编（兴孝篇）》，北京：光明日报出版社2016年，第334页。
⑥ 陈志远：《晋宋之际的王权与僧权——以沙门不敬王者之争为中心》，《中国社会科学院历史研究所学刊》第十集，北京：商务印书馆2017年，第243～260页。
⑦ 鲁伯祥、魏跃明：《佛学和商道》，《北方牧业》2010年第4期。佛教的入世、智信、积极与兼善，可参见林世敏：《佛教的精神与特色》，香港：香港佛学书局1989年，第24、34～56页。

经"，主旨便是发挥孝慈思想，以涅槃、超生的佛语智慧启发人的孝慈恭敬之心。如《佛说盂兰盆经》："愿使现在父母，寿命百年，无病、无一切苦恼之患；乃至七世父母，离恶鬼苦，生人天中，福乐无极。""是佛弟子、修孝顺者，应念念中，常忆父母、乃至七世父母。"①《地藏菩萨本愿经》："若有众生不孝父母，或至杀害，当堕无间地域。千万亿劫，求出无期。"②《佛说父母恩重难报经》："母胎怀子，凡经十月，甚为辛苦。……第十月中，孩儿全体，一一完成，方乃降生。若是决为孝顺之子，擎拳合掌，安祥出生，不损伤母，母无所苦。"其后列举十大父母恩："怀胎守护恩""临产受苦恩""生子忘忧恩""咽苦吐甘恩""回乾就湿恩""哺乳养育恩""洗濯不净恩""远行忆念恩""深加体恤恩""究竟怜悯恩"，告诫世人牢记父母恩，莫作"心行愚蒙，不思爹娘有大恩德，不生恭敬，忘恩背义，无有仁慈，不孝不顺"之人。③

在中国孝文化的熏染下，佛教日益中国化，认同"堂上二老便是佛"，报父母恩，恰恰适应了中国人传统的伦理情感需要，加上佛教独有的涅槃、七世以及无极、轮回的观念，更加丰富了孝的宗教性意义。由此可见，佛教在建立自己地位时，非常明智巧妙地吸收了中国文化中"孝"的观念，从而真正实现"中国化"，完全成为中国式的佛教。正如雷海宗所言："佛教本是反家族的或非家族的，但传入中国后，就很快地中国化。……把一种反家族的外来宗教，亦变成维持家族的一种助力。"④由此，不得不让世人感叹中国本土文化的强大融摄力与吸纳力。不真正了解中国文化精神，也就无法真正诠释外来文化与中国文化的关系。荷兰学者许理和（Erik Zürcher）认为，佛教传到中国以后，到5世纪东晋高僧慧远时代，"贯穿其间的是一种奇特而又迷人的现象：一个伟大的宗教征服了一个伟大的文化"⑤。这一论述仅仅站在佛教传播与发挥作用的角度，恰恰忽略了其所处的中国地域与中国文化这样一个整体空间与文化特性，实际上是不妥的。无论是哪个历史时期，都没有出现异族文化（包括佛教）征

---

① 释昌莲：《佛说盂兰盆经与佛教孝慈之道》，北京：宗教文化出版社2008年，第118页。
② 〔唐〕实叉难陀译：《地藏菩萨本愿经·观众生业缘品第三》，《地藏三经集刊》，上海：上海古籍出版社1995年，第10页。
③ 《佛说父母恩重难报经》，河北佛协《禅》编辑部1999年，第5～8、14页。
④ 梁漱溟：《中国文化要义》，《梁漱溟全集》第三卷，济南：山东人民出版社2005年，第42～43页。
⑤ 〔荷〕许理和：《佛教征服中国：佛教在中国中古早期的传播与适应》，南京：江苏人民出版社2017年，第328页。

服中国文化的现象。反而是外来文化被中国文化所包容和吸纳，主动接受中国文化精神的感染与熏陶。钱穆也曾论及外来宗教被中国文化精神所洗炼而渐趋中国化的问题："中国文化，是以道德精神为其最高领导的一种文化。……中国亦有宗教，然宗教地位仍受道德精神之支配，……中国是以道德精神来洗炼了宗教信仰，并非由宗教信仰来建立道德根据。佛教传入中国……逐渐接受中国传统道德精神之洗炼。……佛教又容许为祖宗荐功德，赎罪过。崇祀先圣先贤，祭拜天地诸神。隋唐后佛教，渐成为中国之佛教，中国人并非不接受宗教信仰，只其宗教信仰不得与整个文化系统之主要精神相违戾。"同时又举出耶稣教"绝不许人祭祀祖先，崇拜尘俗贤圣诸德，遂与中国传统文化格不相入，所以耶稣教来中国三四百年，仍难在中国文化里生根"的反例。①其中所言中国传统道德精神实在与笔者所讨论之"孝"有同工之妙，佛教所接受而耶稣教所未接受的不正是对天地对祖先对先圣先贤之灵的崇拜吗？

　　佛教与中国本土文化历经初期的互相争斗与碰撞以及唐宋以后的调和与吸纳，到明清时期更加互相融合，佛教已然成为中国文化支柱之一。父慈子孝、君恩臣忠的中国本土伦理思想成为佛教教义的重要组成部分，这也成为佛教为中国大众所接受进而在中国各地长期发展壮大的重要因素。吴大吉主编的《宗教学通论》中说："三纲五常的封建道德成为我国整个封建时代的统治思想，具有不可动摇的神圣地位。其他一切宗教如果要想在中国大地上扎根立足，也必须把儒家的伦理道德观念作为该宗教的伦理道德观的基础。中国土生土长的道教和民间宗教是这样，外来的佛教、伊斯兰教、基督教也在不同程度上照此行事。"②再如，鲍吾刚认为："减弱各种世界观，特别是儒教、道教和佛教之间的彼此冲突，将之统一到一个大家都能接受的共通点，也就是说儒教世界观上，这种理想自公元9世纪起就在被广泛宣扬，直到宋朝才第一次实现。……一个单一体系的胜利并没有消除真正的冲突，它不过是掩盖了冲突而已。"③他甚至认为，自宋以后的三教的提法是"无意义的""根本上是不诚实的""其真实情况不过是'一教'（也就是说，儒教）——被越来越坚定

① 钱穆：《文化的衰老与新生》，刘志琴编：《文化危机与展望：台湾学者论中国文化》（上），北京：中国青年出版社1989年，第37页。
② 吴大吉：《宗教学通论》，北京：中国社会科学出版社1989年，第642页。
③〔德〕鲍吾刚：《中国人的幸福观》，严蓓雯等译，南京：江苏人民出版社2010年，第258～259页。

地宣扬"①，其中亦格外强调儒教的中心地位。钱穆讨论中国文化的宗教性时亦有"儒家的孝道"之表述。事实上，我们可以跳出三教，以更高的视角来审视孝的文化现象。外来的宗教要吸收中国固有的本土伦理观念，这是对的。但把本土伦理等同于儒家伦理，或者把所有宗教的"共通点"归于儒教，可能还存在某些偏颇，并不完全正确。也就是说，中国本土的伦理精神（或者叫核心精神）是高于儒释道这些外在表现形式的宗教的。存在一种精神，或者核心价值，是融摄儒道佛所有宗教而且高于这些宗教形态之上的。邓立光曾经受宋儒理一分殊说的启发，将文化分为最高理型－理型－材料，即文化三层论，认为文化最高层次（最高理型）称为天道，即普适的核心价值，"'孝敬'作为纯粹德性，属于'最高理型'。因此，在任何文化体系中，'孝敬'都属于核心价值"②。邓立光的这一观点为我们更准确合理地看待中国文化核心信仰精神以及三教之共通互融之关系提供了很好的理论借鉴意义。

第三节　中国传统信仰精神小结

孝，作为中华民族传统的信仰精神，除了在现实社会中的伦理教化、政治统治以及社会治理之外，自其始就植根于彼岸世界的构造中，关乎中国人的灵魂安顿。中国人的现实与超越、此世与彼世是紧密联系在一起的，古人在构建彼岸世界与灵魂安置的问题上可谓独树一帜。他们对彼岸世界的想象与构造是依托现实生活世界的，比如墓葬或祠堂图像中的粮满仓、宾客会于庭、歌舞升平、子孙满堂等等都是人们所能想象出来的美满生活大集合，实为超越现实超级幸福的理想世界。在中国传统社会里流传甚广的俗语"不孝有三，无后为大"从反面印证了血脉传续是最大的孝，我们经常会在墓葬出土的铜镜、玉璧等器物上看到"宜子孙"或"子孙绵长"等文字呈现，其基本都是对后世血脉延续的美好期许。与现实世界相同，彼岸世界的想象里亦存在着对孝信仰的释读与践行。比如汉墓中大量存在的龙虎交媾图像③，本来在现实生活中的阴阳和合生生不息的孝，被置入人死后的墓葬空间里，成为生死转换重生的宗

① 〔德〕鲍吾刚：《中国人的幸福观》，严蓓雯等译，南京：江苏人民出版社2010年，第259页。
② 邓立光：《复兴中国传统文化的理论模型——"文化三层论"》，《孔子研究》2006年第3期。
③ 姜生：《汉墓龙虎交媾图考》，《历史研究》2016年第4期。

教仪式。这些墓葬祠堂空间里的龙虎交媾甚至男女秘戏等图像亦可以被纳入孝的信仰范畴之中，而且这个"孝"显然与墓主或祠主升仙主题相关。升仙意味着生命的重生，古人想象出来的生命重生就是现实生活中的新生命诞生，就是男女交合，而男为青龙，女为白虎，自然形成这种龙虎交媾图像，后来演化为西王母龙虎座，其意义均为通过这一系列的生死转化仪式实现生命的再生（升仙）。

孝的信仰是贯穿中国传统社会的主导性内在精神与灵魂。其生命力的维持与生长在很大程度上依赖寄托于民众的日常生活，人们的衣食住行、婚丧礼仪等各个方面都渗透着这一精神。但是仅仅依靠这种自然而然的延续和影响是远远不够的。自古以来，古圣先贤、民间智者都会保持高度的社会责任感与担当意识，敏锐地利用各种手段来有意识地强化这种精神，对忠孝典型的集体记忆与神性塑造就是一种十分有效的手段。历史上曾经盛行的圣贤崇拜、忠孝传颂等，如孔子、关公、岳飞、杨家将等这些现实中的人物历经千年都升华成为中华民族共同尊奉的神灵对象。这其中贯穿着对传统忠孝精神的不断重塑、凝聚与民众认同的历史。过去的历史渐行渐远，人们对孝与忠的集体记忆却在不断加深，而且这种记忆伴随着各种宗教的民间化与世俗化而糅合进民众的日常生活，植入民众的心田而绵延不绝。

行文至此，忽又想起鲁迅先生的"中国根柢全在道教"。我们是否可以借用鲁迅先生的这句话，将其修改为"中国文化的根柢全在孝"？我认为这句话既摆脱了儒释道等各家各派就谁是中心争来争去的麻烦与顾此失彼的缺陷而兼顾每一种文化形态，又在最大的可能性上关照宗教与教化的中国文化实质之纷争。孝，既包含着宗教，又涵盖着教化，由此也就回答了中国文化的宗教性问题。

目光移至今天，忠孝精神就在我们身边。《人民日报》刊出的《总书记心中的"国之大者"》中说"计利当计天下利"；"我们对于时间的理解，不是以十年、百年为计，而是以百年、千年为计"；"为子孙万代计、为长远发展谋"；"我们不能吃祖宗饭、断子孙路"。[1] 类似的话语，与古人所言"以天（自然）为宗"[2]、"爱人利物之谓仁，不同同之

---

① 杜尚泽、邝西曦、林小溪：《总书记心中的"国之大者"》，《人民日报》2021年11月9日第1版。

② 〔清〕郭庆藩撰，王孝鱼点校：《庄子集释》卷十下《天下第三十三》，北京：中华书局1961年，第1066页。

谓大"①、"以天下养"②或者"以天地之心为心"的天下胸襟，"善体黎庶情"的民本思想以及"积善以遗子孙"的为子孙后代积善谋福的深思远虑何其相似。保卫国家保卫人民而血洒疆场的人民子弟兵体现的杀身成仁、舍生取义的忠于国家忠于民族的终极信仰，也正是新时代的"移孝作忠"。新冠肺炎疫情期间舍小家为大家、舍生忘死奋战在抗疫最前线的医护人员，为了全国人民的生命健康勇敢前行。他们身上闪耀着爱国为民的崇高精神，不仅影响鼓舞着国人，甚至还走向世界护卫全球人类的生命健康，展现出中国式的信仰力量。正如丁山所言："忠孝不能两全时，孝子就该为国牺牲，不能顾全父母之养，古往今来，忠臣殉国，烈士殉名，何莫非一个'孝'字，砥砺其忠义之气也！"③"孝"在中华民族的前进道路上从不曾消失。

人类命运共同体理念根植于中华优秀传统文化，"天下为公"、"大同"观念为构建人类命运共同体提供了有价值的思想资源。正像牟宗三等人的"世界宣言"所指出的："人类最后必然归于天下一家。"④

几千年来，中华民族生生不息所沉淀而成的中华文化有其自身的信仰根基与特点，以佛教为代表的几乎所有宗教进入中国都会中国化，这本是一个历史性规律。中华文化信仰之根亦应是各界共同关注的话题。"孝"的观念与信仰在其中究竟有多大分量以及"孝"如何在现代社会继续给予国人心灵安顿，值得我们进一步探讨。

① 〔清〕郭庆藩撰，王孝鱼点校：《庄子集释》卷五上《天地第十二》，北京：中华书局1961年，第406页。
② 〔清〕王聘珍撰，王文锦点校：《大戴礼记解诂》卷四《曾子大孝第五十二》，北京：中华书局1983年，第84页。
③ 丁山：《古代神话与民族》，北京：商务印书馆2005年，自序第7页。
④ 牟宗三等：《为中国文化敬告世界人士宣言》，刘志琴编：《文化危机与展望：台湾学者论中国文化》（上），北京：中国青年出版社1989年，第89页。

结　语

　　本书稿以坐姿为切入点，综合考察汉代暨以前的身体仪式与信仰精神，既有生命信仰、"国之大事"以及来世安顿，又兼及日常起居的历史，涉及古人的社会生活、国家仪式与宗教信仰等各个层面。重点对蹲踞、跪坐、跪拜与跽等仪式进行辨析论述，将这些身体姿态放置于日常社会生活与内在精神信仰的双重视域进行研究，既突破了传统仪式研究忽视身体、只关注信仰层面的弊端，又不会只关心日常生活中的枝节现象，而是将二者统一在身体之中，寻求社会生活与精神信仰的相互依托与转化关系。将身体姿势与个体生命关怀、灵魂安顿以及国家权力建构联系起来进行考察，重点对身体姿势的深层信仰意义给予关注。

　　第一，在身体的层面上，辨析了考古学、历史学界长期模糊的跪、跽等用法，尤其是区分了跽与坐，并着重对跽的通神仪式意义做了进一步的探讨。认为安坐源于尸坐，最初是祖先神灵接受祭祀的坐姿，后来被周代上层贵族运用到日常生活中。这一姿势强烈地表达出古人祖先崇拜的信仰旨趣，也是"孝"信仰精神的集中体现。跪与拜相连而成为跪拜礼，是由坐发展而来的人际交往礼仪，秦汉之后渐被用于臣对君的国家礼仪以及帝王祭祀神灵的仪式中，跪拜礼成为皇权专制政治的身体符号。跽则是巫师在通神仪式中常用的姿势，表达了巫师对于神灵的敬畏而不敢自安，是应用于人神沟通的神秘仪式空间中的特殊姿势，与安坐、跪拜均有着明显的区别。

　　第二，在信仰的层面上，分别依托蹲踞人像、巫师祭祀人像、西王母安坐人像、楼阁跪拜人物图像，对蹲坐、跽、安坐、跪拜进行考古学、宗教学、历史学等学科的综合研究。对上述身体姿势进行仪式与信仰意义探讨。得出结论如下：

　　（一）商代墓葬中出土的蹲坐人像、玉鸟像等与商代的鸟图腾崇拜有着密切的关系，是作为生殖神像被供奉被崇拜，体现了古人最原始最朴素的生殖愿望，其主要意义在于生育力量的获得，旨在保护并延续生命，这在人虎结合图像中有着更为鲜明的表达。（二）商周时期的巫师通神仪式变化多端，大型立式人像具有巫王之风范，安坐之神像是巫师祭祀的受祭对象，巫师的跽仪式形象地表达出巫师通神时严肃、敬慎的内心世界，跽是与祖先灵魂或天地神灵进行沟通交流的仪式，充分表达出天人对话、天人相通的意味。反缚手臂的坐式巫师形象则有可能体现某种控制性神灵祭祀仪式。（三）汉代墓葬与祠堂中数量繁多的西王母安坐像为世人营造了一个美丽绝伦的彼世仙界，西王母的正面安坐像具有灵魂救赎与再生的意义，将汉代的"孝"信仰表现得更加坚定而明确。在汉代西王母信仰的发展演变过程中，其地位的变化与信仰的传播在很大程度上依赖于图像的仪式表达，此中仪式表达与信仰传承的关系亦被西王母坐像发挥得淋漓尽致。需要注意的是，祠堂后壁下层的双层楼阁拜谒图亦属于西王母信仰构图，是祠主升仙仪式的表达，而非祠主受祭仪式。（四）在汉代祠堂的西王母仙界画像之下往往配有各种历史人物画像，将这些历史人物画像放置于国家意识形态与神仙信仰的双重构架中进行分析，可以看出忠孝图像既是汉代国家进行伦理教化与控制的手段，亦是早期道教忠孝成仙的图像阐释，非常鲜活地反映出中国传统社会入世与出世相即相离以及圣俗统一的信仰观念。

第三，在仪式研究的过程中，始终贯穿着对圣俗关系、人神关系的观照。神圣与世俗之间是互融与交集的，人所在的此世与灵魂归往的彼世亦是相交相通的。巫师对于世人来说具有神灵性的特征，尤其是当神灵降附于巫师体内，他们此时是高高在上的。这种至高无上的状态，其实即万民之上的王者形象。因此巫王合一的现象，实在是奠定了王者在世俗社会的统治地位。也正是由于这种双重身份，巫王将天与人、神圣与世俗沟通起来，建立起中国古代独特的圣俗交集、天人合一的文化特性。

神圣的世界牢固地扎根于世俗生活，与日常生活姿势有着密切的联系。可以说神圣的仪式源于日常生活，最终又向日常生活渗透，如尸祭中的尸坐与日常生活中的正坐之关系。再如西王母坐姿的仪式图像，几乎都呈现出尊老者的姿势（安坐、躬身、笼袖、执杖）与安详的神态，这无疑是古代养老、尊老、忠孝等信仰意识的体现。再如汉代墓葬中众多的看似是世俗生活的内容，比如车马出行、宾主拜谒、宴客舞蹈等仪式性内容，实际上表达的是无限美好的彼世向往。

若是将巫师通神仪式与汉代的死者升仙仪式进行比较的话，前者巫术的性质更重一些，因为巫师在整个仪式中具有一定的主动性，他最终是可以请神降神的。而在汉代的死者升仙仪式中，巫师召唤神灵变成了仙界使者接引死者灵魂。仙界使者具有神灵的特征，所以汉代升仙仪式以神仙信仰的宗教性为基调，在这里面，人对于神的控制已经大大减弱，而神灵的力量大大增加，人对于神则只有膜拜与服从了，请神降神的巫术性几乎被崇神信神的宗教性所替代。事实上，无论是巫术性还是宗教性，其中都蕴含着无穷的"人"的力量。从巫术到宗教的过渡，实际上亦是人类从蒙昧到智识的发展，由于充分认识到神之力量的强大，人类才会逐渐放弃一味通神降神的努力，转而向自己求，既以"人"的努力达到某种永恒。在这种追求无限的过程中，"人"的意味被彰显了，而不是被遮蔽了。或者说，是人从神的遮蔽中脱颖而出，为成为真正的"人"而不断地探求。汉代人对于如何成仙的努力实际上包含着如何成人的实践。由此，成人与成仙、人事与神事始终纠缠融合在一起，既成就了伟大的信仰，又从未脱离现实生活世界。

本书在得出一些重要创新性结论的同时，亦存在不少悬而未决的问题，试举例如下。一是关于反缚手臂跪坐仪式的解读，目前只能推测是为了完成某种神圣的祭祀仪式，但到底为什么采用这种姿势、为了何种具体仪式以及巫师的身份尚不能确定。二是关于跽式体姿的解读，虽然笔者大体将坐、跪、跽做了区分，而且有相应的图像阐释，但也存在某些文字上或实物图像上的冲突（在文中均有说明），边界分明的区分似乎是不可能的。因此，若有学者引用此结论时还需慎重，笔者也希望能够得到更有意义的解释，以充实此方面的研究。三是关于祠堂后壁楼阁拜谒图中的拜谒双方的身份确认，就目前的资料与笔者的能力，作出"不可能是"的否定性结论相对比较容易，而要得出"一定是"的肯定性结论则要困难得多，大多数时候只能使用"可能是"的保守说法。但不可否认的是，对后壁拜谒图的解读必须将其置入墓葬祠堂的整体空间中进行，后壁上的拜谒活动与东西两壁上的仙界图像具有连续性和一体性，它所表达的意义也应当与神仙世界相关。若要进行确切身份性的解读，还需要更多更充分的资料来证明。

至汉代时，中华民族文化大一统的局面概已形成，文化根基渐趋牢固。再回味鲁迅先生的"中国根柢全在道教"，似乎又有了更深一层的认识，不得不由衷钦佩鲁迅先生目光之锐利，可谓一语道破中国文化之秘密。我们从汉代西王母信仰以及墓葬祠堂中的整个庞大升仙仪式系统来看，这恰好成为鲁迅先生所言的最好注脚。汉代道教的表现形态即西王母神仙信仰系统，在这个谨严的成仙系统中，人要死后来世成仙，首要之事是在现世尽行忠孝之道，此即道教中著名的"积善成仙"。何为善？正如我们讨论孝时所言"百善孝为先"，中国人的思想逻辑中始终贯穿着"孝"的精神。

　　事实上，我们将生命保护的信仰与仪式、通达天人信仰与仪式以及神仙信仰与仪式综合起来考察，可以发现，上述这些信仰与仪式亦可成为"中国根柢全在于孝"的最好诠释。人活一世，首先要保全自己的生命，生命信仰成为古人最基本最原初的信仰。古人信仰"天人合一"，首先要处理的关系就是天人关系。人要顺天而动，道法自然，与天相通，对天与自然规律的这种顺从与尊重成就中华民族"孝"信仰的最高境界，其后无论是何种信仰形态，包括神仙信仰，都是天人合一精神的延续与发挥。在古代社会，除了与天地自然之关系外，"君君臣臣父父子子"成为世世代代处理人际关系的模范标本，在这一系列关系中，"孝"精神亦是其核心与灵魂，"孝"不仅是约束限制人的道德法则，更是决定人死后去向的指南针。忠孝以成仙，几乎成为古人实现升仙进入天堂的唯一路径。这个天堂在何方？不是远在天边，而是近在眼前，在一日一行之中。当人死后，盖棺论定，他会带着他一世的孝行，去往寻找祖先灵魂的归途，入宗祠灵位，同时列入仙班，完成其灵魂升天过程。此为古人灵魂安顿的方式。"祠堂是国人灵魂的栖息地"，此语意义悠远，耐人寻味。

　　仪式与信仰研究是中国传统文化中极为重要的一个领域。试想若是生活在今天的中国人能够重新捡拾起传统的身心观念与圣俗观念，并深刻体悟传统信仰精神，那么所谓的道德滑坡、仪式缺失与信仰真空所引发的心灵饥荒或许会得到一定的改观。我们需要铭记：信仰精神是一个国家与民族的根本精神，心灵安顿是一个民族乃至整个人类生命长青的根本。

参考文献

一、古籍

［1］ 国学整理社：《诸子集成》八《抱朴子内篇》，北京：中华书局1954年。

［2］〔清〕赵翼：《陔余丛考》，北京：商务印书馆1957年。

［3］〔汉〕司马迁撰，〔宋〕裴骃集解，〔唐〕司马贞索隐，张守节正义：《史记》，北京：中华书局1959年。

［4］〔宋〕李昉等：《太平御览》，北京：中华书局1960年。

［5］ 王明编：《太平经合校》，北京：中华书局1960年。

［6］〔清〕郭庆藩撰，王孝鱼点校：《庄子集释》，北京：中华书局1961年。

［7］〔汉〕班固撰，〔唐〕颜师古注：《汉书》，北京：中华书局1962年。

［8］〔宋〕范晔撰，〔唐〕李贤等注：《后汉书》，北京：中华书局1965年。

［9］〔梁〕萧子显：《南齐书》，北京：中华书局1972年。

［10］〔唐〕房玄龄等撰：《晋书》，北京：中华书局1974年。

［11］〔北齐〕魏收撰：《魏书》，北京：中华书局1974年。

［12］〔明〕宋濂：《元史》，北京：中华书局1976年。

［13］〔汉〕王符著，〔清〕汪继培笺：《潜夫论笺》，北京：中华书局1979年。

［14］ 袁珂：《山海经校注》，上海：上海古籍出版社1980年。

［15］ 杨伯峻：《论语译注》，北京：中华书局1980年。

［16］〔汉〕韩婴撰，许维遹校释：《韩诗外传集释》，北京：中华书局1980年。

［17］ 吴则虞：《晏子春秋集释》，北京：中华书局1982年。

［18］〔明〕李诩撰，魏连科点校：《戒庵老人漫笔》，北京：中华书局1982年。

［19］〔清〕王聘珍撰，王文锦点校：《大戴礼记解诂》，北京：中华书局1983年。

［20］〔清〕郝懿行：《尔雅义疏》，上海：上海古籍出版社1983年。

［21］〔唐〕杜佑撰，王文锦等点校：《通典》，北京：中华书局1984年。

［22］〔清〕程大中：《四书逸笺》，北京：中华书局1985年。

［23］〔清〕凌廷堪：《礼经释例》，北京：中华书局1985年。

［24］〔汉〕刘熙：《释名》，北京：中华书局1985年。

［25］〔汉〕许慎撰，〔宋〕徐铉校定：《说文解字》，北京：中华书局1985年。

［26］杨伯峻：《列子集释》，北京：中华书局1985年。

［27］〔明〕天然痴叟著，王鸿芦校点：《石点头》，郑州：中州古籍出版社1985年。

［28］〔清〕孙星衍：《尚书今古文注疏》，北京：中华书局1986年。

［29］〔战国〕吕不韦编著，〔汉〕高诱注：《吕氏春秋》，上海：上海书店1986年。

［30］〔清〕孙诒让撰，王文锦、陈玉霞点校：《周礼正义》，北京：中华书局1987年。

［31］〔清〕王先谦：《诗三家义集疏》，北京：中华书局1987年。

［32］〔清〕洪亮吉撰，李解民点校：《春秋左传诂》，北京：中华书局1987年。

［33］〔清〕陈士珂辑：《孔子家语疏证》，上海：上海书店1987年。

［34］《道藏》，北京：文物出版社，上海：上海书店，天津：天津古籍出版社1988年。

［35］〔汉〕许慎撰，〔清〕段玉裁注：《说文解字注》，上海：上海古籍出版社1988年。

［36］〔清〕王先谦撰，沈啸寰、王星贤点校：《荀子集解》，北京：中华书局1988年。

［37］〔清〕皮锡瑞：《今文尚书考证》，北京：中华书局1989年。

［38］〔汉〕刘安等编著，〔汉〕高诱注：《淮南子》，上海：上海古籍出版社1989年。

［39］〔汉〕董仲舒：《春秋繁露》，上海古籍出版社1989年。

［40］〔清〕孙希旦撰，沈啸寰、王星贤点校：《礼记集解》，北京：中华书局1989年。

［41］〔战国〕韩非：《韩非子》，上海：上海古籍出版社1989年。

［42］〔唐〕房玄龄注，刘绩增注：《管子》，上海：上海古籍出版社1989年。

［43］〔汉〕孔安国传，〔唐〕孔颖达等正义：《尚书正义》，上海：上海

古籍出版社1990年。

［44］ 黄晖：《论衡校释》，北京：中华书局1990年。

［45］ 王利器：《盐铁论校注（定本）》，北京：中华书局1992年。

［46］〔清〕苏舆：《春秋繁露义证》，北京：中华书局1992年。

［47］〔宋〕朱熹：《孟子集注》，济南：齐鲁书社1992年。

［48］〔宋〕朱熹：《论语集注》，济南：齐鲁书社1992年。

［49］〔清〕张尔岐：《老子说略》，济南：齐鲁书社1993年。

［50］〔清〕张尔岐：《周易说略》，济南：齐鲁书社1993年。

［51］《藏外道书》，成都：巴蜀书社1994年。

［52］〔日〕安居香山、中村璋八：《纬书集成》，石家庄：河北人民出版社1994年。

［53］〔唐〕实叉难陀等译：《地藏三经集刊》，上海：上海古籍出版社1995年。

［54］《佛说父母恩重难报经》，河北佛协《禅》编辑部1999年。

［55］〔清〕高士宗：《黄帝内经素问直解》，北京：学苑出版社2001年。

［56］ 徐元诰撰，王树民、沈长云点校：《国语集解》，北京：中华书局2002年。

［57］〔宋〕朱熹撰，朱杰人、严佐之、刘永翔主编：《朱子全书》第23册，上海：上海古籍出版社，合肥：安徽教育出版社2002年。

［58］〔宋〕魏了翁：《仪礼要义》，文渊阁四库全书本，上海：上海古籍出版社2003年。

［59］〔宋〕苏轼：《书传》，文渊阁四库全书本，上海：上海古籍出版社2003年。

［60］〔宋〕卫湜：《礼记集说》，文渊阁四库全书本，上海：上海古籍出版社2003年。

［61］〔宋〕洪适：《隶释》，文渊阁四库全书本，上海：上海古籍出版社2003年。

［62］〔宋〕朱翌：《猗觉寮杂记》，文渊阁四库全书本，上海：上海古籍出版社2003年。

［63］〔明〕梅鼎祚：《东汉文纪》，文渊阁四库全书本，上海：上海古籍出版社2003年。

［64］〔清〕郑方坤：《经稗》，文渊阁四库全书本，上海：上海古籍出版社2003年。

［65］〔清〕秦蕙田：《五礼通考》，文渊阁四库全书本，上海：上海古

籍出版社2003年。

［66］〔清〕焦袁熹：《此木轩四书说》，文渊阁四库全书本，上海：上海古籍出版社2003年。

［67］〔清〕李钟伦：《周礼纂训》，文渊阁四库全书本，上海：上海古籍出版社2003年。

［68］〔清〕倪涛：《六艺之一录》，文渊阁四库全书本，上海：上海古籍出版社2003年。

［69］〔清〕江永：《乡党图考》，文渊阁四库全书本，上海：上海古籍出版社2003年。

［70］〔清〕毛奇龄：《经问》，文渊阁四库全书本，上海：上海古籍出版社2003年。

［71］〔汉〕刘向：《古列女传》，文渊阁四库全书本，上海：上海古籍出版社2003年。

［72］黎翔凤：《管子校注》，北京：中华书局2004年。

［73］〔清〕顾炎武著，黄汝成集释：《日知录集释》，上海：上海古籍出版社2006年。

［74］〔汉〕郑玄注，〔唐〕贾公彦疏：《仪礼注疏》，上海：上海古籍出版社2008年。

［75］〔唐〕李隆基注，〔宋〕邢昺疏：《孝经注疏》，上海：上海古籍出版社2009年。

［76］〔梁〕僧祐编撰，刘立夫、胡勇译注：《弘明集》，北京：中华书局2011年。

［77］〔明〕王阳明撰，邓艾民注：《传习录注疏》，上海：上海古籍出版社2012年。

［78］〔明〕袁黄：《袁了凡先生家庭四训》，台北：台湾财团法人佛陀教育基金会印行本。

［79］秦望龙编著：《清言小品菁华》，兰州：甘肃人民出版社2013年。

［80］〔汉〕刘安著，〔汉〕许慎注，陈广忠校点：《淮南子》，上海：上海古籍出版社2016年。

二、中文著作与译著

［1］林语堂：《中国文化精神》，上海：国风书店1941年。

［2］冯友兰：《新事论》，上海：商务印书馆1947年。

［3］李宗侗：《中国古代社会史》，台北：中华出版事业委员会1954年。

［4］〔法〕拉法格（Paul Lafargue）：《思想起源论》，王子野译，上海：上海三联书店1963年。

［5］吴晗：《学习集》，北京：北京出版社1963年。

［6］〔法〕沙利·安什林：《宗教的起源》，杨永等译，北京：生活·读书·新知三联书店1964年。

［7］郭沫若：《殷契粹编》，北京：科学出版社1965年。

［8］中国科学院考古研究所编：《甲骨文编》，北京：中华书局1965年。

［9］李孝定：《甲骨文字集释》第六，"中央研究院"历史语言研究所专刊之五十，1965年。

［10］陈国钧：《台湾土著社会婚丧制度》，台北：东方文化供应社1970年。

［11］中国社会科学院考古研究所、河北省文物管理处编：《满城汉墓发掘报告》，北京：文物出版社1980年。

［12］山东省博物馆、山东省文物考古研究所：《山东汉画像石选集》，济南：齐鲁书社1982年。

［13］〔日〕白川静：《中国古代文化》，〔日〕加地伸行、范月娇译，台北：文津出版社1983年。

［14］张光直：《中国青铜时代》，北京：生活·读书·新知三联书店1983年。

［15］刘志远、全德章、刘文杰：《四川汉代画像砖与汉代社会》，北京：文物出版社1983年。

［16］容庚编著：《金文编》，北京：中华书局1985年。

［17］李威熊：《中国文化精神的探索》，台北：黎明文化事业股份有限公司1985年。

［18］南阳汉代画象石编辑委员会：《南阳汉代画像石》，北京：文物出版社1985年。

［19］张光直：《考古学专题六讲》，北京：文物出版社1986年。

［20］〔英〕马林诺夫斯基（Malinowski）：《巫术科学宗教与神话》，李安宅译，北京：中国民间文艺出版社1986年。

［21］朱锡禄：《武氏祠汉画像石》，济南：山东美术出版社1986年。

［22］刘兴隆：《甲骨文集句简释》，郑州：中州古籍出版社1986年。

［23］余英时：《中国近世宗教伦理与商人精神》，台北：联经出版事业有限公司1987年。

［24］叶舒宪：《神话——原型批评》，西安：陕西师范大学出版社

1987年。

［25］ 葛兆光：《道教与中国文化》，上海：上海人民出版社1987年。

［26］ 〔日〕白川静：《中国古代民俗》，何乃英译，西安：陕西人民美术出版社1988年。

［27］ 陈梦家：《殷墟卜辞综述》，北京：中华书局1988年。

［28］ 周汛、高春明：《中国历代妇女妆饰》，上海：学林出版社1988年。

［29］ 吴大吉：《宗教学通论》，北京：中国社会科学出版社1989年。

［30］ 林世敏：《佛教的精神与特色》，香港：香港佛学书局1989年。

［31］ 张光直、李光谟编：《李济考古学论文选集》，北京：文物出版社1990年。

［32］ 赵国华：《生殖崇拜文化论》，北京：中国社会科学出版社1990年。

［33］ 张光直：《中国青铜时代》（二集），北京：生活·读书·新知三联书店1990年。

［34］ 〔日〕汤浅泰雄：《灵肉探微——神秘的东方身心观》，马超等译，北京：中国友谊出版社1990年。

［35］ 傅道彬：《中国生殖崇拜文化论》，武汉：湖北人民出版社1990年。

［36］ 孙机：《汉代物质文化资料图说》，北京：文物出版社1991年。

［37］ 林惠祥：《文化人类学》，北京：商务印书馆1991年。

［38］ 〔美〕爱德华·霍尔：《无声的语言》，刘建荣译，上海：上海人民出版社1991年。

［39］ 瞿兑之：《汉代风俗制度史》，上海：上海文艺出版社1991年。

［40］ 苏莹辉：《从不同质地的人物像论华夏先民跪坐姿态》，《台湾艺术文物讨论会论文集（器物）》上、下，台北：台北故宫博物院1992年。

［41］ 〔英〕布莱恩·莫里斯：《宗教人类学》，周国黎译，北京：今日中国出版社1992年。

［42］ 朱锡禄：《嘉祥汉画像石》，济南：山东美术出版社1992年。

［43］ 杨儒宾：《中国古代思想中的气论与身体观》，台北：巨流图书公司1993年。

［44］ 户晓辉：《岩画与生殖巫术》，乌鲁木齐：新疆美术摄影出版社1993年。

［45］ 蔡璧名：《身体与自然——以〈黄帝内经素问〉为中心论古代思想传统中的身体观》，台北：台湾大学出版社1995年。

［46］ 史宗主编：《20世纪西方宗教人类学文选》，金泽等译，上海：上海三联书店1995年。

［47］ 张岩：《图腾制与原始文明》，上海：上海文艺出版社1995年。

［48］ 姜生：《汉魏两晋南北朝道教伦理论稿》，成都：四川大学出版社1995年。

［49］ 姜生：《宗教与人类自我控制：中国道教伦理研究》，成都：巴蜀书社1996年。

［50］ 何新：《诸神的起源——中国远古太阳神崇拜》，北京：光明日报出版社1996年。

［51］ 陈来：《古代宗教与伦理——儒家思想的根源》，北京：生活·读书·新知三联书店1996年。

［52］ 顾朴光：《中国面具史》，贵阳：贵州民族出版社1996年。

［53］ 冯友兰：《中国哲学简史》，涂又光译，北京：北京大学出版社1996年。

［54］ 王炜民：《中国古代礼俗》，北京：商务印书馆1997年。

［55］ 〔德〕诺贝特·埃利亚斯（Norbert Elias）：《文明的进程：文明的社会起源和心理起源的研究》，王佩莉译，北京：生活·读书·新知三联书店1998年。

［56］ 〔法〕让·塞尔韦耶（Jean Servier）：《巫术》，管震湖译，北京：商务印书馆1998年。

［57］ 〔美〕斯特拉桑：《身体思想》，王业伟、赵国新译，沈阳：春风文艺出版社1999年。

［58］ 〔法〕米歇尔·福柯：《规训与惩罚：监狱的诞生》，刘北成、杨远婴译，北京：生活·读书·新知三联书店1999年。

［59］ 胡厚宣：《甲骨文合集释文》，北京：中国社会科学出版社1999年。

［60］ 四川省文物考古研究所编：《三星堆祭祀坑》，北京：文物出版社1999年。

［61］ 姜生：《明清道教伦理及其历史流变》，成都：四川人民出版社1999年。

［62］ 牟钟鉴：《走近中国精神》，北京：华文出版社1999年。

［63］ 〔英〕布莱恩·特纳：《身体与社会》，马海良等译，沈阳：春风

文艺出版社2000年。

［64］ 郭于华：《仪式与社会变迁》，北京：中国社会科学文献出版社 2000年。

［65］ 王晖：《商周文化比较研究》，北京：人民出版社2000年。

［66］〔法〕安娜·塞德尔：《西方道教研究史》，蒋见元、刘凌译，上 海：上海古籍出版社2000年。

［67］〔日〕白川静通释：《金文通释选译》，曹兆兰选译，武汉：武汉 大学出版社2000年。

［68］ 陈德安：《三星堆——古蜀王国的圣地》，成都：四川人民出版社 2000年。

［69］ 中国画像石全集编辑委员会编：《中国画像石全集》，济南：山东 美术出版社，郑州：河南美术出版社2000年。

［70］ 李淞：《论汉代艺术中的西王母图像》，长沙：湖南教育出版社 2000年。

［71］ 信立祥：《汉代画像石综合研究》，北京：文物出版社2000年。

［72］ 邵汉明：《中国文化精神》，北京：商务印书馆2000年。

［73］ 李贵龙、王建勤：《绥德汉代画像石》，西安：陕西人民美术出版 社2001年。

［74］ 金泽：《宗教人类学导论》，北京：宗教文化出版社2001年。

［75］〔英〕詹·弗雷泽著，刘魁立编：《金枝精要——巫术与宗教之研 究》，上海：上海文艺出版社2001年。

［76］ 居阅时、瞿明安：《中国象征文化》，上海：上海人民出版社 2001年。

［77］ 王国维：《观堂集林》，石家庄：河北教育出版社2001年。

［78］ 林河：《中国巫傩史》，广州：花城出版社2001年。

［79］ 林安梧：《中国宗教与意义治疗》，台北：明文书局2001年。

［80］ 成都市文物考古研究所、北京大学考古文博院：《金沙淘珍——成 都市金沙村遗址出土文物》，北京：文物出版社2002年。

［81］ 王晓华：《个体哲学》，上海：上海三联书店2002年。

［82］ 陈兆复：《古代岩画》，北京：文物出版社2002年。

［83］ 沈从文：《中国古代服饰研究》，太原：北岳文艺出版社2002年。

［84］〔美〕赫伯特·芬格莱特：《孔子：即凡而圣》，彭国翔、张华译， 南京：江苏人民出版社2002年。

［85］ 姜生、汤伟侠：《中国道教科学技术史》（汉魏两晋卷），北京：

科学出版社2002年。

[86] 汪民安：《后身体：文化、权力和生命政治学》，长春：吉林人民出版社2003年。

[87] 〔法〕马赛尔·毛斯（Marcel Mauss）：《社会学与人类学》，佘碧平译，上海：上海译文出版社2003年。

[88] 黄剑华：《古蜀金沙——金沙遗址古蜀文明探析》，成都：巴蜀书社2003年。

[89] 余云华：《拱手、鞠躬、跪拜》，成都：四川人民出版社2003年。

[90] 刘晓春：《仪式与象征的秩序——一个客家村落的历史、权力与记忆》，北京：商务印书馆2003年。

[91] 华人德：《中国历代人物图像集》，上海：上海古籍出版社2004年。

[92] 彭林：《中国古代礼仪文明》，北京：中华书局2004年。

[93] 〔法〕茨维坦·托多罗夫（Tzvetan Todorov）：《象征理论》，王国卿译，北京：商务印书馆2004年。

[94] 〔英〕菲奥纳·鲍伊：《宗教人类学导论》，金泽译，北京：中国人民大学出版社2004年。

[95] 李亦园：《宗教与神话》，桂林：广西师范大学出版社2004年。

[96] 黄现璠：《古书解读初探》，桂林：广西师范大学出版社2004年。

[97] 成都文物考古研究所编著：《走进古蜀都邑金沙村——考古工作者手记》，成都：四川文艺出版社2004年。

[98] 杨爱国：《山东汉画像石》，济南：山东文艺出版社2004年。

[99] 〔美〕简·盖洛普（Jane Gallop）：《通过身体思考》，杨利馨译，南京：江苏人民出版社2005年。

[100] 石奕龙：《中国民俗通志·丧葬志》，济南：山东教育出版社2005年。

[101] 朱存明：《汉画像的象征世界》，北京：人民文学出版社2005年。

[102] 李安宅：《〈仪礼〉与〈礼记〉之社会学的研究》，上海：上海人民出版社2005年。

[103] 〔德〕鲁道夫·奥伊肯：《生活的意义与价值》，万以译，上海：上海译文出版社2005年。

[104] 葛红兵、宋耕：《身体政治》，上海：上海三联书店2005年。

[105] 胡新生：《中国古代巫术》，济南：山东人民出版社2005年。

[106] 瞿明安、郑萍：《沟通人神——中国祭祀文化象征》，成都：四

川人民出版社2005年。

[107] 孟建、〔德〕Stefan Friedrich：《图像时代：视觉文化传播的理论诠释》，上海：复旦大学出版社2005年。

[108] 梁漱溟：《梁漱溟全集》，济南：山东人民出版社2005年。

[109] 〔美〕韦思谛编：《中国大众宗教》，陈仲丹译，南京：江苏人民出版社2006年。

[110] 成都文物考古研究所：《金沙考古发现——走进古蜀都邑金沙村》，成都：四川文艺出版社2006年。

[111] 〔英〕维克多·特纳：《象征之林：恩登布人仪式散论》，赵玉燕、欧阳敏、徐洪峰译，北京：商务印书馆2006年。

[112] 〔美〕巫鸿：《武梁祠——中国古代画像艺术的思想性》，柳扬、岑河译，北京：生活·读书·新知三联书店2006年。

[113] 王霄冰、迪木拉提·奥迈尔主编：《文字、仪式与文化记忆》，北京：民族出版社2007年。

[114] 彭兆荣：《人类学仪式的理论与实践》，北京：民族出版社2007年。

[115] 杨大春：《语言 身体 他者——当代法国哲学的三大主题》，北京：生活·读书·新知三联书店2007年。

[116] 〔美〕明恩溥：《中国人的气质》，刘文飞、刘晓旸译，上海：上海三联书店2007年。

[117] 杨泓：《逝去的风韵：杨泓谈文物》，北京：中华书局2007年。

[118] 张艳艳：《先秦儒道身体观与其美学意义考察》，上海：上海古籍出版社2007年。

[119] 王平、顾彬：《甲骨文与殷商人祭》，郑州：大象出版社2007年。

[120] 王霄冰：《仪式与信仰：当代文化人类学新视野》，北京：民族出版社2008年。

[121] 甘怀真：《皇权、礼仪与经典诠释：中国古代政治史研究》，上海：华东师范大学出版社2008年。

[122] 〔美〕克利福德·格尔茨：《文化的解释》，韩莉译，南京：译林出版社，2008年。

[123] 〔英〕彼得·伯克：《图像证史》，杨豫译，北京：北京大学出版社2008年。

[124] 蒲慕洲：《墓葬与生死：中国古代宗教之省思》，北京：中华书局2008年。

[125] 肖学周：《中国人的身体观念》，兰州：敦煌文艺出版社2008年。

[126] 鲍江：《象征的来历》，北京：民族出版社2008年。

[127] 赵轶峰：《明代的变迁》，上海：上海三联书店2008年。

[128] 〔美〕本杰明·史华兹：《古代中国的思想世界》，程钢译，南京：江苏人民出版社2008年。

[129] 牟钟鉴：《探索宗教》，北京：宗教文化出版社2008年。

[130] 释昌莲：《佛说盂兰盆经与佛教孝慈之道》，北京：宗教文化出版社2008年。

[131] 吾淳：《中国社会的宗教传统：巫术与伦理的对立和共存》，上海：上海三联书店2009年。

[132] 澹台卓尔：《椅子"改变"中国》，北京：中国国际广播出版社2009年。

[133] 〔罗马尼亚〕米尔恰·伊利亚德（Mircea Eliade）：《神圣与世俗》，王建光译，北京：华夏出版社2009年。

[134] 姜修尚：《甲骨文书法常用字汇编》，重庆：重庆大学出版社2009年。

[135] 〔日〕林巳奈夫：《神与兽的纹样学——中国古代诸神》，常耀华等译，北京：生活·读书·新知三联书店2009年。

[136] 赵旭东：《文化的表达：人类学的视野》，北京：中国人民大学出版社2009年。

[137] 刘凤君：《考古中的雕塑艺术》，济南：山东画报出版社2009年。

[138] 刘清河、李锐：《先秦礼乐》，北京：北京师范大学出版社2009年。

[139] 华梅、赵静：《服饰与信仰》，北京：中国时代经济出版社2010年。

[140] 〔美〕戴维·英格利斯：《文化与日常生活》，张秋月、周雷亚译，北京：中央编译出版社2010年。

[141] 〔法〕阿诺尔德·范热内普：《过渡礼仪》，张举文译，北京：商务印书馆2010年。

[142] 〔日〕吉川忠夫：《六朝精神史研究》，王启发译，南京：江苏人民出版社2010年。

[143] 〔德〕鲍吾刚：《中国人的幸福观》，严蓓雯等译，南京：江苏人民出版社2010年。

[144] 钱穆：《中国文化史导论》，北京：九州出版社2011年。

[145] 丁山：《中国古代宗教与神话考》，上海：上海书店出版社2011年。

［146］〔法〕爱弥尔·涂尔干（Emile Durkheim）：《宗教生活的基本形式》，渠东、汲哲译，北京：商务印书馆2011年。

［147］朱存明：《汉画像之美：汉画像与中国传统审美观念研究》，北京：商务印书馆2011年。

［148］汪小洋：《汉墓壁画宗教思想研究》，上海：上海古籍出版社2011年。

［149］张岱年：《中国文化精神》，北京大学出版社2015年。

［150］李明军：《天人合一与中国文化精神》，济南：山东人民出版社2015年。

［151］骆明：《历代孝行类编（兴孝篇）》，北京：光明日报出版社2016年。

［152］姜生：《汉帝国的遗产：汉鬼考》，北京：科学出版社2016年。

［153］楼宇烈：《中国文化的根本精神》，北京：中华书局2016年。

［154］牟钟鉴：《中国文化的当下精神》，北京：中华书局2016年。

［155］钱穆：《中国文化精神》，北京：九州出版社2017年。

［156］牟钟鉴：《儒道佛三教关系简明通史》，北京：人民出版社2018年。

［157］郭齐勇：《中国文化精神的特质》，北京：生活·读书·新知三联书店2018年。

［158］许倬云：《中国文化的精神》，北京：九州出版社2018年。

三、考古报告与论文资料

［1］吴虞：《家族制度为专制主义之根据论》，《新青年》1917年第2卷第6号。

［2］瞿兑之：《释巫》，《燕京学报》1930年第7期。

［3］陈梦家：《商代的神话与巫术》，《燕京学报》1936年第20期。

［4］于豪亮：《"钱树""钱树座"和鱼龙漫衍之戏》，《文物》1961年第11期。

［5］冯汉骥：《四川的画像砖墓与画像砖》，《文物》1961年第11期。

［6］陈明达：《汉代的石阙》，《文物》1961年第12期。

［7］谭戒甫：《论"若"字的本义及其演变》，《武汉大学学报（人文科学版）》1957年第1期。

［8］李裕民：《殷周金文中的"孝"和孔丘"孝道"的反动本质》，《考古学报》1974年第2期。

［9］ 三台县文化馆：《四川三台县发现东汉墓》，《考古》1976年第6期。

［10］ 中国社会科学院考古研究所安阳工作队：《安阳殷墟五号墓的发掘》，《考古学报》1977年第2期。

［11］ 甘肃省博物馆文物队：《甘肃灵台白草坡西周墓》，《考古学报》1977年第2期。

［12］ 开封地区文管会等：《河南省新郑县唐户两周墓葬发掘简报》，《文物资料丛刊》（二），北京：文物出版社1978年。

［13］ 四川省博物馆、郫县文化馆：《四川郫县东汉砖墓的石棺画象》，《考古》1979年第6期。

［14］ 嘉祥县武氏祠文管所：《山东嘉祥宋山发现汉画像石》，《文物》1979年第9期。

［15］ 王升魁：《"椅"字考源》，《福建师大学报（哲学社会科学版）》1981年第2期。

［16］ 南京博物院：《徐州青山泉白集东汉画象石墓》，《考古》1981年第2期。

［17］ 金沙、前宜、保生：《四川宜宾出土西王母陶俑》，《文物》1981年第9期。

［18］ 易水：《漫话胡床——家具谈往之三》，《文物》1982年第10期。

［19］ 徐州市博物馆、沛县文化馆：《江苏沛县栖山汉画像石墓清理简报》，《考古学集刊》第二集，北京：中国社会科学出版社1982年。

［20］ 夏鼐：《商代玉器的分类、定名和用途》，《考古》1983年第5期。

［21］ 蒋英炬：《汉代的小祠堂——嘉祥宋山汉画像石的建筑复原》，《考古》1983年第8期。

［22］ 扬州市博物馆：《扬州邗江县杨庙唐墓》，《考古》1983年第9期。

［23］ 广西壮族自治区文物工作队：《广西贵县风流岭三十一号西汉墓清理简报》，《考古》1984年第1期。

［24］ 徐鹏章：《我市方池街发现古文化遗址》，《成都文物》1984年第2期。

［25］ 扬州博物馆：《江苏邗江发现两座南朝画像砖墓》，《考古》1984年第3期。

［26］ 郑振香、陈志达：《妇好墓部分成套铜器铭文之探讨》，《考古》1985年第10期。

［27］ 季羡林：《原始社会风俗残余》，《世界历史》1985年第10期。

［28］ 昭通地区文物管理所：《云南昭通市鸡窝院子汉墓》，《考古》

1986年第11期。

［29］ 刘世旭：《四川西昌高草出土汉代"摇钱树"残片》，《考古》1987年第3期。

［30］ 赖永海：《禅宗前后期思想比较研究》，《中国社会科学院研究生院学报》1987年第5期。

［31］ 沈仲常：《三星堆二号祭祀坑青铜立人像初记》，《文物》1987年第10期。

［32］ 四川省文物管理委员会等：《广汉三星堆遗址一号祭祀坑发掘简报》，《文物》1987年第10期。

［33］ 李学勤：《试论虎食人卣》，《南方民族考古》第一辑，成都：四川大学出版社1987年。

［34］ 赵国华：《生殖崇拜文化略论》，《中国社会科学》1988年第1期。

［35］ 中国社会科学院考古研究所甘肃工作队：《甘肃天水西山坪秦汉墓发掘纪要》，《考古》1988年第5期。

［36］ 四川省文物管理委员会等：《广汉三星堆遗址二号祭祀坑发掘简报》，《文物》1989年第5期。

［37］ 晁福林：《论殷代神权》，《中国社会科学》1990年第1期。

［38］ 陈黎清：《峨眉山市的巴蜀文化遗物》，《四川文物》1990年第6期。

［39］ 黄正建：《唐代的椅子与绳床》，《文物》1990年第7期。

［40］ 陈显丹：《广汉三星堆遗址发掘概况、初步分期——兼论"早蜀文化"的特征及其发展》，《南方民族考古》第二辑，成都：四川科学技术出版社1990年。

［41］ 赵殿增：《"天门"考——兼论四川汉画像砖（石）的组合与主题》，《四川文物》1990年第6期。

［42］ 四川乐山市文管所：《四川乐山市中区大湾嘴崖墓清理简报》，《考古》1991年第1期。

［43］ 何志国：《四川绵阳何家山2号东汉崖墓清理简报》，《文物》1991年第3期。

［44］ 牛克诚：《生殖巫术与生殖崇拜——阴山岩画解读》，《文艺研究》1991年第3期。

［45］ 陈浩、徐慕玲、张弘、蒋锦昌：《地震前虎皮鹦鹉叫声的模式识别》，《地震研究》1991年第4期。

［46］ 徐良高：《商周青铜器"人兽母题"纹饰考释》，《考古》1991年

第5期。

［47］〔法〕J.勒高夫：《新历史》，《新史学》1992年第2期。

［48］山西省考古研究所等：《山西离石马茂庄东汉画像石墓》，《文物》1992年第4期。

［49］徐朝龙：《三星堆"祭祀坑说"唱异——兼谈鱼凫和杜宇之关系》，《四川文物》1992年第5期。

［50］查昌国：《西周"孝"义试探》，《中国史研究》1993年第2期。

［51］孙华：《关于三星堆器物坑若干问题的辩证》，《四川文物》1993年第4期。

［52］孙华：《关于三星堆器物坑若干问题的辩证（续）》，《四川文物》1993年第5期。

［53］北京大学考古学系、山西省考古研究所：《天马——曲村遗址北赵晋侯墓地第二次发掘》，《文物》1994年第1期。

［54］李安民：《广汉三星堆一号、二号祭祀坑所反映的祭祀内容、祭祀习俗研究》，《四川文物》1994年第4期。

［55］朱大渭：《中古汉人由跪坐到垂脚高坐》，《中国史研究》1994年第4期。

［56］洛阳市第二文物工作队：《洛阳苗南新村528号汉墓发掘简报》，《文物》1994年第7期。

［57］山西省考古研究所、北京大学考古学系：《天马——曲村遗址北赵晋侯墓地第四次发掘》，《文物》1994年第8期。

［58］户晓辉：《岩画生殖图象的深层研究》，《喀什师范学院学报》1995年第1期。

［59］宋兆麟：《中国史前的女神信仰》，《中国历史博物馆馆刊》1995年第1期。

［60］北京大学考古学系、山西省考古研究所：《天马——曲村遗址北赵晋侯墓地第五次发掘》，《文物》1995年第7期。

［61］洛阳市文物工作队：《洛阳孟津北陈村北魏壁画墓》，《文物》1995年第8期。

［62］叶舒宪：《孝与中国文化的精神分析》，《文艺研究》1996年第1期。

［63］姜生：《论道教伦理对儒家伦理的弥补功能》，《宗教学研究》1996年第1期。

［64］姜生：《再论道教伦理对儒家伦理的弥补功能》，《宗教学研究》

1996年第2期。

［65］ 胡德生：《古代的椅和凳》，《故宫博物院院刊》1996年第3期。

［66］ 晁福林：《商代的巫与巫术》，《学术月刊》1996年第10期。

［67］ 湖南省文物考古研究所：《湖南澧县梦溪八十垱新石器时代早期遗址发掘简报》，《文物》1996年第12期。

［68］ 姜生：《汉阙考》，《中山大学学报（社会科学版）》1997年第1期。

［69］ 姜生：《三论道教伦理对儒家伦理的弥补功能》，《宗教学研究》1997年第1期。

［70］ 姜生：《四论道教伦理对儒家伦理的弥补功能》，《宗教学研究》1997年第2期。

［71］ 〔美〕简·詹姆斯：《汉代西王母的图像志研究》，贺西林译，《美术研究》1997年第2期。

［72］ 〔美〕简·詹姆斯：《汉代西王母的图像志研究（下）》，贺西林译，《美术研究》1997年第3期。

［73］ 肖群忠：《论"百善孝为先"——孝在传统伦理文化中的地位及其与诸德之关系》，《甘肃社会科学》1997年第3期。

［74］ 曹砚农：《中国古代坐法与礼仪文化》，《湖南师范大学社会科学学报》1997年第4期。

［75］ 沙宪如：《中国古代礼敬仪节辨释》，《辽宁师范大学学报（社会科学版）》1997年第6期。

［76］ 谢崇安：《人兽母题与神权政治——先秦艺术与中国文明起源研究之二》，《广西民族学院学报（哲学社会科学版）》1998年第3期。

［77］ 微山县文物管理所：《山东微山县汉画像石墓的清理》，《考古》1998年第3期。

［78］ 张岱年：《儒学与儒教》，《文史哲》1998年第3期。

［79］ 季羡林：《儒学？儒教？》，《文史哲》1998年第3期。

［80］ 蔡尚思：《儒学非宗教而起了宗教的作用》，《文史哲》1998年第3期。

［81］ 郭齐勇：《儒学：入世的人文的又具有宗教品格的精神形态》，《文史哲》1998年第3期。

［82］ 张立文：《关于儒学是"学"还是"教"的思考》，《文史哲》1998年第3期。

［83］ 李申：《教化之教就是宗教之教》，《文史哲》1998年第3期。

[84] 黄能馥:《龙袍探源》,《故宫博物院院刊》1998年第4期。

[85] 甘怀真:《中国的传统礼仪与现代社会》, 1998年12月12日两岸青年学者论坛：人文与中华文化学术研讨会论文。

[86] 中国社会科学院考古研究所广西工作队等:《广西邕宁县顶蛳山遗址的发掘》,《考古》1998年第11期。

[87] 郑岩:《墓主画像研究》, 山东大学考古学系编《刘敦愿先生纪念文集》, 济南：山东大学出版社1998年。

[88] 王占奎:《"王若曰"不当解作"王如此说"》,《周秦文化研究》, 西安：陕西人民出版社1998年。

[89] 张维慎、梁彦民:《两件唐代跪拜俑拜仪考》,《考古与文物》1999年第1期。

[90] 王开玺:《马戛尔尼跪谒乾隆帝考析》,《历史档案》1999年第2期。

[91] 成都市文物考古工作队、青白江区文物管理所:《成都市青白江区跃进村汉墓发掘简报》,《文物》1999年第8期。

[92] 汪少华:《古人的坐姿与座次》,《南昌大学学报》1999年第9期。

[93] 潘守永、雷虹霁:《"九屈神人"及良渚古玉纹饰》,《民族艺术》2000年第1期。

[94] 李淞:《汉代龙虎图象的含义》,《西北美术》2000年第1期。

[95] 赖永海:《近现代"人生佛教"与儒家的"人本"哲学》,《江苏社会科学》2000年第3期。

[96] 段渝:《商代中国黄金制品的南北系统》, 2000年7月殷商文明暨纪念三星堆遗址发现70周年国际学术讨论会论文。

[97] 刘锡涛:《南北朝时期中原地区的生活胡风现象》,《新疆大学学报(哲学社会科学版)》2001年第1期。

[98] 王开玺:《天朝中心论与跪拜礼仪》,《河北学刊》2001年第1期。

[99] 颜春峰:《稽首、顿首、稽颡考辨》,《杭州师范学院学报(人文社会科学版)》2001年第2期。

[100] 林安梧:《从"以心控身"到"身心一如"——以王夫之哲学为核心兼及于程朱、陆王的讨论》,《国文学报》2001年第30期。

[101] 高启安:《从莫高窟壁画看唐代敦煌人的坐具和饮食坐姿(上、下)》,《敦煌研究》2001年第3、4期。

[102] 赵殿增、袁曙光:《从神树到钱树——兼谈"树崇拜"观念的发展与演变》,《四川文物》2001年第3期。

［103］ 辛怡华：《试释金文中的"王若曰"》，《华夏文化》2002年第4期。

［104］ 林安梧：《儒释道心性道德思想与意义治疗》，《道德与文明》2002年第5期。

［105］ 曾振宇：《儒家孝论的发生及其变异》，《文史哲》2002年第6期。

［106］ 张维慎：《试论唐代女子拜礼的拜仪及其适用场合》，《陕西师范大学学报（哲学社会科学版）》2002年第6期。

［107］ 曾维华：《论胡床及其对中原地区的影响》，《学术月刊》2002年第7期。

［108］ 余新忠：《对中国疾病、医疗史探索的过去、现实与可能》，《历史研究》2003年第4期。

［109］ 张肖马：《三星堆方国的巫——青铜立人像与跪坐人像研究》，《四川文物》2003年第5期。

［110］ 甘怀真：《中国古代君臣间的敬礼及其经典诠释》，《台大历史学报》2003年第6期。

［111］ 王震中：《试论商代"虎食人卣"类铜器题材的含义》，中国文物学会等编《商承祚教授百年诞辰纪念文集》，北京：文物出版社2003年。

［112］ 暨远志：《绳床及相关问题考——敦煌壁画家具研究之一》，《考古与文物》2004年第2期。

［113］ 王开玺：《试论中国跪拜礼仪的废除》，《史学集刊》2004年第2期。

［114］ 孙亚樵、胡昌钰：《从三星堆文化看古蜀人的原始宗教观》，《中华文化论坛》2004年第2期。

［115］ 暨远志：《金狮床考——敦煌壁画家具研究之二》，《考古与文物》2004年第3期。

［116］ 秦永洲：《魏晋南北朝社会风气变异中的新文化因素》，《山东师范大学学报（人文社会科学版）》2004年第5期。

［117］ 黄佩贤：《汉代流行的四灵图像始见于新石器时代？——河南濮阳西水坡及湖北随县曾侯乙墓出土龙虎图像再议》，朱青生编《中国汉画学会第九届年会论文集》，北京：中国社会出版社2004年。

［118］ 蒋英炬：《汉代画像"楼阁拜谒图"中的大树方位与诸图像意

义》，《艺术史研究》第6辑，广州：中山大学出版社2004年。

[119] 盛磊：《四川"半开门中探身人物"题材初步研究》，《中国汉画学会第九届年会论文集》，北京：中国社会出版社2004年。

[120] 施劲松：《三星堆器物坑的再审视》，《考古学报》2004年第2期。

[121] 牛军凯：《三跪九叩与五拜三叩：清朝与安南的礼仪之争》，《南洋问题研究》2005年第1期。

[122] 李静：《从跪拜到鞠躬——清代中外交往的礼仪冲突》，《文史杂志》2005年第1期。

[123] 刘金柱、田丽娟：《坐姿变化与中国人身心的解放——以宋人笔记为核心》，《河北大学学报（哲学社会科学版）》2005年第4期。

[124] 〔美〕霍勒斯·米尔纳：《那茨热马人的身体仪式》，郑文编译，《民族论坛》2005年第4期。

[125] 杨森：《敦煌壁画中的胡床家具》，《敦煌研究》2005年第5期。

[126] 邓立光：《从〈孝经〉说中国传统文化的精神》，《中国文化研究》2006年第1期。

[127] 邓立光：《复兴中国传统文化的理论模型——"文化三层论"》，《孔子研究》2006年第3期。

[128] 赵殿增：《骑虎铜人像与玉琮线刻人像——兼谈三星堆、金沙与良渚文化的关系》，《中华文化论坛》2006年第3期。

[129] 〔美〕安乐哲：《古典中国哲学中身体的意义》，《世界哲学》2006年第5期。

[130] 邵立：《东汉画像石的配置结构与意义——以宋山小祠堂和武梁祠为例》，《艺术百家》2006年第5期。

[131] 林安梧：《儒教的正当性无须讨论》，《社会科学报》2006年2月23日第6版。

[132] 张擎：《金沙遗址出土的两件文物介绍》，《南方文物》2007年第2期。

[133] 杨爱国：《祠主受祭图再检讨》，《文艺研究》2007年第2期。

[134] 连邵名：《商代岁祭考》，《考古学报》2007年第2期。

[135] 黄文新：《先秦马车乘坐方式与乘员》，《江汉考古》2007年第3期。

[136] 王开玺：《清代的外交礼仪之争与文化传统》，《北京师范大学学

报（社会科学版）》2008年第2期。

[137] 郑先兴：《汉画西王母配神图像"龙虎座"的原型分析》，《河南科技大学学报（社会科学版）》2008年第4期。

[138] 张应峰：《说"拜"》，《寻根》2008年第5期。

[139] 姜生：《蜀字源于瞀瞵考》，《山东大学学报（哲学社会科学版）》2008年第6期。

[140] 姜生：《三星堆为商灭蜀仪式说》，《东岳论丛》2008年第6期。

[141] 张素凤、卜师霞：《也谈"妇好墓"》，《中原文物》2009年第2期。

[142] 何志国：《摇钱树研究述评》，《四川文物》2009年第4期。

[143] 李永毅、李永刚：《死亡盛宴：古罗马竞技庆典与帝国秩序》，《南京大学学报（哲学·人文科学·社会科学版）》2009年第5期。

[144] 孙华：《三星堆"铜神坛"的复原》，《文物》2010年第1期。

[145] 刘辉：《沛县栖山石椁墓中的"西王母"画像管见》，《四川文物》2010年第1期。

[146] 张朋川：《虎人铜卣及相关虎人图像解析》，《艺术百家》2010年第3期。

[147] 鲁伯祥、魏跃明：《佛学和商道》，《北方牧业》2010年第4期。

[148] 刘春声：《华胜——西王母的化身》，《收藏》2010年第8期。

[149] 施劲松：《金沙遗址出土石人像身份辨析》，《文物》2010年第9期。

[150] 黄宝富、张勇：《戏曲电影的身体仪式》，《当代电影》2011年第1期。

[151] 连邵名：《商代的拜祭与御祭》，《考古学报》2011年第1期。

[152] 姜生：《汉画孔子见老子与汉代道教仪式》，《文史哲》2011年第2期。

[153] 施劲松：《金沙遗址祭祀区出土遗物研究》，《考古学报》2011年第2期。

[154] 胡新生：《周代拜礼的演进》，《文史哲》2011年第3期。

[155] 〔美〕理查德·舒斯特曼：《身体美学：理论与实践的结合》，李科林译，《光明日报》2011年10月11日第11版。

[156] 石红艳、牛天伟：《关于西王母与女墓主形象的辨识问题——与刘辉商榷》，《四川文物》2011年第5期。

［157］ 朱岚：《传统孝道的宗教意蕴及现代孝道的重建》，《西北师大学报（社会科学版）》2014年第3期。

［158］ 陈丛兰：《〈礼记〉的居住方式与孝道观探赜》，《西北师大学报（社会科学版）》2014年第3期。

［159］ 周伟：《祠堂是国人灵魂的栖息地》，《人民日报》2016年9月5日第24版。

［160］ 晁福林：《卜辞所见商代祭尸礼浅探》，《考古学报》2016年第3期。

［161］ 陈志远：《晋宋之际的王权与僧权——以沙门不敬王者之争为中心》，《中国社会科学院历史研究所学刊》第十集，北京：商务印书馆2017年。

［162］ 赵殿增：《三星堆考古新发现与古蜀文明新认识》，《四川文物》2017年第1期。

［163］ 罗二虎：《川渝地区汉代画像砖墓研究》，《考古学报》2017年第3期。

［164］ 索德浩：《四川汉晋陶俑的初步研究》，《考古学报》2018年第1期。

［165］ 赵殿增：《三星堆祭祀形态探讨》，《四川文物》2018年第2期。

［166］ 何毓灵：《殷墟时期巫卜器具初探》，《考古学报》2018年第2期。

［167］ 曾志巩：《中国傩面具的凸目造型与太阳神崇拜——从三星堆青铜纵目像看中国傩面具的主要特征与文化内涵》，《民族艺术研究》2018年第3期。

［168］ 赵殿增：《三星堆神权古国研究》，《四川文物》2019年第1期。

［169］ 李厚治：《三星堆纵目面具与古蜀神灵崇拜》，《文教资料》2019年第30期。

［170］ 瞿骏：《陈独秀与"万恶孝为首"谣言考论》，《中共党史研究》2019年第4期。

［171］ 罗二虎、宋丹：《东汉画像崖墓研究》，《考古学报》2020年第4期。

［172］ 刘尊志：《汉代墓地祠堂研究》，《考古学报》2021年第1期。

［173］ 唐际根：《"祭祀坑"还是"灭国坑"：三星堆考古背后的观点博弈》，《美成在久》2021年第3期。

［174］ 杜尚泽、邝西曦、林小溪：《总书记心中的"国之大者"》，《人

民日报》2021年11月9日第1版。

［175］ 四川省文物考古研究院：《三星堆遗址四号祭祀坑出土铜扭头跪坐人像》，《四川文物》2021年第4期。

［176］ 段渝：《三星堆：神权文明的内涵》，《中国文化研究》2021年第4期。

［177］ 刘国勇：《巴蜀符号的巫文化解读与影响》，《民族学刊》2021年第5期。

［178］ 乔钢：《三星堆四号坑铜扭头跪坐人像功能与身份初识》，《中华文化论坛》2021年第6期。

四、外文著作与文章

［1］ Ernst H. Kantorowicz, *The King's Two Bodies*, Princeton: Princeton University Press, 1957.

［2］ Shigehisa Kuriyama, *The Expressiveness of the Body and the Divergence of Greek and Chinese Medicin*e, New York: Zone Books,1999.

［3］ Mary Douglas, *Natural Symbols*, London and New York: Routledge, 2003.

［4］ Nancy Shatzman Steinhardt, "The Tang Architectural Icon and the Politics of Chinese Architectural History", *The Art Bulletin*, Vol. 86, No. 2（Jun., 2004）, pp. 228-254.

后 记

本书稿是在我的博士论文基础上完成的。在将博士论文重新审视与修改的过程中，我又重新将十几年来的学术积累与零碎记忆捡拾起来，并加以反复咀嚼与品味。正如我在前言中所言，对中国传统信仰精神的思考由来已久，几乎伴随着我的硕士求学及其后的时光。几千年来，中华民族之所以能够长久不衰而且历久弥新，屹立于世界民族之林，此中一定有其独特的精神根基。覆盖全民族的信仰精神应该是最深层最根本的要素。本书所持的"孝是中国文化之根"或者"中国传统信仰精神"的论说在儒释道等多种信仰形态中可以找到相应的材料支撑，至于这个论说能不能够成为学界共识，也还有待于进一步的检视。真诚地希望得到学界的批评指正。

将信仰与仪式结合起来进行研究，是我自做博士论文以来所做的一个努力。仪式，是以身体为中心所形成的一系列外在的礼仪。仪式的背后一定有着深层的意义，而信仰则是其中最高层次的意义。

身体是世界之意义存在的基础。之所以如此，我想是身体本身的意义使然。中国传统身体在礼乐文化情境中成为表达与传承意义的仪式主体。身体无时无刻不处于象征仪式之中。身体与仪式遂成为我们研讨中国古代礼仪文化的两个重要视角。本书所做的坐姿仪式研究实际上是一种合二为一的努力。在研究过程中，我逐渐发现这是一个极为有意义的努力。在古人的生活中，身体既是起点又是终点，既是手段又是目标，既是意义开始的地方又是意义最后的归宿。可以说，在人的产生、存在、发展与意义获得过程中，身体始终是一切仪式活动的中心。身体仪式的实践及其深层的象征意义，使得古人的身心真正融合为一体，精神世界始终有所依托。这实为所有人类生活意义的所在。

当今中国在经济腾飞、物质生活日益富裕的同时，却面临着"人为何生存"以及"人如何生活"的问题，而这些问题归根结底是关乎人的意义的问题。许多人在寻找出路，有人主张重建文化传统，比如经典阅读、礼仪重建；也有人说"你怎样，你的国家就怎样"，提倡从个人修养做起。事实上，身体的塑造及其意义的寻求是所有努力的根本。传统身体的核心在于礼敬二字，所谓"礼，身之干也；敬，身之基也"（《左传·成公十三年》）。礼与敬内外兼顾、相辅相成。敬则为所有礼仪之基础，即孔子所说的"无敬不成礼"。要解决目前精神世界荒芜的问题，敬（包括尊敬、敬畏）、礼（仪式）的重建无疑是一个有效的途径。在此过程中，身体的身心融合应当是最基本最重要的要求。在严谨的充满敬畏感的仪式空间里，身体得以升华，心灵得以安顿，信仰得以传承。身体仪式既是身体的重新发现，又是精神信仰的重建途径，而所有的发现与重建都应当依赖于"仪式的正确执行"，无论是在远古还是现代。因此，我们今天的生活更需要仪式。仪式应当成为我们的一种生活方式，一种可以回答"人的意义"的方式，一种可以让我们的精神有所依托的方式。期待更多个人与社会的努力。

该书的有关章节曾发表于《东北师大学报（哲学社会科学版）》《中南大学学报（社会科学版）》《古代文明》《宗教学研究》《济南大学学报（社会科学版）》等刊物，在此次出版中均有不同程度的修改，所有观点和材料均以该书为准。

感谢我的博士导师姜生先生，姜先生严谨的治学风格与品行，永远让我仰望，引我前行。感谢我的硕士导师赵毅先生，赵先生是著名的明史研究专家，北国春城三年的学习为我之后的高校教学与科研奠定了深厚的基础。真诚祝福两位恩师学术之树常青，身体健康，生活幸福。

山东人民出版社的曹玮娜、崔敏女士为该书的出版精心策划与编辑，在此谨致诚挚的谢意。